高等院校养老健康丛书

养老机构服务与管理

主　编　谢培豪
副主编　杨艳艳　潘聪聪
编　者　（按姓名笔画排序）
王　芳　广东医科大学
冯林林　广东医科大学
刘　立　广东医科大学
杨艳艳　广东医科大学
杨海云　广东医科大学
何均初　广东医科大学
陈毓东　广东医科大学
邵积荣　广东医科大学
罗志明　广东医科大学
贾　栗　广东医科大学
钱珍珠　广东医科大学
谢培豪　广东医科大学
蔡鑫生　广东医科大学
潘聪聪　广东医科大学

科学出版社
北　京

内 容 简 介

本书围绕着“提高养老机构现代化经营管理水平”、“提高养老机构人员服务与管理水平”、“实现养老机构专业化规范化建设”和“提高老年人生活质量”四个方面进行编写，以期提供一本较为全面、务实，兼顾前瞻性、现代性与实践性的实用读本，以推进养老机构的服务内容专业化、服务手段精准化、服务过程安全化、服务管理高效化。

本书适合养老相关专业的中高职、本科学生使用，也可作为养老机构管理与培训的工具书。

图书在版编目（CIP）数据

养老机构服务与管理/谢培豪主编. —北京：科学出版社，2021.1

ISBN 978-7-03-066858-5

Ⅰ. ①养… Ⅱ. ①谢… Ⅲ. ①养老院–社会服务–中国–高等学校–教材②养老院–经营管理–中国–高等学校–教材 Ⅳ. ①D669.6

中国版本图书馆 CIP 数据核字（2020）第 222919 号

责任编辑：张天佐 胡治国 / 责任校对：贾娜娜

责任印制：赵 博 / 封面设计：陈 敬

科 学 出 版 社 出版

北京东黄城根北街 16 号

邮政编码: 100717

http://www.sciencep.com

天津市新科印刷有限公司印刷

科学出版社发行 各地新华书店经销

*

2021 年 1 月第 一 版 开本：787×1092 1/16

2025 年 3 月第五次印刷 印张：12 3/4

字数：360 000

定价：79.80 元

（如有印装质量问题，我社负责调换）

高等院校养老健康丛书编委会

总 策 划 罗 辉 广东医科大学

主任委员 谢培豪 广东医科大学

副主任委员 （按姓名笔画排序）

王 芳 广东医科大学

毛 琛 南方医科大学

刘琼玲 广东医科大学

洪 倩 安徽医科大学

倪进东 广东医科大学

徐 红 广东医科大学

颜文贞 广东医科大学

秘 书 （按姓名笔画排序）

周晨慧 广东医科大学

潘聪聪 广东医科大学

前　言

时间不一定能创造一个伟人，但一定会创造一个老人。早在20世纪90年代末，我国就已进入老龄化社会，是目前世界上老年人口基数最大、老龄化发展最快的国家。我国的人口年龄结构从成年型进入老年型仅用了18年的时间，人口老龄化、高龄化特点显著，未富先老、未备先老、高龄少子化的国情与日益增多的老年人对生活照料、医疗健康等方面的需求，让老年服务工作面临巨大挑战。要高质量发展民生，促进老年人拥有有尊严、有质量的晚年生活，必须加快实现老龄服务与管理的现代化，这也是拉动内需、扩大就业、促进经济转型升级、适应和引领经济新常态的必然要求。

作为养老服务体系中的重要一环，机构养老服务在我国老龄事业发展和保障老年人权益工作中扮演着重要的角色。从国家《社会福利机构管理暂行办法》（1999年）、《老年人社会福利机构基本规范》（2001年）到《养老机构设立许可办法》和《养老机构管理办法》（2020年修订）的出台，从我国首个养老机构服务质量管理国家标准《养老机构服务质量基本规范》（2017年）、我国养老服务领域第一个强制性国家标准《养老机构服务安全基本规范》、《关于推进养老服务发展的意见》（2019年）到《医养结合机构服务指南（试行）》和《民政部关于加快建立全国统一养老机构等级评定体系的指导意见》（2020年）的发布，均彰显着我国对养老机构服务与管理质量的重视，也标志着我国养老机构服务与管理迈入标准化管理的新时代。在这种背景下，我们从养老机构的服务内容专业化、服务手段精准化、服务过程安全化、服务管理高效化方面着手，撰写了“中国科学院教材建设专家委员会规划教材·全国养老健康丛书”之《养老机构服务与管理》，旨在让读者对养老机构服务与管理有一个全面的、务实的认识。

本书的编写遵循国家相关政策法规、服务和管理规范要求，在吸收国内外研究成果的基础上，应用管理学思维，将内部管理与外部管理相结合，围绕着“提高养老机构现代化经营管理水平”、“提高养老机构人员服务与管理水平”、“实现养老机构专业化规范化建设”和“提高老年人生活质量”四个方面进行编写，力求在理论上进行创新和突破、在实践上提供范例和指导，注重前瞻性、现代性、实用性与实践性，在理论阐述的基础上引入大量案例和知识拓展，较好地切合当前养老机构运营和服务管理的特点和实际，是一本比较全面的实用读本，既可作为中高职、本科相关养老专业教材使用，也可作为养老机构经营管理者的工具书。

本书共有十章。第一章是老年服务伦理的原则及职业道德规范，通过古今中外孝道文化的阐述，旨在加强读者对孝道的理解，引发对老年服务的热爱和重视，从而履行好养老孝老的责任和义务；第二章是养老服务基本理论，让读者对养老、养老模式与养老服务体系有一个较为系统的全面认识；第三至六章分别从养老机构的行政管理、人力资源管理、财务管理与后勤管理、安全管理四个方面进行阐述，旨在为读者从养老机构的选址、建设、运营、管理、质量保证等方面的重点和难点、原则与手段提供具体建议及指导；第七章是医养结合养老模式，包括医养结合的内涵、意义、难点、模式、发展路径和展望等内容；第八章是健康与活动管理，从老年健康与需求出发，阐述老年活动的组织与管理、膳食与营养、中医与康复等内容；第九章是“互联网+”在养老机构中的应用，阐述“互联网+养老机构”的重要性、基本特征和基本内容，以及建设发展中的重点与难点；第十章是养老机构的民事法律风险防范，结合目前养老机构的实际，从保障养老机构和入住老年人权益出发，阐述相关法律法规与注意事项，并兼顾其普遍性与针对性。

本书在编写过程中参考了大量文献，由于篇幅有限，仅列出主要参考文献，在此向各位作者表示真诚感谢！由于编者水平有限，书中难免有疏漏之处，敬请读者批评指正，以便进一步修订。

谢培豪

2020 年 1 月 12 日

目　　录

第一章 老年服务伦理的原则及职业道德规范

学习目标

识记：掌握老年服务伦理的原则、内容及建立的意义；掌握职业道德规范的概念和意义。
理解：理解建立老年服务伦理的价值和意义；理解职业道德规范的内涵和适用性。
运用：评价老年服务行业行为是否符合伦理规范的手段与方法。

【导言】

在农业社会，人们的经济活动与伦理活动都在家庭之中完成，耕地纺织与养老育幼几乎可以同时进行。但随着人类进入工业社会，单位、企业、社会已替代家庭，成为现代社会养老服务的重要渠道。因此，在农业社会价值观念中，要求子女承担的孝亲养老功能，就势必要被社会化养老所分担。

这会带来以下问题：如何在国家与市场的协作下，把子女身上的部分养老功能以合理的方式和价格交给专业人士承担。而作为从事该行业的专业人士，哪些是他们应该秉承的价值观和文化依托？其老年服务伦理的原则及职业道德规范又是什么？该如何建立？这就是本章节要讲述的主要问题。

第一节 老年观与中西孝道文化

自古以来，“孝”是中国人最为尊崇的传统美德之一，在中国传统社会的人际关系中，孝是首要的道德情感要素。孝文化是中国传统文化的重要内容，即使是在21世纪的今天，孝文化仍然能勾起中国人对祖先的崇拜、对亲人的眷顾、对乡土的依恋，唤起人们的思乡寻根之情。

儒、释、道三家体现了中国古代的孝文化与老年文化。首先来看儒家，《孝经》是儒家经典之一，《论语》中有多处谈到孝，孔子对“什么是孝”并没有作具体的阐述，而是列举相关的行为，因人而异地对该问题进行诠释，最后归结为“心安”二字，也就是说，做子女的应该在日常接触中去熟悉父母的性格，然后去承他们的欢，做到自己及父母心安。

在中国传统儒家观念里，“孝”更多地包含着一种情感或态度，所以有“孝顺”、“孝敬”等词语组合。如果说“养”强调的是子女在物质层面满足父母长辈的需求，那么“敬”则要求子女在精神生活上尊重父母，这是孝道较高层次的要求。在《论语》中，子游问孔子“怎样才是孝”，孔子回答说：“现如今提到‘孝’这个字，一般人理解为在物质上供养父母，可是人们同时也能喂养狗或马之类的宠物。如果没有‘敬’字在其中的话，供养父母和喂养犬马之类的动物有何区别？”对待父母不仅仅要提供充分的物质供养，更重要的是心中有敬，而且这种敬和发自内心真挚的爱是分不开的。孔子认为，没有敬的“养”和饲养牲畜没什么区别，而对子女来说，践行孝道最困难的就是时刻保持敬爱之心。孔子说的“色难”也是这个意思，子女在侍奉父母时要做到发自内心的和颜悦色，这才是真正的“敬”。

《礼记·祭义》中所揭示的中国人的敬老传统，第一是“大孝尊亲”，是“孝”的延伸；第二是对经验的重视，是内向、保守的传统社会中有效的人生智慧；第三是我们祖先文明与人道的表现，寄托着古代中国人对理想社会的追求与期许。

接着来看佛教文化，世人不解佛教，总以为僧人出家之后与家人就断绝往来、六亲不认，过着与世隔绝的生活，其实不然，佛教乃至善之教，怎么会断绝天理人伦。在佛教中，孝文化亦是重要的一部分，孝心即是菩提心。西晋时的《佛说孝子经》就具体地叙说父母养育子女的大恩："亲之生子，怀之十月，身为重病。临生之日，母危父怖，其情难言。既生之后，推燥卧湿，精诚之至，血化为乳，摩拭澡浴。衣食教诏，礼赂师友，奉贡君长。子颜和悦，亲亦欣豫。子设惨戚，亲心焦枯。出门爱念，入则存之。心怀惕惕，惧其不善。亲恩若此，何以报之？"从文中可以体会到，佛教想通过父母养育子女艰辛过程的叙说，来唤醒人们对孝的践行。

传说释迦牟尼父王去世时，佛回来奔丧，一定要亲自将自己的父亲放入棺木中入殓，然后和他的儿子罗睺罗及堂弟阿难、难陀四人，将父亲的棺木抬上他自己经常讲经说法的地方——灵山安葬。通过该传说，旨在启发人们的孝心。

道家同样具有孝道的观念，道家老子和庄子都接受了儒家关于孝养和孝敬的"孝道"理念。但是，道家认为这些伦理道德的理念只是最基本的人与人之间、人与社会之间的规范，庄子更认为天下的"孝道"应该是自然的本性。与儒家把通常意义上的父母作为尽孝对象不同的是，道家把孕育造化万物并掌握万物生杀大权的"大道"作为尽孝的对象。道家认为，对天父地母最大的孝道，就是应该节哀顺变，以承顺的态度安然面对生死，这就是孝顺。而通常人在自然生死面前表现出来的悲痛和贪惧心理，以及对生命挽留的诉求，在道家看来，都是对天父地母不孝的忤逆行为，非但不应该提倡，反而应予以谴责。道家主张在生死面前应该不喜不惧，视生如死，视死如生，出生和死亡都非出于自愿，而是天父地母的安排，只有顺变才是对天父地母的孝道。正如，《庄子·养生主》中所说："老聃死，秦失吊之，三号而出。弟子曰：'非夫子之友邪?'曰：'然。''然则吊焉若此，可乎?'曰：'然。'始也吾以为其人也，而今非也。向吾入而吊焉，有老者哭之，如哭其子；少者哭之，如哭其母。彼其所以会之，必有不蕲言而言，不蕲哭而哭者。是遁天倍情，忘其所受，古者谓之遁天之刑。适来，夫子时也；适去，夫子顺也。安时而处顺，哀乐不能入也，古者谓是帝（帝者、天也）之悬解。"

再来看西方的孝道文化，西方孝文明的源头有三：古罗马文明、犹太教文明及最重要的古希腊文明。它们后来融合发展而构成了西方文明。因此，要探讨西方的孝文化必须从西方文化集大成的典籍《圣经》入手。很多西方社会中的品德规范、谚语典故也都发源于此。《圣经》有言："当孝敬父母"，《以弗所书》中也提到"要孝敬父母，使你得福，在世长寿"。西方社会养老文化以基督教文化为背景，基督教对养老产生的深刻影响使西方国家普遍存在比较松散的家族制度，家族观念比较淡化，从而西方社会家庭的功能主要是生产，养老不是其必然的责任。

综上所述，中西方孝文化各有千秋，皆是不同文明孕育的成果；中国的"孝"文化闪烁着人性的光辉，西方的养老制度有利于经济和社会保障制度的发展。尤其是全球老龄化趋势不断加强的今天，养老问题日益严重，独生子女日后可能面临更重的负担，建立健全养老保险体系是现代社会亟须解决的问题。在中国文化的世界影响力不断提高的当今时代，中西方孝文化势必会在彼此的影响中不断发展前行。

纵观我国几千年的历史进程，敬老从个体的"羊有跪乳之恩，牛有舐犊之情"先天本能意识开始，渐而被群体所接受，在家族、群落中形成家规和习俗，而后在文字、文化的发展进程中，孝敬老人的意识、规矩和典型事例被文人们用文字记载下来，大多口传、身教的行孝意识和行为方式，也被记录到书籍中，传播的范围迅速扩展，尊老敬老也慢慢地成为中华民族的一种良好的社会风气，进而孕育出优秀的中华孝道和孝道文化。希望每一个老年服务从业者把这些文化基因真正传递下去，形成我们这个时代的养老文化。

现在，我国正处在大发展、大变革、大调整时期，在前所未有的改革、发展和开放进程中，面对改革开放和发展社会主义市场经济条件下多元、多样、多变的新特点，面对世界范围内各种势力的交流、交融、交锋的新形势，实现民族复兴的中国梦是当代人要为之奋斗的宏伟目标。其中，弘扬中华孝道和孝道文化，让所有中国老年人真正实现“六个老有”（即老有所养、老有所医、老有所为、老有所学、老有所乐、老有所教），让他们过上健康、幸福、祥和的老年生活，是所有中国人，特别是老年服务从业者必须为之奋斗的伟大事业。

人口老龄化是关系国计民生、民族兴衰和国家长治久安的一个综合性、长期性、艰巨性的重大战略问题。

老年人在自己的黄金年龄为国家、为社会、为家庭都做出了很多贡献，他们创造的社会价值（包括经济的、政治的、军事的、文化的、精神的诸多方面）的积累，为后人开创新的社会进步和事业发展奠定了基础，今天国家的繁荣、社会的进步、企事业单位的发展、家庭的改善与和谐，都与他们付出的心血和劳动相关，在他们进入老年后理应享受到国家、社会、企业发展带来的成果，得到家庭成员对他们的赡养和关爱，以及社会每个个体对他们的尊敬和照顾；他们的基本权益也理应得到充分的保障。

近年来，国家密集出台了许多相关法规和文件，是有效推进我国养老事业发展的体现。但在现实生活中，仍然存在很多问题，在孝老敬老方面，主要体现在尊老、敬老与养老观念淡化和传统家庭伦理道德弱化，以及老人合法权益得不到根本有效的保障等，究其原因主要是经济基础、社会政治制度、家庭模式、学习和生活方式的变化所引发的。

所以说，在国家、社会、企业事业单位和家庭各个层面，对养老产业中的服务伦理等不容忽视的重要课题，需要认真研究和及时解决。

我们每一个个体都要深怀敬老之心、倾注爱老之情、笃行为老之事，让每个老年人都安享晚年，让每个家庭都情如暖阳。孝是纽带，基于生命和血脉传递的纽带，所以父子有亲、母女有爱，而后能够生生不息。这是华夏文化最伟大之处。这个世界纷争不断，矛盾横生，国家激烈竞争，但是只要一个民族拥有自己的孝道文化和养老文化，有一批怀着巨大责任感的工作者从事老年服务行业，民族则可长盛不衰。产业的好坏，与文化和价值观的好坏密切相关，就老年服务的从业者来说，其核心竞争力就是靠我们所创立的养老文化去赢得用户（老年人及其家属）的信任度。只要具备从事养老产业的责任感，共享养老文化的伦理价值观，每个从业者都是太平洋，都是喜马拉雅山，要多大有多大，要多深有多深，要多宽有多宽。

第二节　老年服务伦理体系的构建

【引导案例】

88 岁的曹女士在养老院托养期间意外摔伤死亡，老人的四个儿女将养老院告上法庭要求赔偿。经法院判决养老院赔偿曹女士家属 1.9 万余元。

2007 年 12 月，曹女士在儿女的安排下住进该养老院，双方协议约定“老人身体状况良好，护理级别为‘自理’，即没有专人看护”。入住一年后，老人在养老院的楼道内突然摔倒，造成急性闭合性颅脑损伤，并于当日死亡。

老人的四个儿女将养老院告到法院，要求养老院赔偿各种损失共计 14 万余元。养老院称，曹女士选择的是“自理”服务，没有专人看护，养老院已从各方面履行了相应的义务，不应承担任何责任；而且老人入院时亦签有“安全同意承诺书”：“老人因年老及身体不断老化，造成健康问题和行动不便，在屋内院内活动，而发生跌倒（导致骨折）等意外事故，使该老人人身安全难以得到保障，受托方积极为老人宣传防患工作，劝其活动要注意安全，但若该老人仍没注意，由于行动不便而造成的跌倒（导致骨折）等意外事故，受托方不负任何经济与法律责任。”故不同意赔偿。

一审法院经审理判决，驳回诉求。老人的儿女不服，上诉到二中院。二中院经审理认为，承诺书内容中“造成对方人身伤害的”免责条款，依法无效，认为养老院尽管已经根据“入院协议书”履行了相应级别的护理义务，老人系自行在院内活动中不慎摔伤，其作为完全民事行为能力人对自身损失应承担主要责任；但是，老人系在养老院的楼道内摔倒，养老院未能预见可能发生的危险，并采取必要的措施防止损害的发生或者使之减轻，故养老院对于老人的损失应在其未尽到安全保障义务的范围内承担一定的赔偿责任。据此，应负一定责任，遂做出上述判决。

一、职业道德和老年服务伦理的概念

广义的职业道德是指从业人员在职业活动中应该遵循的行为准则，涵盖了从业人员与服务对象、职业与职工、职业与职业之间的关系。狭义的职业道德是指在一定职业活动中应遵循的、体现一定职业特征的、调整一定职业关系的职业行为准则和规范。

老年服务伦理是指从事老年服务职业的人在其职业活动中必须遵循的、与老年服务活动相适应的行为准则。它是以善恶良莠为评价标准，通过社会舆论、风俗习惯和老年服务人员的内心信念来维系的，调整老年服务人员与老年人之间、老年服务人员与老年服务人员之间及老年服务人员与社会之间相互关系的行为规范的总和。

老年服务伦理具有四个特点：鲜明的服务性、具体的适用性、特殊的价值性和相对的稳定性。首先，要让服务性成为老年服务伦理的鲜明主题；其次，要具体涉及服务人员、老年人的权利义务关系，即具有具体的人群适应性，而不仅是对具体立法做原则性指导；再次，特殊的价值性在于在新时代进入养老社会所产生的各种问题的社会价值和理论价值；最后，相对的稳定性是指新建立的规范都是来自于过去经验的总结与提升，一旦形成就具有稳定性与变动性的统一。

二、老年服务与生命伦理的关系

老年服务蕴含生命伦理的特质。从这方面讲，老年服务分为预防性老年服务、治疗性老年服务和投资性老年服务三种，是对老年人提供老年健康养护和保障性的服务，里面存在着很多伦理问题，这使得老年服务具备伦理特质。

老年服务的伦理基础来自于生命伦理学。生命伦理学发展的顶层设计、制度安排、政策保障必须以生命伦理原则为基础，即公益原则、人道原则、互惠原则。老年服务与生命伦理有相同的旨归。发展老年服务伦理的终极意义是实现人民群众对健康、长寿、幸福的美好期待。

既然老年服务业是生命伦理所孕育的产业，那么我们是否可以从生命伦理的角度，运用伦理学的原理和生命伦理的原则去建构老年服务的伦理体系，并为这个行业的发展提供理论支持？

三、老年服务伦理体系的构建

（一）老年服务伦理体系构建的意义

不管是传统社会向现代社会转型时期，还是中国已面临人口老龄化时代，都迫切地需要构建现代老年服务伦理体系；如果不能解决，可能在未来的5~10年之内会出现问题。而这个体系的构建，不可能回到传统，也不可能单一地学习西方，而是要建立一个涵盖权利、情感、责任且有中国特色的老年服务伦理体系。

老年服务伦理体系的运行机制问题、老年服务伦理准则的场景落地问题、老年服务伦理风险的预测判别问题及老年服务伦理对重大社会问题综合创新的支撑机制问题，都需要一种完整、有效的老年服务伦理体系来解答。下面首先讨论这一体系建立的原则问题。

（二）老年服务伦理体系遵循的原则

生命伦理学是人类出于对生命的热爱，以实现人的自由与和谐为目标，关照和反思现实生活的一门学科。从生命伦理学的观点出发，对老年人人格、尊严及其生命价值的尊重，体现在不仅要重视生命的数量，更要重视生命的质量。

老年服务伦理体系的建立，应该从生命伦理学角度，树立“整体照护”理念，以提高老年人的生命质量为目的。

老年护理照护不仅是生活照顾，还要注重老年人情感及精神的需求，提供社会支持，维护好老年人的人格及生命尊严，满足老年人“生理–心理–社会”的整体需求。因此，要教育养老服务从业者树立“整体照护”的现代理念，以人为本，按照照护程序针对不同老年对象的年龄、性别、文化程度、职业、知识结构、信仰、生活习惯、家庭社会环境及病史等进行详细评估，制订切合老年人实际的照护计划，实施“生理–心理–社会”全方位的整体照护，才能提高老年人的生命质量，提升老年人的生活质量和幸福感。

同时，要遵循生命伦理学“公正平等”原则，对高龄、贫困、失独、优抚、三无、残疾老年人等弱势老年群体，要一视同仁，让这些老年人有尊严而又体面地与其他老年人一道安享晚年。在这两个大原则的框架下，建立一个适用于老年服务业发展的伦理体系，这个伦理体系应遵循的具体原则包括公益原则、人道原则和互惠原则。其中，公益原则体现了公正原则；人道原则体现了允诺原则、尊重自主原则、生命价值原则与善良原则；互惠原则体现了行善原则、诚实原则和个人自由原则。

1. 老年服务业必须体现公益原则　老年服务业的特质决定了它面向的对象不只是某个个体，而是全体老年人。老年服务业不仅要求为社会全体老年人提供专业的服务，而且为了本行业的健康发展，也要考虑到经济利益。不仅要以老年人的健康为本，还要以社会的公平和正义为本。

首先，老年服务业作为一种社会资源，要非常注意资源分配的有效性和公平性的问题。非基本资源分配的方式要体现出在分配比例上的公平性与合理性，要同时兼顾社会效益和经济效益。

老年服务业发展的宗旨应该是全方位、立体化和多层次的，而且必须全面地考虑到各个方面，并且要统筹城乡和谐、区域和谐及资源配置的均衡。

基本的医疗服务是需要统筹的第一步，非基本的医疗服务是需要统筹的第二步。另外，我们需要有效地利用健康保险作为补充，以达到城乡和区域之间多层次保障体系的建立，使资源的配置达到最公平的平衡图景。

也基于此，国家最近出台了有关鼓励多种形式投资养老产业的政策，比如大力引入各种形式的社会资本或境外资本，鼓励相关的保险业的发展与配套，发展多种非基本健康服务，以达到资源配置的人人平等。

公益原则要求老年服务业资源配置的合理性，人人平等的主要关注点是老年群体中弱势群体的健康问题，“在基本权利上应该给予每个公民平等的机会，并强调在此基础上再给予社会中的弱势群体以适度倾斜，保证最大程度的公平”，即在公正的基础上实现社会正义。

这也是国家近期进行一些行政改革的目的，通过简化一些针对老年服务行业医疗机构的审批手续，从政策上向弱势群体倾斜，尽可能在社会公益层面拓展老年服务业领域的范围。

2. 老年服务业必须体现人道原则 人道原则的伦理基础是道义论，老年服务从业者要以尊重每个老年人的利益为“阿基米德基点”，同时又要兼顾功利主义的原则。也就是说，每个老年服务从业者在尊重每个老年个体利益的同时，他们也是利益主体，他们一样都有个体的尊严及享受幸福的权利，他们一样都必须得到应有的尊重和回报。

【拓展案例 1-1】

一个下雨的晚上，两位老人家拖着大包行李走进一家养老机构。但是这家养老机构的床位已经住满了。前台服务的年轻人实在不忍心让他们冒着大雨离去，于是主动帮他们联系附近的养老机构。

而老太太不相信会有这样的好事，低声嘀咕，这家养老机构会不会是一家黑店，或者这个年轻人故意引他们去另一家，好拿回扣，抓住老年人着急的心理，趁机抬高服务价格。

老人家的这番话被机构的另一名服务人员听到，并很快告诉了年轻人，认为他是白忙一场。年轻人却微笑着说，自己尽力了，至于顾客怎么说，那是顾客的事情。

后来老太太几次刁难，百般周折，年轻人尽管受到了冤枉，但反而再次致歉：“真的很抱歉，我为我的做法使您产生这么多疑虑感到抱歉。那家养老机构服务不亚于我们这里，价位也比较便宜。”耐心解释了半天，最终两位老人去了另一家养老机构。

第二天，老太太回来了，竟然拿出一沓钱要给年轻人，年轻人不要，说这是自己该做的。

一个月后，年轻人被调到集团总部工作，原来两位老人家就是养老机构所在集团的创始人。年轻人的敬业精神和人道主义情怀，深深感动了他们。

案例点评：面对顾客，既要尊重他们的利益，又要降低自己的姿态，示弱不代表软弱，这就是一种人道主义的态度。服务老年人更应该这样，要用真诚的情怀，去关心每一个需要帮助的老年人。

3. 老年服务业必须体现互惠原则 互惠理论是生命文化学的基本理论，互惠原则是老年服务业的基本伦理原则，该原则将会成为引导老年服务业健康发展的新风尚。政府需要对老年服务业提供政策支持，同时也可以促进国民经济的发展。

目前，在我国的养老服务资源相对于人口基数依然相对匮乏、尚不足以全面覆盖的背景下，互惠原则更应该成为老年服务业的基本原则。互惠共生为互惠的一种形态，是指处于共生的双方，互相都能从对方得到某种生活上的利益。当然，双方得到的利益性质不一定是对等的。

对于老年服务从业者和志愿者来说，互惠具有重要的意义。首先，老年服务从业者和志愿者通过服务，可以带来自己内心的愉悦和满足感。其次，他们在把关怀和服务带给老年社会的同时，也传递了爱心，传播了文明，这种“爱心”和“文明”从一个人身上传到另一个人身上，最终会汇聚成一股强大的社会暖流，惠及从业者和志愿者自身，乃至整个社会。最后，还可以有效促进老年服务业的健康发展，丰富老年服务业的社会资源渠道，使更多的老年人受益。也就是说，通过互惠原则增加行业内外个体的认同感和幸福度，从而构建和谐社会。

在老年服务业中，互惠原则还有另外两种表现：一是一些社会企业家的公益投入，有利于提升自己企业的形象声誉；二是大众之间的互惠互助，包括社区扶助老年人、工会等团体互助、邻里互助及老年服务业的志愿者服务等。

第三节 老年服务从业者的职业道德

老年服务从业者，特别是“养老护理员”是新兴的职业，但尊老敬老是中华民族的优良传统，养护老年人是几千年来的社会美德。忠于职守，热爱养老护理事业，就是老年服务从业者，特别是养老护理员最基本的职业道德。

加入养老护理行业后，应愿意把自己毕生精力奉献给养老事业，并为之奋斗。只有具备了这种高尚的道德品质，才能在思想感情上视老人为亲人，才能体贴、关心老人，并在工作中认真细致、谦虚谨慎，做到极端负责。同样，老年服务从业者也必须具有良好的职业道德，从而更好地为老年人服务。老年服务从业者的职业道德包括以下三个方面。

一、热爱工作、忠诚行业

敬业才能立业，才能成就事业。老年服务业的敬业精神是时代的呼唤，是社会竞争和发展的需要。热爱工作的从业者是养老产业中敬业乐业的典范，是养老企业的基石，是所有服务型企业都想得到的员工。因此，养老护理员在热爱本职工作的同时，要尽职尽责，在服务工作中以老年人为中心，不断学习和熟练应用新的技能和方法，不断探究老年人的实际需求，通过爱岗敬业来满足老年人的需求和促进行业的发展。

【拓展案例 1-2】

詹姆斯在一家养老机构上班，他和莱恩斯都有可能被提拔为经理。莱恩斯的妻子遭遇车祸，悲伤过度的莱恩斯辞职回去料理后事。没有了竞争对手的詹姆斯顺理成章成为经理的最佳候选。不过，奇怪的是，机构负责人只是让他接管了莱恩斯之前的客户，他感到公司可能要考察他，于是努力工作。

可是他与新接管的客户总是无法顺利沟通，甚至到了后期，由于心情糟糕，对于一些老人提出的要求，他总是推来推去，几天都做不好，甚至想跳槽到其他机构。后来，机构负责人认为他对工作缺乏热情，只是一味想升迁加薪水，从未真正倾听老年人的需要，以及思考老年人想要什么，最后辞退了他。

案例点评：老年服务从业者的职业道德的第一个方面是热爱工作、忠诚行业，而詹姆斯欠缺的恰恰是这份热情。老年服务业是一个新兴的行业，每一个新加入者都需要一段时间熟悉的过程。但是在熟悉了这个行业之后，所需要的就是持久不灭的热忱，要喜欢这项工作，把这项工作所创造的价值划归为自己的个体价值，不仅要拥有一颗同情心，还要有身体力行的决心。

老年服务业面对的老年人来自不同阶层和民族，年龄、性格也有差异，有着不同的文化背景。生命文化在养老行业的体现就是要照顾到不同的老年人背后的文化背景，并从这个角度入手，充分考虑到老年服务的复杂性，才能真正做到对老年人从身体到心灵无微不至的呵护。老年服务从业者不仅需要有不辞辛苦的精神，还要具有人本主义情怀和人道主义精神。

二、体贴同情、和蔼可亲

从心理学角度而言，老年服务从业者的表情和动作会影响到老年人的情绪，甚至会影响到老年人相关疾病的治疗效果。如果老年服务从业者细心体贴，并且具有同情心，患病的老年人就会对病情的恢复充满信心，并且从内心觉得这是一家充满温暖的服务机构。如果老年服务从业者表情冷漠，甚至存在厌恶情绪，那么老年人会感到心情不好，从而不配合治疗，甚至会对病情起到负面的影响。因此，老年服务从业者需要和蔼可亲，老吾老以及人之老，把老年人当作自己的家人，礼貌热情，主动周到，体贴入微。

在老年人前面，老年服务从业者既是服务者，也是“晚辈”。因此，在为老年人提供服务时，要充分体现出对老年人的尊敬，要推行微笑服务，沟通言语要做到礼貌文明，举止要恰当得体。

老年服务要注重心理疏导。老年人由于客观存在的生理功能老化、疾病折磨等，或多或少都会出现一些心理问题，老年服务从业者应当用同理心理解老年人，用亲切诚挚的语言对待他们，并创造一个有利他们康复的环境，使他们得到宽慰与鼓励，从而减轻紧张、焦虑、恐惧心理，增强信心，提高他们的生存质量。

三、人文关怀、综合素质

作为新时代服务业发展的产物，老年服务业要求其从业者具备更高的素质。这些素质不仅包括专业素质，还包括人文素质，另外，还需要具备一定的不断学习和提高的能力。老年服务从业者的工作虽然与其他服务性行业一样，以为他人服务为工作内容，但其面对的服务对象是承载着社会、家庭乃至个体诸多期盼的老年人，承载着社会、家庭对老年人的关怀。因此，老年服务从业者在自己职业生涯的发展中，不仅要不断学习新的知识和技能，还要不断提升自己的人文和综合素质，才能把工作落到实处，才能在平凡的岗位上做出不平凡的业绩，才能赢得信任和社会的赞誉。

（一）慎言守密，维护老人尊严

慎言守密是老年服务从业者重要的道德规范。老年服务从业者要维护老年人的尊严，在满足老年人需求的基础上，保护好老年人的隐私，不可因老年人的职业、容貌、生理缺陷等原因而歧视他们，更不能将老年人的隐私作为日常谈笑的资料。

（二）勤劳细致，严肃忠诚

老年人会有很多不方便的状况，也会有很多突发状况，这个时候更需要老年服务从业者具有勤劳细致的品质和严肃忠诚的从业态度。勤劳细致可以有效解决老年人存在的各种问题，给予老年人贴心的服务；严肃忠诚可以提高服务的规范化和有效度，避免弄虚作假。

（三）谦虚谨慎，善于合作

老年服务是一个系统工作，需要多方协同、群策群力。因此，老年服务从业者需要有良好的自我修养，要以谦虚的态度对待老年人与同行，还要用谨慎的心态对待每项服务；要以无私的态度指导、帮助年轻的从业者，还要虚心接受同行的批评，共同将工作做好。

（四）情绪稳定，老练沉着

在工作中，特别是面对老年人的突发状况时，老年服务从业者要做到沉着果断、迅速敏捷、灵活机动、有条不紊；面对一些性情暴躁或者喜欢挑剔的老年人或家属，要冷静对待，充分应用沟通技能进行交流，用情用理用事实来解决存在的问题；特别是对于存在一定精神问题或失智的老年人，与他们讲情往往有效于讲理。同时，要学会随时排解心中压力和不良情绪，用理智控制好自己的感情，决不因个人情绪影响工作。

我国在不知不觉间步入了老龄化社会。我们可以从两个角度来看这个现象，一是我国的老龄人口在逐步增加；二是少子化问题渐露冰山一角。养老产业适时崛起，成为应对困境的出路之一。

在经济发展的同时，注重社会精神层面的建设；在进行体制改革的同时，不忘完善对老年服务业的提升，以达到促进整个社会的公平和正义的目的。

和谐社会的建设需要老年服务业的兴盛来完成，以完成每个老年人“六个老有”的美好愿景。老年问题是每一个社会重要的民生问题。养老产业的建设与整个社会文明的建设密不可分，甚至在不久的将来会成为和谐社会建设的重要基础。

养老产业的未来发展重心是老年服务，需要日益专业化的老年行业来完成，其职业精神也是服务业的核心精神。老年服务就是对有需求、有困难的老年人提供有效的服务，帮助他们走出困境或误区，使他们能够保持独立与尊严，幸福安度晚年。

【引导案例分析】

该养老院的行为反映了目前养老服务业存在的一定问题。养老院的宗旨是敬老养老，应该把安排好老年人的物质生活和文化生活放在首位；同时，更应该有效确保老年人的安全。目前，仅依靠法律显然无法调和养老产业中存在的诸多问题，因此，必须建立起老年服务的伦理体系，用伦理原则来指导和促进养老服务业的服务行为。

道德义务是对社会或他人所承担的道德责任，良好的义务动机是老年服务从业人员职业道德义务观形成的基础。老年服务从业者应该把敬老为善的良心信念作为引领为老服务的方向。因此，老年服务伦理的建设是做好老年服务的需要，是促进老年服务行业制度化和规范化的需要，更是提高老年服务人员队伍自身素质的需要。

小　结

弘扬中华孝道和孝道文化，是每一个中国人必须践行的分内之事。职业道德和老年服务伦理有着共同的理念和内涵，作为老年服务从业者必须在理解中西方老年文化的基础上，坚持老年服务伦理的原则，懂得老年服务的职业道德规范，用心、用情、用过硬的素质服务老年人，让所有老年人真正实现“六个老有”，让他们过上健康、幸福、祥和的老年生活。

（贾　栗）

拓展阅读（第一章）

第二章 养老服务基本理论

学习目标

识记：养老的分类以及居家养老、社区养老和机构养老的内涵；服务与养老服务的定义与内涵以及养老服务的内容；中国养老服务体系的内容及其意义；养老服务需求评估的意义、目标与原则；养老服务计划制订的基本原则、共性的要点与内容；制订护理（照护）、康复与心理/精神支持服务计划的要求与内容。

理解：居家养老、社区养老和机构养老的优缺点；养老服务需求评估的原则及其手段与内容；制订护理（照护）、康复与心理/精神支持服务计划的注意要点。

运用：养老服务需求评估的手段；养老服务计划制订的基本原则；制订护理（照护）、康复与心理/精神支持服务计划的注意要点。

【引导案例】

中国正以“快步走”的老龄化态势发展，并明显呈现“基数大且高龄化加剧”“未富先老与未老先衰并存”“空巢与少子老年家庭迅速增加”等特点。

问题：为实现我国应对中国老龄化提出的“六个老有”目标，我国应该构建怎样的老年服务体系？为什么？

【导言】

我国于1999年“悄然”进入人口老龄化社会，预计到2050年前后，我国老年人口将占总人口的1/3。人口老龄化将成为贯穿我国21世纪的基本国情，将对我国的社会、政治、经济、文化、生态发展等领域带来极大影响。因此，积极应对人口老龄化是摆在我国政府和每个人面前的必然课题。其中，提高养老服务的深度和广度，让我国的每一位老年人享有尊严并享有更高的生活质量，需要我国每一位养老服务工作者的共同努力。

本章将从养老服务中的养老与养老模式、养老服务与养老服务体系、养老服务需求评估与计划制订三个方面进行阐述，旨在提供有关养老服务的基本知识和基本理论。

第一节 养老与养老模式

在学习养老服务之前，有必要学习和了解养老的相关知识，特别是学习中国的养老发展史及其内涵，以及养老类型与养老模式，从而全面了解养老对社会发展的重要性，以及各种养老模式的内涵与优缺点，为更好地提供养老服务打好基础。

一、中国养老发展史及其内涵

养老原为一种古代的礼制，是择取社会年老而贤能的人，朝廷（即政府）按时供给酒食，并加以礼敬。它起源于原始社会末期，在夏商时期得到发展，到西周时期已有“按长幼之序，定尊卑之礼”等制度规定，表明西周时期，我国已具有较为规范的养老制度。同时，西周时期《礼记・乡饮酒义》中说：“民知尊长养老而后乃能入孝弟；民入孝弟，出尊长养老，而后成教；成教而后国可安也。”由此也可见，西周时期已认识到养老对于国安（即国家稳定）关系的重要性。

随后，我国历朝历代都有关于养老（当时指供养老人）的做法，其中做得最好的是汉代。西汉初期，就有诏令：凡 80 岁以上老人均可享受“养衰老、授几杖，行糜粥饮食”的待遇。到了汉成帝建始年间，将年龄降至 70 岁，还给予老人一定的“政治”待遇：一是可以“行驰道旁道”（即可以在专为天子驰走车马的道路旁行走，这是皇子都不可能有的特殊待遇）；二是明诏规定，各级官府严禁对高龄老人擅自征召、系拘，也不准辱骂、殴打，违者“应论弃市”。

然而，在中国传统的自给自足的自然经济背景下，能享受到如此待遇的老人毕竟只是少数，而且其待遇也比较局限，更多的还是依赖家庭养老。我国家庭一直以一种代际的反馈模式传承，即父母对子女有抚养的义务，而子女长大后也必须回报父母的养育之恩，赡养年迈的父母。正因为如此，到了唐代以后，有了要求子女要与父母生活在一起，为父母提供衣食住行等方面的照顾，否则将面临刑罚的规定。可见，赡养父母的思想观念在中国源远流长，有其存在的必然原因和社会经济基础。

从历朝历代对老人的供养做法来看，不仅涉及生活层面，同时也涉及社会地位和精神层面；从历朝历代对敬老孝老的重视程度与当时国度盛衰之间的关系来看，养老制度与养老体系的建立与完善在一定程度上可以促进一个国家的稳定与昌盛；从中国赡养父母和宣扬孝道的历史来看，中国的家庭养老已有极深的文化背景，中华民族敬老养老的传统美德已根深蒂固，“老吾老以及人之老”早已成为中国人民的金玉良言与行为规范。

【知识拓展 2-1】

《论语》中有这样的记录：“其为人也孝弟，而好犯上者鲜矣！不好犯上，而好作乱者，未之有也。君子务本，立本而道生，孝弟也者，其为仁之本与。”也就是说，如果一个人孝敬父母、尊敬兄长，那就极少会犯上作乱。这也是中国历朝历代推行仁治、奉行敬老孝老的根本原因。

二、养老类型与养老模式

（一）养老类型

就目前而言，根据老年人居住和服务场所不同，可将养老分为居家养老、社区养老和机构养老，还可分为本地养老和异地养老，以及国内养老和出国养老等；根据经济支持主体或来源不同，可将养老分为政府养老、家庭养老、社会养老和自我养老等；根据老年人的需求不同，可将养老分为经济供养方式养老、生活照料方式养老、精神慰藉方式养老和混合式养老等。同时，养老机构根据产权属性不同，可分为公办养老机构和民办养老机构等；根据入住老年人的身体状况不同，可分为自理型养老机构、助养型养老机构、养护型养老机构等。随着社会发展和老年人需求的变化，养老类型也将涌现出更多贴合实际需求并更具人性化、时代特色的类型。

（二）养老模式

养老模式是一个国家或者地区对老年人晚年生活的经济水平、养老环境、生活方式的服务提供和制度选择。它包括主要的养老方式和辅助的养老方式，以及为这些养老方式提供支持的法律制度和政策措施。具体来说，就是涉及老年人同谁生活在一起、由谁供养和由谁提供服务等内容。现行的养老模式一般有以下三种：一是传统的家庭养老模式，即居家养老，由老年人配偶、子女等近亲提供有限的养老资源，履行对老年人物质和精神赡养的职责；二是社区养老模式，以老年人居住地为核心，就近获取医护、娱乐和家政等服务，主要由所在社区进行主导和管理；三是社会养老模式，即机构养老，由国家和社会为老年人提供生活保障及必要的福利设施和服务，承担起养老的主要责任。机构养老模式是社会养老模式中的一种主要形式，是指老年人入住到养老院、敬老院、康复院、护理院等养老机构养老。

目前，社区养老模式备受国外养老业界的推崇和老年人的青睐。在我国，乃至亚洲地区则以居家养老模式为最基本、最广泛的养老方式。目前的居家养老不同于过去传统的家庭养老，它是家庭养老与社区养老的紧密结合，是指建立在个人、家庭、社区、国家基础之上的，以家庭为核心、以社区养老服务网络为依托、以专业化服务为依靠，为居住在家的老年人提供以解决日常生活等困难为主要内容的社会化服务。这是由我国的实际国情和老年人的养老需求所决定的。可以说，目前我国老年人追求的最佳养老模式，是以社区为依托，建设集居住、养老、医疗、养生、娱乐等功能为一体的居家养老模式。

1. 居家养老 是指老年人居住在家，由家庭成员为老年人提供养老资源（包括经济支持、生活照顾、精神慰藉）、社区提供支持条件的养老方式。就其提供养老服务的主体来看，主要还是家庭成员，但特别强调社区的依托作用；就其享受服务的客体来看，目前几乎可以囊括全部在家居住的老年群体，他们可以通过社区获得两种主要服务：一是由经过专业培训的服务人员上门为他们开展照料服务；二是享受社区为他们提供的各项养老服务（如日间服务中心，为老年人提供日托服务）等。它是福利社会化的一种体现，需要政府、社区、机构、家庭共同参与，实现养老服务投资主体、服务对象、服务内容等的多元化。这种养老模式既减轻了社会养老负担，又满足了老年人的养老需求；既符合我国传统的养老模式，又符合我国目前的社会经济发展和社会养老保障水平，能够适应变化中的社会发展需求。

可见，居家养老与社区的关系十分密切，要求社区必须建立一个支持老年人居家养老的社会化服务体系，这种服务体系必须具有服务主体多元化、服务对象公众化、服务方式多样化、服务队伍专业化等特点。

从目前情况来看，我国老年人居家养老所依托的社区条件还不尽如人意，普遍存在居家养老服务项目不足、服务内容不能满足老年人需求、相关政策法规不完善及服务队伍专业化程度较低等问题，无法满足居家养老老年人的需求。当然，目前老年人的消费观念在一定程度上也影响了社区服务项目的开展。

居家养老的优点与不足见表2-1。

表2-1 居家养老的优点与不足

优 点	不 足
保持原有家庭生活方式，自在舒适	与传统的家庭养老一样，受制于子女，如果子女没有责任感和孝义感，势必会孤立、虐待、遗弃老年人
有熟悉的社会环境与邻里，利于老有所为、老有所乐	受制于社区或社会，如果社区未能提供一定的经济支持、生活照料与情感支持，会影响到老年人的生活质量
成本低，效率高	

2. 社区养老 是指具有政府的宏观指导和扶持，通过对社区的科学组织管理，以社区为依托，以社区资源充分利用为基础，有更广泛的团体和个人积极参与，为整个社区的老年人提供社会化的养老服务，以满足老年人多样性需求，实现老年人保障目标的一种养老模式。社区养老的核心是将满足老年人需求的范围集中于社区；其关键点是社区通过合理组织为老年人提供完善的社会化服务；其根本目的在于让老年人可以继续生活在熟悉的环境中，并能满足其生活照料、医疗照护、精神心理等方面的需求。

依据老年人不同的养老需求和生活状态，目前国际上相对成熟的社区养老模式可分为四类：居家生活型养老社区、独立生活型养老社区、辅助生活型养老社区、辅助医疗型养老社区。我国在《“十三五”国家老龄事业发展和养老体系建设规划》中，已明确提出了针对老年人的需求建设老年病科、护理院、康复院的要求。可见，我国也已逐渐将养老社区往多元化、专业化社区（生活型、护理型、康复型、医疗型）方向发展。但从总体来看，我国目前仍以在社区设立社区照护中心（或称日间养老服务中心、托老所、老人家政服务中心、老人综合服务中心、喘息性照料中心和社区老年之家或“驿站式”、“嵌入式”养老服务中心等）为主要形式，让家庭日间暂时无人或无力照顾的老年人到这些中心，由专业服务人员给予照顾；在收费方面以福利和微利为主，根据老年人的生活状况和服务情况适当收取一定的费用，对生活十分困难或特殊老年人则实行无偿服务。

社区养老的优点与不足见表 2-2。

表 2-2　社区养老的优点与不足

优　点	不　足
既享有家庭温暖，又能发挥社会作用，实现价值	受制于社会资源的配套，如在配套不足或服务专业性不强或服务人才短缺时，会影响到服务项目与质量
养老方式更为灵活，更利于“六个老有”	受制于政府和社会的投入，如在投入经费不足或社区管理水平较低时，会影响到项目的开展与有效性
与社会密切接触，利于克服落伍感、孤独感、无力感	受制于老年人的观念，如在老年人尚未形成购买服务的消费意识时，会影响到服务项目的开展

3. 机构养老　目前已成为社会养老模式的专有名词。它是以建设较为完善的养老服务设施（机构）为重点，为入住设施（机构）的老年人提供饮食起居、清洁卫生、生活护理、健康管理和文体娱乐活动等综合性服务的养老模式。我国从 20 世纪 50 年代到 90 年代，公办养老机构一枝独秀，呈现城乡二元结构。在城市，有集体制公办单位设立的专门接收离退休人员的机构和收住“三无”老人（无劳动能力，无生活来源，无法定赡养、抚养、扶养义务人，或其法定赡养、抚养、扶养义务人无赡养、抚养、扶养能力的老年人）的公办社会福利院两种；在农村则有收住“五保”（指需要提供吃、穿、住、医、葬）老人的农村敬老院。20 世纪 90 年代以后，特别是 2000 年民政部《关于加快实现社会福利社会化的意见》出台后，过去单一的“国家-单位（集体）保障”瓦解，新型多元化的社会养老逐步形成，民办养老机构不断增多，但绝大多数以吸引健康老年群体，特别是“三高老年群体——高收入、高品质、高级别”为主要服务对象。

近期的大量调研资料显示，以下几种情况的老年人更适合、更迫切地选择养老机构养老：“空巢”老人，需要医疗或护理的高龄老人，独生子女家庭老人，患痴呆症老人，以及有一定经济实力、自主性较强、对精神文化生活有高要求的老人等。2014 年以来，在国家提出的养老服务体系的引领下，大部分养老机构根据社会需要，更注重“医养相结合”，逐步向养护型、护理型、康复型发展。可以预测，随着我国养老相关政策的陆续出台（特别是护理险），涵盖满足所有老年人需求的各类养老机构将会越来越多，特别是医养结合型养老机构，机构养老将真正成为我国养老服务体系中的主要补充。

影响老年人入住养老机构的因素有很多，包括经济因素（主要是收费）、地理位置及交通、建筑设施及硬件、服务质量（涉及服务水平及软件、医疗条件及卫生、文化活动等）与家庭结构等。也因为如此，目前入住养老机构的老年人较少，在养老服务体系中养老机构仅居于补充位置，但它在养老服务的专业化、规范化方面发挥着示范作用和辐射作用。

养老机构可以是独立的法人机构，也可以是附属于医疗机构、企事业单位、社会团体或组织、综合性社会福利机构的一个部门或者分支机构。根据其出资与运营主体的不同，可以把我国的养老服务机构划分为以下主要类型（表 2-3）。

表 2-3　目前我国养老机构的主要类型

类　型	内　容
公办机构	由政府财政全额拨款，政府负责管理与运营，如敬老院等
公建民营	由政府出资兴建并提供主要运行费用，由社会民间组织承包管理与运营
民办公助	由民间出资建设，为老年人提供非营利性的养老服务，在民政部登记为“民办非企业单位”，政府给予一定补助
民办养老机构	由民间资本兴办，以营利为目的，开展经营性的养老服务

目前，我国的一些养老机构依托自身专业化、规范化的优势，也逐渐将养老服务拓展到社区（如开设上述的社区服务中心等），或者将成熟可靠的养老服务延伸到家庭和社区中，既弥补了居家、社区养老功能的不足与缺位，也拓展了自身的营利模式。

机构养老的优点与不足见表 2-4。

表 2-4　机构养老的优点与不足

优　点	不　足
管理制度化和规范化	受制于机构的资本投入与管理水平，如投入不足或管理不善时，会影响到规模、环境与服务
服务内容全面、有效、到位	受制于管理水平与服务人员素质，如管理水平与服务人员素质低下时，会影响到服务的有效性和规范性
环境较好，配套齐全，安全性强	受制于机构的性质与投入，表现为公私性质的养老机构供需严重不均；受制于人们的消费观念与费用，表现为入住人数不多

三种养老模式的特点汇总如下（表 2-5）。

表 2-5　三种养老模式的特点

	居家养老	社区养老	机构养老
服务主体	家庭为主，社区及其他组织机构人员为辅	家庭为辅，社区及其他组织机构人员为主	养老机构人员
养老资源	家庭养老资源为主	整合社会、政府、社区养老资源	社会养老资源为主
主要服务内容	专项社会化参与服务，包括膳食、生活照料、就医、护理等	提供日间或短期的 24 小时综合照护与康复服务	长期的综合照料与康复服务
主要服务对象	以生活自理（ADL）但行为能力（IADL）受损的老年人为主	以生活自理能力受损的老年人为主，包含其他需要日间照料和陪伴的老年人	“三高”老年群体为主
养老成本	成本最低	费用成本分摊，交易成本较低	成本较高
精神慰藉	来源：家庭成员、亲属、邻里等。程度：中	来源：家庭成员、养老服务人员、社区志愿者、社区邻里等。程度：高	来源：养老服务人员、社区志愿者等。程度：低
资金来源	绝大部分由家庭或个人承担	享受政府补贴，抵偿与无偿服务较多，家庭负担小	视养老机构不同而定，基本由家庭或个人全部承担
资金投入	很少	可利用社区已有养老资源，资金投入较少	较多
便利性	受家庭与社区环境影响较大，便利性一般	视社区提供上门服务的情况而定，便利性较强	养老设施基本齐全，便利性最强
安全性	安全性较低，就医不便	可借助社区配套的医疗机构，安全性居中	安全性较高，就医条件视养老机构不同而定
舒适度	自由度最高，隐私保密	自由，隐私保密，可以享有社会和社区的养老服务	自由度较差，隐私难以保密
养老意愿	居住在家里，符合传统养老意愿，意愿程度最高	基本符合老年人养老意愿，意愿程度中等	不太符合大多数老年人养老意愿，意愿程度低

第二节　养老服务与养老服务体系

随着全球人口老龄化的日益加重，“银色产业”，特别是为满足老年人“医、养、康、宁”需求的服务业显示出前所未有的发展前景和生命力，成为全球积极应对人口老龄化的一个“朝阳产业”。因此，全面理解养老服务和养老服务体系的内涵，对有效提高养老服务质量及老年人的生活质量有着深远的意义。

一、服务与养老服务

（一）服务与养老服务的定义与内涵

服务是指为他人做事，并使他人从中受益的一种有偿或无偿的活动。它不以实物形式而以提供劳动的形式满足他人某种特殊需要，具有无形性、差异性、互动性及不可分割性（指不存在时间上的间隔和空间上的分离）等特点。它通过人际关系来实现，是一项活动、一个过程或一种利益。它可以是帮助和照顾，也可以是奉献。其核心是一种态度，一种想把事情做得更好的心态与行为；同时也是一种实践，特别强调服务者由知、情、意向行的转化，实现知、情、意、行统一。

养老服务是针对老年人的实际需求，为他们提供必要的服务，满足其物质生活、医疗保健和精神生活等基本需求。养老服务具有一般服务行业的共通性，更具有其服务的特殊性（如需要提供照护、康复和护理服务等）；其价值目标是重视老年人、服务老年人、呵护老年人，让老年人实现“六个老有”；其根本点是让老年人享有尊严和享有更高的生活质量。根据提供服务主体的不同，养老服务可分为：一是由家庭内部提供的养老服务，这是中国传统社会的主要形式，目前已逐渐弱化，需要其他形式的依托与补充；二是由政府提供的养老服务，虽是政府应该承担的责任，但由于老龄化程度日益严重，我国目前的国情难以支撑，西方的不少国家也不堪重负；三是由市场主体提供的养老服务，老年人需求的全面性、市场丰富的资源及行业的多元性促使该类型将成为未来养老服务业的主要形式；四是由其他社会组织提供的养老服务，一般由公益组织提供，具有慈善性质，将会在养老服务中发挥越来越重要的补充作用。

养老服务是一项具有一定技术性与奉献精神的工作，既需要从业者具有一定的护理（照护）、心理沟通、精神慰藉等方面的专业知识，更需要具备尊老、爱老、敬老和甘于奉献的职业美德，其中爱心与用心最为重要。

（二）养老服务的特点

1. 社会性、公益性和福利性　养老服务业的建设与发展需要全社会的支持与参与，其好坏体现了一个国家、民族的经济发展和文明程度。因此，养老事业的发展应以国家和政府为责任主体，动员全社会各阶层力量来共同推进，特别是需要社会公益资源的介入与补充。同时，政府应该承担起城市“三无”、农村“五保”等特殊老年群体的养老责任。因此，养老服务体现出明显的社会性、公益性和福利性。

2. 综合性和地域性　养老服务以满足老年人的需求为导向，其涉及的内容有很多，是一项需要政府部门、社会各行各业、家庭与个人共同参与，又涉及“医、养、康、宁”等方方面面的综合性系统工程。同时，由于各地区的民风民俗和经济、社会发展等方面存在一定的差异，其养老服务方式必然也存在一定的地域性。

3. 专业性和示范性　老年人自身客观存在的特点与特征及老年服务内容的多元化，决定了老年服务的专业性。特别是对于失能失智老年群体，更需要提供专业性、规范性、系统性的服务。同时，养老服务可以通过专业化、规范化的设施设备、服务人才和优质服务模式的输出，起到延伸基层、辐射社区、示范社会的作用。

4. 三全（全人、全员、全程）服务性 老年人的特殊性，决定了养老服务与其他服务明显不同，必须是一种三全服务。所谓“全人”服务是指不仅要满足老年人的衣、食、住、行等基本生活照料需求，还要满足老年人医疗保健、疾病预防、护理与康复及精神文化、心理、社会等需求；要满足这些需求，需要全体养老服务人员乃至整个社会群体的共同努力，这就是所谓的“全员”服务；“全程”服务是指无论采取哪种养老模式，都必须将服务涵盖老年人的所有需求，并且将服务持续到老年人走完人生的最后阶段。

5. 高风险性 老年人客观存在的特点与特征，决定了老年群体成为意外伤害、疾病等突发事件的高危人群。此外，养老服务业又是一个投资大、回报周期长、市场竞争激烈的高风险行业，如果缺乏一定的市场竞争意识和经营意识、没有严格规范的管理和风险防范机制，必然会增加养老投资的风险。

（三）养老服务的内容

养老服务的内容随着时代的发展及老年人需求的变化而变化，呈现出推陈出新、不断细化、完善的态势。目前，国内外的养老服务基本上包括以下四个方面内容（表 2-6）。

表 2-6 养老服务的基本内容

项　目	内　容
医疗保健服务	主要针对老年人的健康保健，包括健康档案建立、健康管理、健康咨询、医疗协助及康复护理服务
家政服务	主要针对老年人的日常生活，包括饮食、清洗和疏通服务，安装维修家具和家电，以及其他家政类服务
紧急救助服务	主要针对老年人的医疗紧急救助，包括绿色通道与救护
精神慰藉与娱乐活动服务	主要针对老年人的心理、精神、文化活动等，包括精神支持服务（如读报、谈心等）、心理疏导服务，以及文化体育服务、法律咨询服务等

近年来，许多新的养老服务形式不断涌现，如养老管家服务（主要是从事家宴等活动的组织与实施、居家美化、采买记账等居家生活服务）、老人投资与理财规划、老年个体个性化服务（如老年人个人提升、旅游、教育）等。

2017 年 12 月，国家质量监督检验检疫总局、国家标准化管理委员会发布《养老机构服务质量基本规范》，将养老服务细分为十大方面（表 2-7）。

表 2-7 国家养老服务基本规范的内容

项　目	内　容
膳食服务	向老年人提供均衡饮食的服务
心理/精神支持服务	排解老年人心理和精神压力，身心健康的服务
教育服务	开展有关教育、学习、培训等方面的咨询、解答、中介等内容的服务
生活照料服务	向老年人提供饮食、起居、清洁、卫生照护的服务
老年护理服务	向老年人提供连续、综合的健康及医疗照护的服务
协助医疗护理服务	协助老年人完成医疗护理辅助工作的服务
医疗服务	为老年人提供基本医疗、预防和保健的服务
康复保健服务	消除或减轻老年人身心、社会功能障碍，达到和保持生理、感官、智力、精神和社会功能的服务
委托服务	为老年人及家属办理托付事项的服务
安宁服务	为临终老年人提供姑息治疗、护理、生活照料、社会工作、心理慰藉、伦理支持、后事处理及对家属的心理抚慰和精神支持的服务

二、养老服务体系

发展养老服务业、建设和完善养老服务体系，是现代社会应对人口老龄化的重要举措。通过多年的探索，我国在《“十三五”国家老龄事业发展和养老体系建设规划》中明确提出：要构建“以居家为基础、社区为依托、机构为补充的医养相结合”养老服务体系。这既符合我国国情和传统文化，也是我国未来养老服务方式的必然趋势。该体系将居家养老和机构养老的最佳结合点集中在社区，吸收了居家养老和社区养老方式的优点和可操作性，同时赋予了养老社会化、专业化、市场化服务的契机，并将“医”和“养”紧密结合。

该体系的建立，必须建立覆盖全区域的社区、居家养老服务网络体系，即紧紧围绕“六个老有”，借助互联网，把社区养老服务与居家养老服务紧密结合，把“医、养、康、宁”紧密结合，采取“实体养老模式+虚拟养老模式”相结合的形式，形成可以辐射到每个养老机构和每个家庭、能满足老年人需求的养老服务体系。

该体系的主要参与者包括政府、社区、家庭、非营利组织等，其中“社区”作为所有工作与资源的汇聚地，是服务产品的主要供给主体，将发挥重要的依托作用。近年来，其供给模式主要表现为四种：一是政府主办，层级联动模式；二是政府主导，中介组织运营模式；三是政府资助，机构主办，连锁经营模式；四是政府购买服务，公司承办，市场运营模式等。

就目前情况来看，构建该体系还存在不少问题，例如，养老服务专业化不足（特别是专业养老服务人才严重匮乏），社区养老在生活、医疗、文化资源等配置方面存在不足或不合理，以及服务的有效性和专业程度不够等。但可喜的是，根据下面几个主要有利因素的发展趋势来看，假以时日，我国养老服务体系必将逐步成熟与完善。这些有利因素具体包括：目前我国政府部门正在进行全面机构改革，更利于职能管理，同时其职能也逐步向服务型转变；养老服务人才培养和培训体系逐步趋于完善，养老市场逐步细分，将逐渐形成可以提供多层次专业养老服务的格局；养老服务工作正逐步向职业化、规范化转变；国家大力扶持民营资本进入养老行业，以及非营利组织的逐渐介入，可以逐步实现政府和市场力量相结合等。

第三节　养老服务需求评估与计划制订

要实现老年服务的目的，就必须为老年人提供内容更丰富、针对性更强、效果更好、更受老年人喜爱的养老服务，这就要求必须明晰每个老年人的服务需求。要真正知晓老年人的服务需求，就必须对老年人进行专业化评估；在专业评估的基础上，制订出更具个性化的、有针对性的和贴合度更强的服务计划，并保质保量提供与其需求或等级相匹配的服务。

一、养老服务需求评估

评估是指由专业机构和专业人员依据一定的标准、相关规定和技术手段，按照一定的程序进行资料收集、分析研究，判断其结果和价值的一种活动。对老年人进行养老服务需求评估是所有老年服务工作的第一步，是养老服务最基础的工作。其评估结果不仅会影响到后续的服务内容与方式，影响到每个老年人社会救助等级的评定，更会直接影响到老年人的生活质量。

（一）开展评估的意义

1. 可以与被评估老年人建立起专业的、互信的关系　通过评估过程的深入互动与沟通，既可全面了解和评估老年人，又可促进与老年人建立互信关系。这种关系对后续服务工作的开展起到极大的推动作用。

2. 具有收集功能 通过评估时遵循的多样性、整体性原则，将实现对被评估老年人资料的全面收集与疏理，为接下来提出有针对性的服务与干预策略奠定基础。

3. 具有识别功能 通过评估过程的互动和资料的分析，可以识别出每个老年人的特点与特征，识别出所提出的干预、恢复、支持与维护功能的具体服务措施的合理性和有效性。

4. 具有发展功能 通过评估过程中工作人员体现出来的服务、接纳、尊重和个性化，可以提升被评估老年人的认可度和主动性。

5. 具有组织功能 通过评估后对老年服务需求的分门别类，可以更有效、更到位地将服务内容进行组织与推进。

（二）开展评估的目标

（1）可以明确老年人的服务需求，特别是在医护和心理等方面的需求，并及时发现老年人潜在的风险因素。

（2）制订出可行的、个性化的服务与干预策略，以及随访制度和调整服务计划。

（3）妥善安排老年人的合理服务时间和方式方法，以及制订出长期的照护和康复服务计划。

（三）评估必须遵循的原则

1. 依规评估原则 评估活动必须符合国家相关评估规范，符合程序要求和标准，做到有理有据、客观准确。

2. 公平公正原则 必须做到一视同仁，保证每一位被评估老年人结果的真实、准确与完整。不能因评估对象的特殊性或外部因素而改变评估条件。

3. 差异性和时效性原则 在严格按照规程与标准进行评估的同时，还需根据每个老年个体的差异性进行更有针对性的评估。同时，评估要注意时效性，必须根据时段的不同进行多次评估。一般包括初始评估、定期常规评估（如每半年一次）、身心状况改变后的即时评估和对结果有质疑时的复评。

4. 保护隐私与信息保密原则 所有养老服务的关键点是让老年人享有尊严。这既要求在评估过程中一定要注意保护老年人的隐私，又要注意他们的个人信息安全。未经评估对象许可不得公开和泄露其信息，对按规定需要公示的信息必须控制好公示范围。

（四）评估的手段与内容

目前，被老年医学所公认的，作为中老年医学研究与实践的基础和核心技术，以及不可缺少的评估工具是老年综合评估（comprehensive geriatric assessment，CGA）。CGA 最早由英国米德尔塞克斯医院的玛乔丽·沃伦（Marjory Warren）在 20 世纪 40 年代提出，其目的是给虚弱的老年人做详细的评估及适当的治疗，使其摆脱长期卧床的状态。

随着 CGA 的不断完善，目前已形成从躯体、精神、经济、社会、心理、自理能力等多个维度测量老年人整体功能水平的一种健康测量方法，以确定他们在这些方面所具有的能力、存在的问题及健康需求，从而通过服务与干预，最大限度地提高或维持老年人的生活质量。CGA 强调老年人的躯体健康、精神健康与社会经济状况及三者之间的密切关系。

目前，CGA 的目标人群是有多种慢性疾病、多种老年问题或老年综合征、伴有程度不等的功能损害（如生活活动功能不全，特别是近期加重者）、已有老年综合征、多药并用、伴随精神问题、多次住院等，能通过 CGA 和后续干预而获益的虚弱的老年患者。不适合用于健康的老年人及患有严重疾病的老年患者，如癌症晚期、重度痴呆、完全功能丧失等。

CGA 涉及的内容宽广且繁杂，主要包括全面的医疗评估、躯体功能评估、认知和情感评估、社会/环境因素、生活质量评估五个方面内容。其主要形式有医院内评估、以社区为基础的评估及养老机构内评估三种。在医院内进行的综合评估是多维度、多学科、全面和细致的诊断性评估，主要倾向于对机体功能与状态的评估，其中更注重老年问题/综合征的筛查（如记忆障碍、视力和听力下降、牙齿脱落、营养不良、骨质疏松与跌倒骨折、疼痛和尿便失禁等）及多重用药管理，旨在制订一套整体的治疗及随访计划；以社区为基础的评估是充分利用和协调社区内的资源，满足老年人的各种保健需求，目的是改善和维持老年人健康功能水平；养老机构内的评估旨在了解老年人的健康状况、生活自理能力和其他功能状况。后两种更倾向于评估老年人的日常生活活动能力、精神心理、运动能力、认知功能等方面。

CGA 主要采取以下两种评估方法：一种是借助综合测量工具，如美国老年人资源与服务量表（OARS）等，先直接测量和评价，继而提出综合评估结果；另一种是通过各维度的单项测量工具测量，之后再根据各单项测量的结果进行整体评估。在各单项测量工具中，对躯体功能的评估有许多具有普遍适用性的评估量表，如测量老年人日常生活能力（ADL）的量表有基础性评估（BADL，常用的量表有 Barthel 指数、Katz 指数、PULSES、修订的 Kenny 自理评定等）和工具性评估[IADL，常用的量表有社会功能活动问卷（FAQ）、快速残疾评定量表（RDRS）等]；测量认知功能的有简易精神状态评价量表（MMSE）、画钟试验、简易智能评估量表等；测量情绪状态的有老年抑郁量表（GDS）；测量步态和平衡的有 Tinetti 量表等。还有针对常见老年综合征的专项评估量表，如 Morse 跌倒评估量表、Braden 压疮评估量表及评估疼痛的 NRS 和 VDS 量表等；针对老年社会环境和生活质量的评估量表有家庭环境评估量表（FES-CV）、社会支持评定量表（SSRS）、生活满意度评定量表（LSR）和老年幸福度量表（MUNSH）等。

采用各种常用评估量表，以问答评分的方式评价，可以客观呈现老年人所存在的疾病及心理、社会、生活质量等方面的问题，梳理出能够提高老年人照护依从性、满意度、生活质量及心理状态等的解决方案，制订出完善的预防保健、疾病诊治、康复护理、长期照料与临终关怀措施。

全面的功能评估是 CGA 的基石，有助于及时发现老年问题，并进行预防。如平衡和步态障碍者易发生跌倒骨折的风险；生活不能自理者如得不到支持和帮助，其健康情况会持续恶化；痴呆症的早期诊疗可延缓疾病进展；下降的视力和听力得不到纠正会使老人行为退缩，脱离社会等。社会支持系统和经济情况评估可以全面了解衰弱多病的老人的居家环境及经济基础、照料者的负担情况，评估老人居家环境的活动安全性，制订合理可行的综合干预措施，明确可以照顾和帮助老人的人员等。

CGA 所涉及的量表专业性较强，一般要求由多学科团队来实施，包括营养科、老年科、精神心理科、其他临床科室（如肿瘤科）等；由专业人员分步实施，首诊时先处理关键问题，给出重要建议，在后续随诊中继续完善其他方面的筛查和评估，必要时邀请其他专科（内分泌科、心内科、康复理疗科等）人员参与评估和进行治疗干预。正因为如此，CGA 所涉及的量表一般只在老年医疗中心、护理院使用。作为社区和养老机构的评估，大多采用中华人民共和国民政行业标准《老年人能力评估》（MZ/T039—2013）（表 2-8）作为评估实施工具。它包括 4 个一级指标（日常生活活动、精神状态、感知觉与沟通、社会参与）、22 个二级指标。当然，也存在一些各地区自行制订的评估测量量表，如南京市老年人能力评估标准（试行）等。

【知识拓展 2-2】

表 2-8　老年人能力评估（民政行业标准，MZ/T001—2013）

一级指标	二级指标
日常生活活动	进食、洗澡、修饰、穿衣、大便控制、小便控制、如厕、床椅转移、平地行走、上下楼梯
精神状态	认知功能、攻击行为、抑郁症状
感知觉与沟通	意识水平、视力、听力、沟通交流
社会参与	生活能力、工作能力、时间/空间定向、人物定向、社会交往能力

二、养老服务计划制订

通过对老年人多个维度的测量评估，明确他们所具有的能力、存在的问题及健康需求后，就必须为他们制订出针对性和贴合度更强的各类个性化专项服务计划，并提供与其需求或等级相匹配的服务，这是有效提高老年人生活质量的根本点和落脚点。

对应于养老服务的十大方面，服务计划的制订也涉及方方面面。既存有共性，也有个性的方面；既存在宏观方面，也可细化到具体的条文。由于篇幅限制，本文仅就养老服务计划制订的基本原则，养老服务计划制订的要点与内容，以及制订护理（照护）、康复与心理/精神支持服务计划应注意的要点这三个方面作阐述，希望起到抛砖引玉的作用。

（一）养老服务计划制订的基本原则

可以按照管理学上提出的 SMART 原则，即 S——Specific，具体化、明确性；M——Measurable，可度量、流程化；A——Attainable，可实现、个性化；R——Relevant，相关性、综合考虑；T——Time-bound，时限性、优先排序。

1. S——具体化、明确性　指在制订各种服务计划时，必须明确以下三方面。

（1）为老年人提供与其需求或等级相匹配的服务是所有服务计划的根本点。因此，要立足于科学准确的评估与专业负责的态度，根据每个老年人存在的问题与需求来确定服务计划。

（2）明确所制订的服务计划必须具有安全性、科学性、前瞻性、合理性和渐进性，才能在确保安全、科学有效的前提下，提供既具有防患于未然、适合老年人自身情况，又循序渐进、逐步提升的服务。

（3）要将服务计划的内容和措施具体化，使服务更直观、更简便、更具个性化，更有利于服务计划的实施与实施后的评估。

2. M——可度量、流程化　考虑到老年人的身体机能、功能和疾病恢复的渐进性，以及老年服务者的能力水平，要求所制定的每个服务项目尽可能做到可度量和流程化。如对压疮的护理，就要求每次对压疮进行量化评估，通过前后比较来确定效果，同时严格按操作流程进行；又如对肌张力的功能训练，也必须进行肌张力的评定，同时按照一定的操作流程并循序渐进地进行。

3. A——可实现、个性化　服务计划要根据老年人及服务机构自身的环境、设备设施与人员条件，因人、因事、因地来制订，以确保每项服务计划在做到个性化的同时，保证其有效实施。

4. R——相关性、综合考虑　老年人机体功能的恢复不仅涉及老年人自身状态、能动性和愿望，还与配套的设备设施和自身经济条件，以及社会、环境等诸多因素有关；同时，还可能需要多种学科和人员（如心理、社工等）一起参与。因此，必须要综合考虑各种相关因素，制订出与每个老年人的需求或等级相匹配的、最合理有效的服务计划。

5. T——时限性，优先排序　任何工作计划都有长、短期之分，也要随着老年人的身体状况与需求的变化而变化，如高血压老年人的用药要随着老年人的状况而作调整，老年人的活动要随老年人的机体功能与天气变化有所调整等。因此，服务计划要根据评估资料随时进行及时有效的调整，来决定其先后顺序与时限性。一般而言，以会威胁到老年人生命或健康、会严重影响其生活质量或老年人认为最重要的问题作为首选服务问题；将虽不会直接威胁老年人生命，但会导致老年人身体上的不健康或情绪上的变化作为次选问题，以此类推。当然，一般性的服务照常进行。

（二）养老服务计划制订的要点与内容

养老服务计划必须结合评估资料，运用专业的知识与经验来制订，务必使计划科学、切合实际、可操作。因此，在制订服务计划时，除坚持上面的原则外，还要注意一些要点与共性的内容。

1. 制订要点

（1）做到四个明确：一是明确服务或活动的目的和意义；二是明确具体的时间和地点；三是明确具体内容；四是明确应急预案与措施。

（2）既要有每天常规的服务计划，又要有针对具体问题所采取的具体服务措施。如对患有肺炎的卧床老年人，除要给予常规的诸如协助进食、口腔护理等措施外，还要根据评估时提出的“清理呼吸道无效”这一问题，给予“2 天内老年人能顺利咳出痰液”这一具体目标所采取的具体照护措施。

（3）必须综合考虑每项服务措施：要求在全面评估的基础上，用人文科学、行为科学和自然科学等知识进行综合考虑。如上面提到的患有肺炎的卧床老年人，对“清理呼吸道无效”这一护理问题的判断是否有充分的科学依据，围绕着“2天内老年人能顺利咳出痰液”这一目标所采取的措施是否合理有效，是否考虑到措施中人文关怀的因素（即如何减少老年人的痛苦和得到老年人的配合）等。

（4）必须兼顾并处理好与其他措施或工作的关系，避免发生冲突。如对上述老年人进行服务时，要协调好与医技检查、康复治疗等其他工作之间的关系。

（5）实施前后必须做好再评估与沟通，确认服务措施的适用性并获得老年人的配合；实施前，再次进行简要的评估是必要的，既能体现严谨性，又能防止意外发生；实施中，应严格按流程或操作常规进行，注重人文关怀，及时收集新资料，特别是老年人的反应与意见，并及时调整；实施后，及时准确做好记录，包括具体的服务内容、时间及老年人的反应与效果等。必要时，要进行再评价（确定是否需要修订服务计划和调整服务内容等）。

2. 养老服务计划的内容与顺序　任何一项养老服务计划，一般都包括以下内容与顺序（表 2-9）。

表 2-9　养老服务计划的内容与顺序

项目		内　容
1	评估	服务对象（重点）
		实施设备、物品等条件是否适合与安全
		环境等有无影响
2	准备	服务者与服务对象（重点）
		实施设备、物品等条件是否齐全
		环境等是否适合
3	操作流程	共性
		个性（因人而言）
4	评价	按照具体质量要求或标准
5	注意事项	安全性（重点）
		有效性
		适用性
		人文关怀

（三）制订护理（照护）、康复与心理/精神支持服务计划应注意的要点

1. 护理（照护）服务计划

（1）质量要求

四无：无压疮、无坠床、无烫伤、无跌倒。

五关心：关心老年人的饮食、卫生、安全、睡眠和排泄。

六洁：清洁口腔、皮肤、手足（指、趾甲）、头发、会阴和床单。

七知道：知道每位老年人的姓名、护理（照护）重点、个人喜好、所患疾病情况、家庭及社会支持情况、药品治疗情况和精神心理状况。

严格按职业要求配备有资质的护理（照护）人员。如护理服务必须由持有国家护士职业证书的护士完成，照护服务要求由考核合格的养老护理员完成，并严格按行业操作规范进行。

应根据要求配备必要、安全的护理（照护）设备，通过评估实施分类管理、按需服务。

服务者必须按要求做好客观如实的记录，记录时间应具体到分钟。如护士应对老年人异常的生命体征、病情变化、特殊心理变化、重要的社会家庭变化、服务内容的调整等进行详细记录。

其他一些具体指标要求：老年人居室保持室内清洁、空气新鲜、无异味；对养老护理员来说，其提供服务完成率应达 100%，老年人及其监护人满意率>80%；对护士来说，基础护理合格率≥90%，落实护理措施达 100%，技术操作合格率≥95%，Ⅱ度压疮发生率为“0”，老年人及其家属满意度≥96%，常规物品消毒合格率 100%，记录合格率≥95%，严重护理缺陷为“0”。

（2）服务内容与注意要点：照护服务以能够满足老年人的基本需要（如饮食、起居、清洁等）为主，其内容包括个人清洁卫生服务、穿衣服务、修饰服务、口腔清洁服务、饮食服务、排泄服务、皮肤清洁服务和压疮预防等；护理服务则以为老年人提供促进身心健康的医疗护理服务为主，其内容包括基础护理、健康管理、健康教育、治疗护理和感染控制等。对护理（照护）服务的评估必须按老年综合评估（CGA）或国家民政行业标准《老年人能力评估》的内容和要求进行，要注重老年人的知情权、隐私权的保护及全过程的人文关怀，同时，严格规范操作流程，特别是护理服务，以防止医疗事故的发生。

2. 康复服务计划

（1）质量要求：如康复治疗有效率≥90%，年技术差错率≤1%，病历和诊疗记录书写合格率≥90%，保证各类康复设备维护良好，每三个月检查一次，并有相关记录，设备完好率>90%。

其目标包括提高老年人生活自理能力和生活质量，以及预防老年残疾和残障。

（2）服务内容与注意要点：康复服务内容相对复杂，具体包括：一是对老年人功能障碍的评定。具体包括肢体运动功能、感觉功能、躯体平衡与协调功能、语言功能、心肺功能、认知功能、心理情绪状态、生活自理能力、社会参与能力等方面。对这些内容的评定，除使用上述评估中提及的单项测量工具或量表（如社会功能活动问卷 FAQ、Tinetti 平衡与步态量表等）外，有些还必须配合访谈、观察（如对精神心理功能、感觉功能、人际交往能力等评定）和设备检测（如关节活动度、肌张力等的评定）来完成。二是对老年人具体疾病康复计划的制订。具体到每位老年人的每种常见疾病的康复计划（如脑卒中、人工关节置换术后、老年尿失禁等），其康复手段包括物理疗法、作业疗法、语言疗法、心理疗法、康复工程和中国传统医学疗法等，具体措施包括肢体活动能力训练、心肺功能训练、耐力与协调性训练、步行训练、语言训练、认知训练、心理辅导、生活自理能力训练、体育运动锻炼等方面。三是选配适当的辅助器具。为落实上述两方面的服务计划，必须选配适当的辅助器具（如腕手矫形器、弹性绑带、万能袖带等）。

计划制订中，必须兼顾短期（阶段性）和长期计划之间的关系，明确老年人功能障碍的种

类、程度和特点，充分考虑他们的特点和特征（如耐力下降、反应慢、记忆力减退等），设计出以具体功能目标为导向的简单、实用、科学的康复方法，并给予充分的指导；注重发挥老年人的主观能动性和对康复的愿望。同时，必须坚持合适、循序渐进的原则来选择训练项目与内容，并有应急预案。

3. 心理/精神支持服务计划

（1）基本要求

一个关键：各类服务或活动前必须进行个体身体、心理评估，以确保安全、适合、适度。

两个保证：一是保证老年人的隐私与权益不受侵犯；二是保证提供必要的服务场所和设施，以及持证上岗的服务人员。

三个需要：一是满足老年人充实生活、延缓衰老、防治疾病、心身愉悦的需要；二是满足他们维护自尊、自我实现的需要；三是满足增进亲情、友情等需要。

（2）服务内容与注意要点：心理/精神支持服务内容涉及面很广，要关注的要点很多，下面抛砖引玉提出主要内容与注意要点，希望起到举一反三的作用（表2-10）。

表2-10　心理/精神支持服务的主要内容与注意要点

服务分类	服务内容	注意要点
精神慰藉服务	对有明显精神/心理问题老年人的关爱服务	加强沟通，给予更多的关爱是根本；专业评估，明确存在的问题；根据问题与需求有针对性开展个性化、一对一专业服务；实施危机干预
	老年人互助活动	发现并挖掘性格、兴趣、爱好共同（相似）点是根本；对活动提供一定的指导和帮助是关键
	专业心理咨询与治疗	专业性、针对性、有效性、便利性和多样性是根本；正确评估与发现问题是关键
	生日庆祝与怀旧物品的摆放设计等	符合年代特征与个体需求是根本；挖掘老年人喜爱、能引起共鸣的形式或物品是关键
	重大节日活动/宗教仪式等	神圣、严肃、规范、满足是根本；根据实际需求与机构的实际情况来确定形式与内容是关键
	亲情关怀	有效发动、提供平台（可以是面对面，也可以利用互联网平台）是根本；有效协调、调解是关键
群众性体育活动	健身操类、球类、武术类活动等	确保安全的基础上，保证活动的主动性、社会性、适合性和多样性是根本；有效组织是关键
群众性文艺活动	唱歌、舞蹈、服饰表演，汇演等	
教育类/老年大学活动	各类知识讲座，书报阅读，手工制作，兴趣活动，书画技艺等	挖掘资源、提供平台与保障是根本；有效组织、发挥老年人主动性和能动性是关键
休闲娱乐类服务	音乐茶座，棋牌活动，戏曲及影视欣赏等	挖掘资源、提供平台与保障是根本；有效组织是关键
参与社会公益活动	参与结对互助、养老机构管理和其他社会公益活动等	提供平台与机会是根本；有效发动与组织、发挥老人主动性和能动性是关键

【引导案例分析】

我国在《“十三五”国家老龄事业发展和养老体系建设规划》中已明确提出了：要构建“以居家为基础、社区为依托、机构为补充的医养相结合”养老服务体系。这是符合我国传统文化和我国国情，适合我国老年人特点，符合我国实现积极老龄化目标的养老服务体系。该体系充分发挥了居家养老、社区养老和机构养老的优势，用“六个老有”高度概括了现阶段我国老年人在物质生活、健康保障、精神文化生活和参与社会等方面的需求。通过以家庭成员为老年人提供养老资源（包括经济支持、生活照顾、精神慰藉）为基础，社区为居家养老的老年人提供有效、可及的社会化服务支持体系为依托，机构养老为部分特殊需要老年人建立专业化更强、条件更完善的养老服务为补充，建立全面覆盖老年人身体状况从健康到虚弱、生活自理程度从独立居家生活到各种需要辅助服务生活的各阶段老年人的养老服务体系，实现养老服务主体多元化和市场化、养老服务对象大众化、养老服务方式多样化、养老服务队伍专业化。

小　结

人口老龄化已成为贯穿我国21世纪的基本国情，积极应对人口老龄化是我国政府和每个个体必须主动面对的现实问题。在社会进步和科学发展的推动下，在国家的高度重视下，在“银色产业”和老年需求的驱动下，养老模式和养老服务一定呈现与时俱进的态势，将极大推动养老服务的深度和广度、贴合度和精准度，让我国的每一位老年人真正享有有尊严和更高质量的生活，实现“六个老有”。

（谢培豪）

拓展阅读（第二章）

第三章　养老机构的行政管理

学习目标

识记：养老机构管理的定位与设立、运营模式；质量的概念，质量管理体系包含的内容。

理解：养老机构的概念和性质类型、制度管理；养老机构服务质量管理的基本原则。

运用：养老机构的模式建设、内部组织设置、人员配置、规范设计；用质量标准分析评价养老机构的服务质量。

【引导案例 3-1】

最近某市开发区有一家养老院，因经营不善拟转让。李先生准备接手经营，但仅知道目前养老机构很热门，而对养老机构有哪些类型、如何定位及其内部组织机构设置和管理等均未详细了解。因此，他希望招聘一些专业人士来进行统筹安排和参与行政管理。

问题：李先生接手后应该怎样管理这家养老机构呢？

【导言】

传统家庭式养老已逐渐显露弊端，不但老年人未受到应有的照顾和关怀，也给年轻人增加了负担。应运而生的机构养老成为缓解这一矛盾的桥梁。我国已明确提出要构建以居家为基础、社区为依托、机构为补充的医养相结合养老服务体系，随着社会对养老机构需求的增加、国家政策的扶持力度增大，我国的养老机构展示了光明的前景和机遇。本章将从养老机构的性质、特点与机构经营管理内容、模式，制度建设及质量管理等方面进行阐述，为养老机构的健康有序发展提供基本指导。

第一节　养老机构行政管理概述

养老服务有赖于养老机构提供的服务。精练高效的机构设置是实施管理和完成工作的基础，通过对中国养老机构的行政管理学习，来全面了解养老机构的内涵和管理的基本知识，运用合理的管理方法，培养高级的管理人才，使其充分发挥管理才能，积极组织、协调和调动各种资源，合理配置，达到行政管理的最佳实效。

一、概　　述

（一）概念

养老机构行政管理是指养老机构、组织或团体对有关养老事务的治理、管理和执行的社会活动，包括国家立法、行政、司法等参与的系统化的科学管理。主要包括四项基本职能：计划、组织、协调和控制。因此，养老机构的行政管理是机构能够正常运转不可缺少的重要方面，合理的计划、严密的组织、完善的协调和有效的控制，可减少机构人力、物力、财力和时间的支出，避免管理资源的浪费，提高机构的效能。

行政管理包括对管理主体、管理对象和管理环境进行规范化和系统化的统筹安排，大多是在国家、各省市政府监督下，结合本地实际，依法进行管理。

（二）养老机构的性质

根据养老机构服务对象和服务功能的多样性及管理理念的先进性，养老机构服务具备以下属性。第一属性是公益性和社会福利性，同时具有专业性和特殊性；第二属性是示范性和市场性。

1. 公益性和社会福利性 无论是公办或民办、营利或非营利的养老机构，其服务对象都是弱势的老年群体，是面向全社会的公共服务行业。因此，其主要属性必须是公益性和社会福利性。旨在为老年人提供所需的物质、生理和心理等养老服务，提高老年人晚年生活品质，为老年人谋福利。这不但关系到老年人的生命安全、生活质量和整个家庭的和谐幸福，而且关系到社会公共性、公益性服务体系的实现，以确保所有老年人享有最基本尊严的生活质量。公益性的养老机构是发展社会化养老服务的重要载体，是反映一个国家发展水平的标尺，更是社会主义国家必须体现的基本特征。

2. 专业性和特殊性 养老机构大多提供综合性、人性化的养老服务，尤其对失能、失智、患顽疾的老年人，更迫切需要服务队伍的专业化和职业化的特殊性。国际社会通行的做法是对申请入住的老年人进行综合评估，包括医学、心理、护理、职业、社会行为等逐一评估后确定其所需的服务等级，按最需原则安排入住对应的养老机构，并提供匹配的服务。养老机构作为集中居所为这些老年人提供生活照料、医疗康复、精神慰藉甚至临终关怀等全方位、专业、高水平技能的服务，以满足这些特定老年群体的养老需求，更好达到医养结合的目的。

3. 示范性和市场性 作为多层次养老服务体系的一个终端环节，养老机构在人力、物力、技术、需求等方面均具有独特的优势。通过专业技术、特定服务的输出，辐射出该机构、社区、地区、社会养老服务能力的水平，乃至在一定层面上反映出国家的综合国力。各国之间养老系统的行政管理和服务的交流，均互相起到启示和示范的作用。另外，养老机构必须借助市场化的有利优势和资源，在政府调控和指导下，开展更有效、更全面的养老服务。

二、养老机构的类型

养老机构的类型需要多样化以适应现代养老需求，运营主体、服务对象、提供服务的范围和水平等是养老机构的基本分类标准。不同属性的养老机构享有不同的权利义务，并根据不同的标准享受政府的补贴。

（1）根据产权属性不同、资金来源和承办主体不同，可分为公办公营、民办私营、公私合作（民办公助或公办民营）型养老机构。公办公营养老机构由国家出资举办和管理，如社会福利院、护老院、敬老院等；民办私营养老机构由民间企业或个体集资或出资，包括中外独资、合资等，在国家政策许可下举办和自主管理，甚至开拓全国连锁旗舰布局，如泰康之家；公私合作养老机构由政府或集体（市、镇或单位）为民营养老机构提供场地、资金、设施、保险等投入，双方联合管理运作。政府在民办公助养老机构中起补助、支持及监督职能，并履行调控、指导的职责，如湖北新华医疗武汉方泰养老院。

（2）根据入住老年人的身体状况不同，可分为自理型、助养型、养护型养老机构等。自理型养老机构，如老年公寓或长者大厦等，具有符合老年人特点和需求的完整配套的服务设施，多为健康、自理能力强、有经济实力、有活力的较年轻的长者提供独立或半独立家居形式的集中居所。居住者可购买或租赁，类似私人物业。助养型养老机构，如护老院或护养院等，多接待有半自理能力、需轻度或中度照护的长者，设有起居生活、康复训练照护等。在农村乡镇、村设置的敬老院和城市周边地区的福利院多为养护型养老机构，面向失能、半失能的长者提供专门的医养结合服务，接收“三无”人员、五保户和孤寡老人，实现生活照护、康复护理、紧急救援等，保障其基本生存和养老需求。

（3）根据提供养老服务时间长短和场所不同，可分为日托、全托、临时托等托老所或社区长者服务中心。顾名思义都是按接待老年人托管服务的时间长短来定义，为老年人提供各种综合性服务，让长者在自己熟悉的社区环境中，根据需求选择养老类型并获得相应的养老服务。

（4）对全日制的养老机构，各地则根据国家相关指导性意见，根据其居住环境、设备条件、管理水平和服务质量等完善程度和档次，给予综合分级评定（分为一至五不同星级养老机构）。如广东省按照《广东省养老机构星级评定管理办法（试行）》的一系列要求对养老机构进行分级评定。

（5）根据养老机构的营利性质，可分为公益性和非公益性养老机构。公益性养老机构是以谋求社会效益而非营利为目标，这里的非营利并不代表就一定不能营利，而是要求其营利所得仅能用于机构的滚动式发展。非公益性养老机构是以提供综合服务和提升服务质量、实现利润最大化为目标，参与市场竞争。这在目前我国快速发展的人口老龄化背景下，对弥补社会需求不足、满足老年人多元化养老需求发挥积极的补充作用，也将对未来推动和完善养老服务的规范化、市场化、个性化和多样化起到积极的促进作用。

不同类型的养老机构因功能定位、服务保障等不同导致价格不一，但在政府监督下，基本与当地社会经济发展水平相适应。据网上数据显示，目前不同地区养老院价格差别较大，价格区间是 1500~30000 元/月。弹性的价格区间，给不同需求的老年群体提供了多样化的养老选择。

三、养老机构的定位与设立

（一）养老机构设立的定位规划

养老机构应根据政府的发展总体要求和规划、人口密度、老年人口数量和入住养老机构需求等因素，制订适合自己发展的总体和区域性规划。首先，要从宏观层面进行分析，包括人口环境（人口总量、年龄结构、地理分布、家庭组成等）、经济环境（指影响机构市场营销方式与规模的经济因素，如消费者收入与支出状况、经济发展状况等）、政治和法律环境（指机构市场营销的外部政治形势，以及国家或地方政府颁布的各项法规、法令和条例等）及社会文化环境（国家、地区的民族特征、价值观念、生活方式、风俗习惯、宗教信仰、伦理道德、教育水平、语言文字等），以确定机构的顶层设计。其次，从横向综合进行分析，分析当地现有及潜在养老机构、康复机构、护理院、养老社区等养老相关实体的发展运营情况，重点勘察养老机构类型的成熟饱和度和缺失空白情况，为项目进一步的决策定位提供依据。再次，从微观上进行分析，可通过各类问卷调查，科学分析当地老年人的养老需求、养老意愿、付费方式和经济能力，设计后期项目的服务产品、价格确定及商业模式。最后，从技术上进行分析，调查当地养老服务市场的层次、智能化程度、服务技术水平等，进一步全面了解养老机构的可发展程度和空间。通过以上四个方面的调查研究和分析，可以初步决定本项目的市场定位，基本确定机构的服务群体和主要对象、服务产品及可采取的措施。

（二）养老机构的设立

养老机构设立的主体包括各级政府及政府有关部门；境内个人、法人和其他组织；境外组织或个人。

近年来，国家为更快地促进养老机构的良性发展，陆续出台很多利好政策。

2017 年民政部、国家发展改革委等 13 个部委联合印发了《关于加快推进养老服务业放管服改革的通知》，特别是国务院办公厅印发的《关于简化优化公共服务流程 方便基层群众办事创业的通知》和国务院《关于印发清理规范投资项目报建审批事项实施方案的通知》，进一步优化养老机构相关审批手续、降低养老机构准入门槛、简化审批流程等。

2018 年修订的《中华人民共和国老年人权益保障法》，对设立养老机构许可调整为：公益性养老机构应当首先取得民政部门许可后才可办理设立登记；经营性养老机构应当在工商行政管理部门办理登记后，申请民政部门的行政许可。

民政部关于贯彻落实新修订的《中华人民共和国老年人权益保障法》的通知中，明确指出已经实行 5 年的“养老机构设立许可”审批正式取消，加强养老机构事中事后监管，由“事前审批”向“事中事后监管”转变。这一利好政策将有效促进养老机构的蓬勃发展，也将预示着未来养老机构在日常经营中将会面临更为严格的监管。

四、养老机构的建设模式

养老机构不论采取哪种模式进行建设都要遵循“科学、和谐、绿色”的原则，即机构的功能设置要与社区或者城市的功能设计相匹配，要节约建设成本，提高效率，保证其经济性和实用性，同时，要尽可能引入绿色环保的理念。目前，我国养老机构的建设主要有以下四种模式。

（一）空地新建

空地新建一般分为两种情况。一是机构利用原有地址的留置用地，增加新的功能区建设。这种新建在获得相关部门批示后，按照老年人建筑设计规范的相关原则进行建设即可。二是利用政府划拨的新用地，建设新的养老机构。近年来，国家在对养老机构建设审批加快放管服的同时，出台了一系列政策，鼓励有实力的企业或者社会资本兴建养老机构，优先安排养老服务机构建设用地。

（二）原址功能升级

为进一步加快养老产业的规范化、标准化进程，确保老年人真正享有“六个老有”，国家出台了一系列关于养老机构安全、服务设施设备和服务规范化等文件，对现有的养老机构提出了新的要求。在这一背景下，养老机构需要进行新的升级改造。这种升级改造相比于空地新建，更能节约土地资源和建设资金。

（三）功能置换

功能置换是指政府和大机构、大企业将闲置或者使用效率不高的厂房、酒店或者功能区进行资源的重新配置，使其重新创造价值。功能置换是最容易实现的一种形式，也在很大程度上盘活现有资源，发挥其最大效益。大机构、大企业通过对厂房、酒店或者功能区原有的内部空间进行适老化改造，使之成为老年公寓、托老所或日间照料中心。目前已有许多成功的案例，如东莞梵尔赛酒店进行“医养结合”改造，转型为“豪享康乐养老院”。

（四）多种资源搭配整合

为了更好地满足老年人的养老需求，提高养老服务质量，越来越多的机构开始尝试与社会资源搭配整合。如与托儿所和学校并设，这样既能解决“代际陪伴”问题，又能将养老设施与幼儿设施统一规划管理，节约管理和建筑成本。另外，在国家大力推进“医养融合”的形势下，养老机构和社会医疗资源进行有机整合，有效地解决了老年人的医疗卫生服务难题。

五、养老机构的内部组织设置

组织结构是组织成员为实现组织目标，在管理工作中进行分工协作，在职务范围、责任、权利方面所形成的结构体系，是整个管理系统的“框架”，在这个框架下实现机构有效的管理体系和管理模式。为了充分利用养老机构内部人力资源的有效性，提高机构竞争力，确保机构的可持续发展，养老机构必须科学合理设计内部组织结构。

（一）养老机构组织结构设计的原则

1. 以任务与目标为宗旨的原则　这是机构组织结构设计的最基本原则。也就是说，所有的组织结构设计均要以实现机构的战略任务和经营目标服务为宗旨。当组织的任务、目标发生重大变化时，如机构的目标从单纯生产型向生产经营型、从内向型向外向型转变时，组织结构也必须做出相应的调整和变革，以适应任务、目标变化的需要。

2. 专业分工和协作的原则　不管机构规模大小、采取何种组织管理模式，在组织内部均会存在不同的岗位、不同的层级，需要不同的专业人员来承担相应的责任和从事不同的工作任务。但在实际工作中，很多工作会出现交叉或重叠。因此，在组织结构设计时，对设立的各部门、各岗位的专业分工和协作均要有明文规定，实现责权明确、精简清晰，为组织成员提供挑战性和创新性机会，促进其劳逸结合和自身的发展。

3. 有效管理幅度的原则　从实现有效管理的目的出发，要求在组织结构设计时，要充分考虑每个部门、每位领导人的职责范围，即要有一个合理的管理幅度。如果管理幅度太大，则无暇顾及；如果管理幅度太小，又必然出现其职责能力得不到完全发挥。因此，坚持有效管理幅度原则，既可保持机构内部的稳定性和对内外环境变化的顺应性，又能实现机构的有效管理和降低管理成本。

4. 集权与分权相结合的原则　为最大限度地利用机构的人力、物力、财力，实现有效管理，在组织结构设计时，既要有必要的权力集中，来保证机构的统一领导和指挥，实现管理的有效性；又要有必要的权力分散，来充分发挥各部门和每个人的能动性和主动性，激发管理的活力和动力。

（二）养老机构部门设置的类型

养老机构决策层根据机构设计原则及机构的规模和性质设置职能部门。组织结构可以通过组织结构图来形象反映组织内部各部门、各岗位上下左右相互之间的关系，体现组织结构形式。下面介绍养老机构组织结构图的几种主要类型。

1. 直线制　一般是微小型养老机构的组织结构（床位小于 50 张），是指该养老机构没有设置具体的职能机构，从最高管理者到最基层实行直线垂直领导，要求各直线管理人员具备较强的综合管理能力。其组织架构见图 3-1。

2. 直线-职能制　是指在组织内部，既设置纵向的直线指挥系统，又设置横向的职能管理系统，以直线指挥系统为主体建立的二维的管理组织。我国绝大部分养老机构采用此型，并常常根据床位数来设计不同的管理组织。其组织架构见图 3-2～图 3-5。

3. 事业部制 有些养老机构按照地域或服务对象，在直线-职能制的框架基础上设置独立核算、自主经营的事业部类型，是分权化体制，在总公司领导下统一政策、分散经营。其组织架构见图 3-6。

总之，养老机构必须根据其宗旨、目标和实际情况，在符合国家、行业与地方政策、管理规范的前提下，进行内部组织机构个性化设置，实现精简、高效、降低成本等目的。

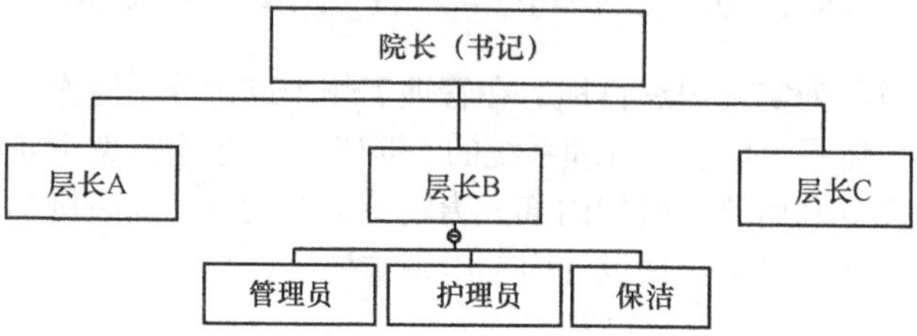

图 3-1 直线制部门组织架构示意图

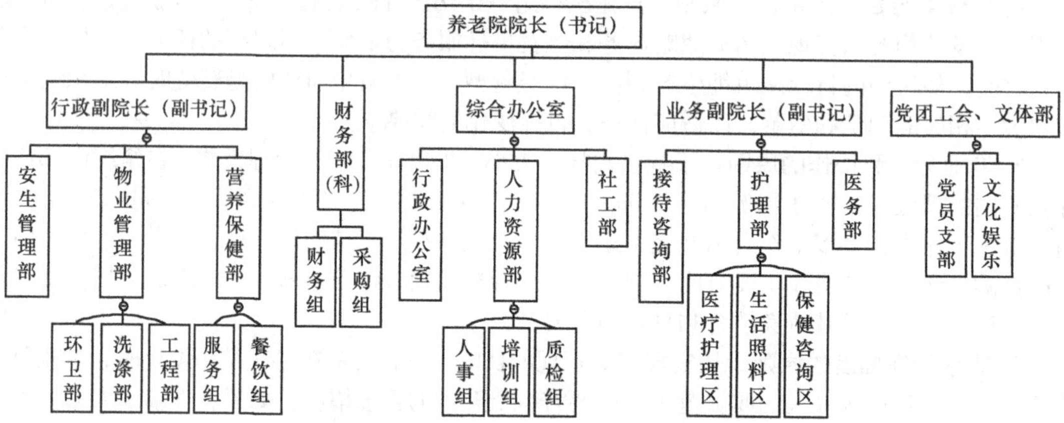

图 3-2 大型养老服务机构组织架构示意图（床位在 500 张以上）

机构中的一些服务项目，如物业维修、洗衣、安保等，可以采用外包服务形式

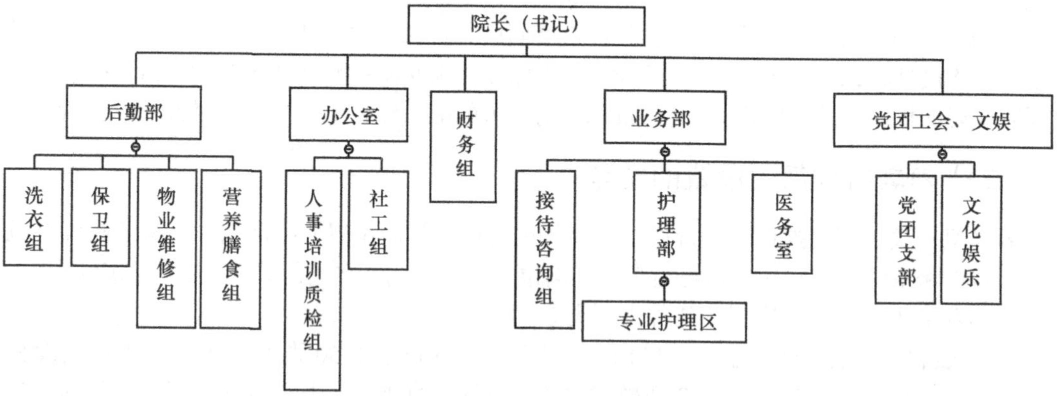

图 3-3 中型养老服务机构组织架构示意图（床位 100 ~ 500 张）

管理人员编制较少，要做到一人多岗；机构中的一些工作，如物业维修、安保等，可以采用外包服务形式；医务室设全职医务人员，主要采取与医疗机构协作方式

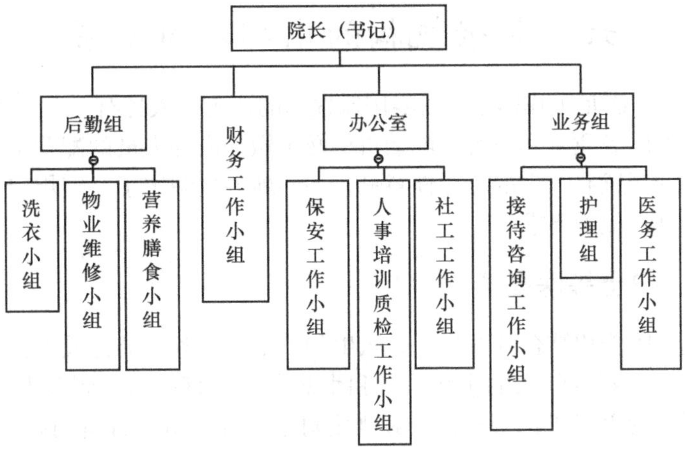

图 3-4 小型养老服务机构组织架构示意图（床位 50 ~ 100 张）

管理和服务人员编制很少，要做到一人多岗，一专多能；机构中的一些工作，如物业维修、安保等，可以采用外包服务形式；医务服务采取与医疗机构紧密协作方式

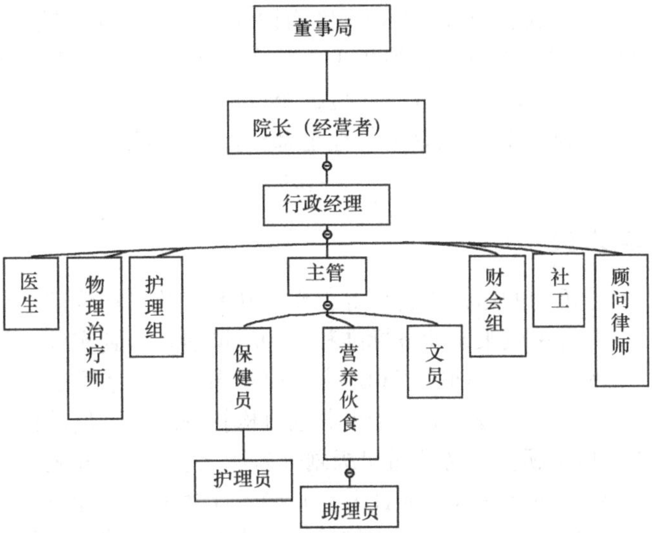

图 3-5 某外资护老院的组织架构示意图

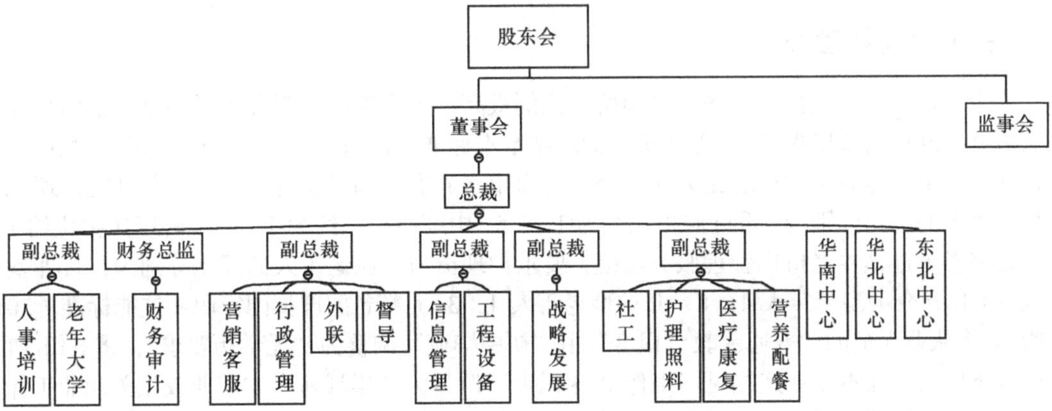

图 3-6 某养老集团组织架构示意图

六、养老机构的内部人员配置

为符合国家政策，满足工作需求，落实国家提出的让老年人拥有“六个老有”和享有尊严，有效提升养老机构的服务质量和声誉，养老机构必须做好内部人员的配置工作。国家对各类型养老机构内部人员的配置有一定的指导性意见，一些地方也制定了一定规定，但总体来说，都包含对以下人员的具体配置要求。

（一）医生、护士等医务人员

在国家高度重视医养相结合的背景下，医生和护士等医务人员将成为养老机构服务的中坚力量，其配置数量关系到老年人的生活质量和生命安全，直接影响到养老机构的社会效益和经济效益。我国现行的养老机构管理办法和规定对于医务人员配置有明确的规范要求。《养老机构医务室基本标准（试行）》规定，医务室至少有 1 名取得执业医师资格并经注册后有 5 年医疗、保健机构执业经验。执业医师人数≥2 人的，至少应含有 1 名中医类别执业医师；至少有 1 名注册护士，养老机构床位达到 100 张以上时，每增加 100 张床位，至少增加 1 名注册护士；其他药学、医技人员按需配备。《养老机构护理站基本标准（试行）》规定养老机构护理站至少有 2 名具有护士以上职称的注册护士，其中有 1 名具有主管护师以上职称；养老机构床位达到 100 张以上时，每增加 100 张床位，至少增加 1 名注册护士；至少有 1 名康复治疗人员。另外，山东省、湖南省、北京市等地也都根据实际情况出台了养老机构医务人员的配备指南。

（二）行政管理人员

该类人员承担着养老机构的运营、管理等工作，其配置数量和管理水平直接影响到机构的质量和效益，关系到上级有关政策、业务标准和各种决策能否落到实处，关系到各类养老服务人员的队伍建设和作用的发挥。目前国家和地方政府也出台了一系列的人员配备指南。如湖南省《养老机构岗位设置及人员配备指南》指出养老机构管理岗位人员总数一般不超过职工总人数的 10%。《北京市养老服务机构服务质量星级划分与评定》要求，养老机构院长必须持有北京市民政局核发的北京市养老机构院长执业证书，并接受社会工作类专业知识的培训；副院长必须持有北京市民政局核发的北京市养老机构院长执业证书，同时持有相关专业大专学历，具有中级以上专业技术职称等。

（三）养老护理员

养老护理员在养老机构服务人员中所占比例最高，提升他们的服务水平和整体素质是养老机构可持续发展的重要保证。《养老机构护理站基本标准（试行）》要求，按工作需求配备护理员，注册护士与养老护理员之比为 1∶2.5。上海市《养老机构设施与服务要求》规定护理员与入住老年人的配比分别为：重度照护比约为 1∶2.5，中度照护比约为 1∶6.6，轻度照护比约 1∶12；湖南省《连锁养老机构管理服务规范》要求护理员与入住老年人的配比分别为：自理型老年人 1∶13，介助型老年人 1∶8，介护型老年人 1∶3。《养老护理员国家职业技能标准（2019 年版）》将从业人员的“普通受教育程度”由“初中毕业”调整为“无学历要求”；将五级/初级工申报条件由“在本职业连续见习工作 2 年以上”调整为“累计从事本职业或相关职业工作 1 年（含）以上”；明确未取得小学毕业证书的考生，理论知识考试可采用口试的方式，主要考核从业人员从事本职业应掌握的基本要求和相关知识。

（四）社会工作者、心理咨询师、营养师、康复师等

养老机构中适当引进社会工作者、心理咨询师、营养师、康复师等专业人才是未来养老机构中人力资源体系建设的必然趋势。2013 年 5 月开始实施的《养老机构基本规范》建议养老机构宜配备社会工作者、康复师、营养师等。广东省《养老机构服务规范》指出养老机构宜配备社会工作者、康复师、营养师、心理咨询师等专业人员；湖南省《养老机构岗位设置及人员配备指南》、山东省《养老机构服务人员配备及技能要求》等相关地方政策也对这类人员的配置做了相应的规定。

（五）后勤保障人员

现有的国家及地方标准或规范中多数提到养老机构工作人员或专业技术人员均应持有与其岗位相适应的专业资格证书，对于后勤保障人员的资质和数量未做明确规定。

（六）志愿者（义工）

现有的国家及地方标准或规范中多数提到志愿者（义工）提供服务应经过相关培训，对于志愿者（义工）的资质和数量未做明确规定。

第二节　养老机构的运营管理

一、养老机构的投资运营模式

目前，在全球化的推动下，特别是在“共享、共赢”的理念指导下，社会资本投资运营涌现出许许多多的模式。养老机构也不例外，主要有以下几种模式。

（一）自筹模式

自筹模式即全资模式，主要指养老机构建设资金的筹集、项目监管、运营等都由建设业主自行解决。采用全资模式最大的优点在于最具可控性，可以完全按照预先规划的目标制订投资计划并实施，不必担心与合资方出现决策与管理上的矛盾；同时，可以获得全部投资收益。其缺点是投资量过大，资金筹措有难度，风险难于控制。

（二）PPP 模式

PPP（public-private partnership）模式，即政府与社会资本合作，参与养老机构的建设。PPP 模式分为全额 PPP 模式和政府参股 PPP 模式两种。

全额 PPP 模式是指由社会投资方全部出资，政府不投资。这种模式的优点是建设前期社会投资方全部出资，运作模式单一，可以缩短前期工作；缺点是政府监管难度会增加，工程造价难以控制。

政府参股 PPP 模式是指政府与社会投资方按照一定的比例出资，共同建设养老机构。这种模式的优点是政府注入资金，合作机构筹资压力较小，能够更好地保证项目的公益性。其缺点是由于双方共同出资，需要在股权分配、后期利益分配等方面进行划分，职责和利益分配比较烦琐，决策与管理上难免沟通不畅，同时会增加政府潜在的债务风险。

（三）BOT 模式

BOT（build-operate-transfer）模式，即建设-经营-转让，是指政府授予私营企业一定期限的

特许专营权，许可其融资建设和经营某养老机构，在规定的特许期限内，合作私营企业可以通过经营管理来收取费用，由此来获取投资回报。待特许期满后，合作私营企业将该机构无偿或有偿转交给政府。BOT 模式的优点在于政府最大可能地避免了项目的投资损失。缺点是投资风险大，私营资本可能望而却步，且不同利益主体的利益目标不同，单方面利益最大化的纳什平衡并非全社会最优。

（四）TOT 模式

TOT（transfer-operate-transfer）模式，即移交-经营-移交，是指政府部门或国有企业将建设好的养老机构项目的一定期限的产权或经营权有偿转让给社会投资人，由其进行运营管理。社会投资人在约定的期限内通过经营收回全部投资并得到合理的回报，双方合约期满之后，投资人再将该项目交还政府部门或原企业。TOT 模式的优点是政府将存量工程移交给社会资本方运营，可以盘活存量资产，促进社会资源合理配置，提高运营效率，降低政府后续财政支出压力。缺点是融资方式经验不足、对资产评估要求高、经营权内容的不明确性等。该模式在近期国家推出的“普惠式”养老经营模式中得到充分发挥，也突显出其积极的一面。

【知识拓展 3-1】

BOT、TOT、PPP 模式的区别与联系

BOT 与 TOT 都属于广义的 PPP 项目。这几种模式都是解决政府财政在公共基础设施建设上投资资金不足的融资模式，其共同特点是可以把社会资本引入当地基础设施及城市公共事业建设。

BOT 与 PPP 的区别在于，BOT 中政府与企业更多是垂直关系，即政府授权私企独立建造和经营设施，而不是与政府合作；PPP 则通过共同出资，更强调政府与私企利益共享和风险分担。

TOT 与 PPP 的区别在于，PPP 是政府与社会资本的合作，社会资本要投入资金；TOT 是政府将已完成的项目移交社会资本方运营，对于社会资本来说不需要出钱进行建设，属于轻资本运作模式。

BOT 与 TOT 的区别在于，TOT 模式的运用一般是为了 BOT 模式的顺利进行，通常情况下，政府会将 TOT 和 BOT 两个项目打包，一起运作。我们常说的公建民营，从概念上也可以属于 TOT 模式。因此，两者的根本区别在于“B”上，即不需直接由外商投资建设交通基础设施，因而避开了在“B”段所产生的大量风险和矛盾，比较容易使合作双方达成一致。在我国经济发展的现阶段，积极采用 TOT 方式，发展直接融资，对于加快交通基础设施建设尤为必要。

二、养老机构的规范设计

由于养老机构的特殊性，其建筑并非单纯医院+宾馆式设计，除必须符合一般建筑设计标准外，还应做到真正适合老年群体，同时又能满足运营管理的需求。养老机构的建筑设计，必须严格执行国家出台的《养老设施建筑设计规范》（国家标准 GB 50867—2013）和《老年人居住建筑设计规范》（GB 50340—2016）。养护型养老机构建筑设计应参照《老年养护院建设标准》（建标〔2010〕194 号）的规定要求，还需参照《城镇老年人设施规划规范》[GB 50437—2007（2018 年版）]中规定的各级老年护理院的配建指标。而对老年日间照料中心的建筑设计则应参照《社区老年人日间照料中心建设标准》（建标 143—2010）中的规定要求。

（一）养老机构建筑设计原则

根据养老机构特定的入住群体、提供的服务内容及经营管理等特点，养老机构建筑设计应遵循以下三大原则。

1. 以人为本　要求建筑的内外部环境必须针对健康程度不同、生理心理需求不同的老年群体进行人性化、个体化设计，以实现居住环境方便、安全、舒适。其具体要素见图 3-7。

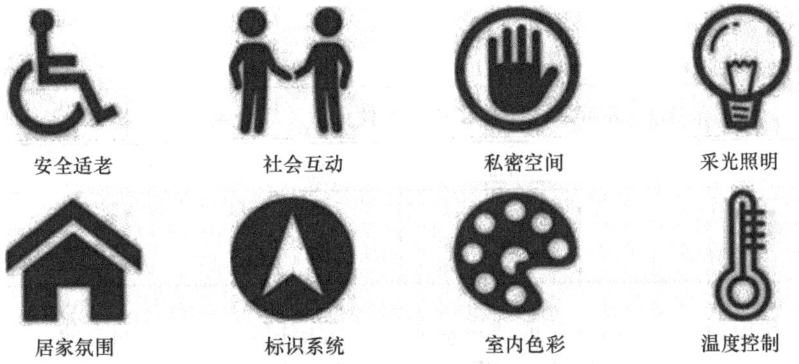

图 3-7　建筑设计需要考虑的主要因素

2. 安全无障碍　对养老机构来说，确保老年人的人身安全是所有工作的前提。在安全的前提下，为有效解决老年人客观存在的行动、视觉、听觉弱化等问题，以及满足便利、舒适等要求，在建筑设计中必须充分考虑环境的无障碍等要素。例如，走廊设置连续的扶手和休息区域，室内地面平坦无台阶并做好防滑处理，斜坡坡度适当，所有地方留有足够空间便于轮椅出入，卫生间、浴室设置有急救按钮和扶手等。

3. 多层次、多样性　为满足不同老年人不同居住方式和服务需求，养老机构的建筑设计应实现多层次和多样性。因此，除要做到设施齐全、功能完善、配置合理、安全适用等之外，还必须兼顾每位老年人的个性需求，设置更多的满足个体老年人需求的单元，让不同层次的老年人拥有多元、多样的环境和服务。同时要遵循心理学和社会学的基本原则，尽可能多地为老年人设计相互交往的空间，提供交流机会，减少其孤独感，增进其身心健康；又要保证一定的私密性，让老年人拥有不被干扰的独立空间，确保个人隐私。

（二）养老机构的规范性设计

养老机构除必须按照国家的相关规定进行设计外，还需根据以下内容综合考虑进行设计。

1. 根据养老设施的性质及服务对象，进行满足基本服务内容的设计（表 3-1）。

表 3-1　满足不同养老设施性质的建筑设计内容

养老设施性质	服务对象	满足基本服务内容的建筑设计
养老院	自理老人、轻度照护老年人	满足生活起居、餐饮服务、医疗保健、文化娱乐、综合服务等用房、场地及附属设施
养护院	中度、重度失去自理能力的老年人	满足生活起居、餐饮服务、居住、医疗、保健、康复和护理等配套服务设施
老年日间照料中心	自理老年人、轻度照护老年人	满足膳食供应、个人照顾、保健康复、娱乐和交通接送服务等用房、场地及附属设施
老年公寓或老年住宅	自理老年人和有一定经济实力的老年人	满足生活起居、餐饮服务、医疗保健、文化娱乐、综合服务等用房、场地及附属设施

2. 根据养老机构所确定的规模和拟建等级进行设计（表 3-2、表 3-3）。

表 3-2　不同等级、不同类型机构的床位（人数）设计要求

机构等级	老年养护院（床）	养老院（床）	老年日间照料中心（人）
小型	≤100	≤150	≤40
中型	101～250	151～300	41～100
大型	251～350	301～500	—
特大型	>350	>500	—

表 3-3　不同等级养老机构的入住人数和人均用地设计要求

规模	人数	人均用地标准（m^2）	规模	人数	人均用地标准（m^2）
小型	≤50	80~100	大型	151~200	95~105
中型	51~150	90~100	特大型	200 及以上	100~110

3. 在选址和规划方面　最好选取建筑基地与居民居住区相邻，交通方便、基础设施完善、邻近医疗机构，以及地质稳定、场地干燥、排水通畅、日照充足、远离噪声和污染源的地段；不宜选择在繁华闹市，比邻高楼和公路，或建筑施工地带，环境复杂等地段。建筑基地内不宜有过大、过复杂的高差；在市区建设的建筑密度不宜大于 30%，郊区不宜大于 20%；建设后必须实现结构完整、功能分区明确、安全疏散出入口清晰等。

4. 在场地设施建设方面　场地布局宜动静分区，并进行地面防滑、无障碍和便于援助等设计；应充分考虑老年人的心理、生理特点和实际需求进行设计，例如，功能区设计应尽可能满足不同老年人的个性需求；室内设计既要符合国家或省市的基本要求，符合老年人的特点，又要能激发老年人的青春活力；室外设计应多设置宜人的植物花草，便于随时休闲的座椅、凉亭等，以及健身场所；保证活动半径在 100m 内有老年人使用的公共厕所；对池塘、天台等应设置结实安全的防护栏等。

5. 在室外公共场所设计和交通方面　对诸如停车场、道路、台阶、运动场地，乃至平台、坡道等室外公共场所，应遵循简洁、通畅、安全、平整、防滑、色彩鲜明和指示清晰的要求，并严格按照国家或省市的具体要求进行设计。同时，应加强出入口的门禁管理和无死角的视频监控等。

6. 在附属设施方面　应严格按照国家或省市的相关规定，配套建设诸如供电、供暖、给排水、污水处理和污物收集等附属设施。

三、养老机构的制度管理

养老机构的目标定位、组织管理架构、员工的职业素养和凝聚力等，均会影响养老机构总体战略目标的实现。其中，建立健全合理、有效的管理制度体系，是保障养老机构顺畅运行、提高工作效率和可持续发展的重要因素。

（一）制定与实施管理制度体系时应遵循的原则

1. 注重分级分类管理　针对养老机构不同层次、不同类别的工作目标，建立科学、合理的分级、分类制度管理体系，对各层级、各类别制度文件内容元素予以界定和规范，以健全完善制度管理体系（表 3-4）。

表 3-4　制度管理体系

制度级别	一级制度	二级制度	三级制度
级别定义	制度（业务模块）	办法（业务分类）	执行规范
必要元素	适用范围	适用范围	适用范围
	相关定义	相关定义或标准	职责分工与权限
	管理目标与原则	职责分工与权限	操作程序
	组织机构及权责	管理程序	实施内容及标准
	业务分类及管理重点	业务控制要点	相关技术规格
	附则	附则	流程图/描述/RCM
			附则

2. 注重责任权利的统一　注重在管理目标的指导下，权利与责任的平衡。在强调规范管理标准的同时，明确相关领导责任、保障责任、管理责任、监督责任。在强调制度管理的同时，注重绩效措施的跟进与完善，既为管理任务的完成和员工履职提供保障和奖励，也能调动员工的主动性与积极性，鼓励管理过程中因地制宜，突破创新。

3. 注重及时梳理与完善　及时结合实际工作中存在的问题，不断修订和完善缺失或过时的指引性制度或管理办法，及时梳理与实际工作不太相符、关键要素不太完善或不具体和不清晰、各项制度间存在的冲突等问题，并及时进行补充完善。同时，针对养老机构某些长远、宏观战略目标的实现，采用相对灵活的方式，分清轻重缓急，在战略与现实发展中寻求最佳结合点，逐步稳妥推进实施。

4. 注重与信息化结合　要充分合理地将信息化技术应用到制度管理中，构建有助于管理工作正常开展的制度信息发布、实施、考核及相关制度信息资源运用平台，全面提高行政管理工作效率和服务质量。

5. 注重落实到位和执行监督　在建立健全相应的规章制度体系后，必须加强制度的宣传和学习，特别是要让各级员工理解各项制度的重要性、必要性和具体要求，以确保各项制度的有序有效实施，并取得实效。同时，要注重实施过程的管理和监督，提高员工对制度执行的自觉性和严谨性，逐渐使制度入脑、入心，成为员工的日常行为习惯。

（二）养老机构管理制度所涉及的基本内容

根据工作制度的内容和管理对象的不同，养老机构管理制度主要分为行政工作类管理制度和服务类管理制度两大类。因具体内容在其他章节中有提及，加上篇幅有限，本文仅提纲挈领，希望起到抛砖引玉的作用。

1. 行政工作类管理制度　主要包括以下基本内容。

（1）养老机构行政办公制度：是对机构的规程和办事规则的规范性纲领，包括机构的性质、宗旨、服务内容、内部组织架构、人员构成、职责范围、文化建设、党的建设及职工的权利义务等内容。养老机构要以行政办公制度为总统领，建立健全内部管理机构，完善管理制度、办事程序等，从而规范机构内部运行机制，提高机构工作效率。在制定机构行政办公制度时，要明确党组织在机构内部治理结构中的地位和作用。

（2）人力资源制度：养老机构的人力资源制度要根据实际工作需求，建立健全机构内部人员的聘用管理、岗位管理、培训教育、收入分配及绩效考核等制度。同时统筹考虑不同岗位人员的收入分配和管理使用，分类考核，既要体现岗位差异，也要兼顾公平效率。

（3）财务管理制度：养老机构应建立健全财务收支、预算决算、成本管理、价格管理等制度，所有收支统一管理，确保各项经济活动合法、合规、合理。公立养老机构作为预算单位，要按照国家相关规定，强化成本核算与控制，加强内部审计与监督，提高资金的使用效率。

（4）后勤管理制度：养老机构应根据实际工作需求建立和完善后勤管理制度，包括物资设备、水、电、维修、餐厅、洗衣房、绿化、环境卫生管理等。建立落实安全责任制和项目负责制，合理配置资源，科学管理后勤。

（5）信息管理制度：养老机构需加强信息系统的标准化和规范化建设，加强机构网络和信息安全建设管理。

（6）安全管理制度：养老机构是特殊服务场所，服务的老年人是疾病和突发事故高发的人群，管理不当极易发生重大安全事故。所以，养老机构的安全管理至关重要。安全管理制度一般包括消防管理、预防突发医疗事故管理、预防伤害事故管理等。所有机构工作人员必须严格遵守安全管理制度，明晰机构的常见事故、防范措施和应急预案，严格规范日常服务工作程序，杜绝安全事故的发生。

（7）评价与改进制度：养老机构评价与改进制度规定评价原则、服务信息收集、标准实施、服务质量改进评价的控制和管理。通过对服务过程、效果进行评价，总结经验，提出持续改进的意见和措施。

2. 服务类管理制度 主要包括以下基本内容。

（1）医疗服务管理制度：养老机构的医疗服务要以老年人的健康为中心，严格认真地实施医疗技术常规和操作规程，落实医疗服务责任和严格进行质量控制。医疗服务制度包括诊疗操作规范，会诊制度，转诊制度，查房制度，药品处方管理，常见病、多发病、传染病防治管理，健康教育宣传等。

（2）护理服务管理制度：养老机构护理服务要根据机构的总体要求构建各项管理制度。如护士岗位职责、护理工作流程、疾病护理常规、突发应急预案、常用护理技术操作规范、查房制度、会诊制度等。

（3）老年人健康管理制度：养老机构对入住老年人的基本情况和健康情况要进行登记并建立健康档案，对老年人进行服务需求评估，对患有慢性病的老年人进行饮食、用药、合理就医指导，对患有高危疾病的老年人进行危险因素干预，开展多种形式的健康教育等。

（4）组织活动管理制度：养老机构组织活动要以老年人的安全为中心，以丰富老年人的精神文化生活为目的，开展有益身心的活动。建立健全组织活动管理制度，规范活动组织程序和活动范围，明确组织责任，保证安全。

【引导案例 3-1 分析】

李先生接手这家养老机构后，应按照现行法律法规要求，招聘专业人才，包括管理人才和服务人才。根据实际情况明晰机构的性质和发展方向，订立机构管理制度形成规范，明确责任。在日常服务中精准把握每一位老年人的需求，并提供优质的服务去满足这种需求。把握好各类服务的质量控制，建立确保无服务事故的体系，为养老机构形成核心竞争力和创建品牌奠定基础。

（陈毓东　潘聪聪）

第三节　养老机构服务质量管理

【引导案例 3-2】

李老太，78 岁，因年老体弱在家无人照料被家人送进某养老院。同年端午节，李老太不适卧床，护理员送汤圆给老人后离开，老人吃汤圆时喉咙被汤圆卡住，因无人抢救导致窒息死亡。事发后老人的女儿将养老院告上法院，要求给予赔偿。法院在审理中发现该养老院质量服务标准不健全，在管理上也存在严重问题，应当承担相应的民事责任。该事件被媒体曝光后已入住老人纷纷要求出院，导致养老院的入住率下降了 30%，严重影响了业务发展。

问题：该养老院应如何吸取教训，加强对养老服务的质量管理，杜绝类似事件的发生？

一、养老服务质量管理概述

（一）质量

质量是指产品和服务的优劣程度。国际标准化组织将其定义为反映实体满足明确的或隐含需要的能力特性总和，包括产品质量和服务质量、明确规定的标准和用户潜在的需要、产品或服务的内在特性与外在特征等。其内涵包括规定质量（达到预定标准）、要求质量（满足顾客要求）和魅力质量（超出顾客的期望）三个层次。其核心是满足要求。同时，还必须从适应性和符合性两个维度来理解质量。适应性是指满足顾客需求的程度，符合性是指符合标准要求的程度。只有既实现产品或服务的适应性，又符合或达到相应的标准才有质量可言。另外，由于需求的动态性和发展性，要求不断调整对质量的要求以满足顾客的需求变化。

（二）质量管理与质量管理体系

全面质量控制之父——费根堡姆认为质量管理是“为了能够在最经济的水平上并考虑到充分满足顾客要求的条件下进行市场研究、设计、制造和售后服务，把企业内各部门的研制质量、维持质量和提高质量的活动构成为一体的一种有效的体系。”也就是说，要抓好质量管理必须建立起在质量方面指挥和控制的管理体系。这一体系是组织机构内部建立的、为实现质量目标所必需的、系统的质量管理模式，是组织的一项战略决策。它包括制定质量方针和质量目标，以及质量策划、质量控制、质量保证和质量改进等活动，是组织管理的中心环节，也是实施所有产品或项目管理的中心环节。质量管理一般以文件化的方式，成为组织内部质量管理工作的要求，因此，具有明显的综合性、主导性和全员性。该体系的建立要求必须以最高管理者为主导，全体员工共同参与、共同承担和共同努力。下面就养老机构质量管理体系所包含的各项内容进行阐述。

1. 质量方针　是由机构的最高管理者正式发布的该养老机构总的宗旨和方向。质量方针的制定必须与机构的经营管理总方针相一致，并为制定机构质量目标提供框架。质量方针是养老机构的质量政策，是全体员工必须遵守的准则和行为纲领，是机构在一定时期内质量活动的指导原则。质量方针的制定必须以八项质量管理原则为指导，以老年人及相关方的需求为出发点，做到“一个适应、两个承诺、一个框架”：即质量方针要与机构的宗旨和总方针相适应，要做出满足要求和持续改进的承诺，要为制定和评审质量目标提供框架。例如，某养老机构的质量方针——“一切为了老人，为了老人的一切”。

2. 质量目标　是养老机构在质量方面所追求的目标，是对质量方针的具体化，是全体员工共同追求并加以实现的主要工作任务。质量目标通常依据质量方针制定，制定时必须做到“一致性、前瞻挑战性和可测量性”。一致性是指质量目标与质量方针相一致；前瞻挑战性是指既能激发全体员工的积极性和创造力，又能适应不断变化的社会需求，更重要的是通过员工共同努力能得以实现；可测量性是指可以通过考核测量等手段来进行评价，并且应包括满足服务要求所需的内容。如某养老机构的某项质量目标——要求老年人的满意度≥90%等。

3. 质量策划 致力于实现质量目标所规定的必要运行过程和相关资源的配套。质量策划是一项活动或一个过程，主要包括：对服务质量特性进行识别、分类和比较，以确定适宜的质量特性；制定服务质量特性目标和质量要求；确定采用质量体系的目标和要求。如养老院专项质量建设实施方案。

4. 质量控制 致力于满足质量要求的具体措施。质量控制的目的是控制养老服务产生、形成或实现过程中的各个环节，以达到规定的要求。其内容主要包括：确定控制对象，即明晰具体服务对象的具体服务内容；制定控制标准和控制方法；明确所采用的检查方法（如督导检查或记录等）。如《养老机构服务质量基本规范》中的检查细则；《养老院服务质量大检查指南》等。

5. 质量保证 致力于提供满足老年人及其家属的质量要求，并以此得到他们的信任。质量保证是指为使老年人及其家属确信所提供的养老服务能满足他们的质量要求，而在质量管理体系中实施并根据需要进行证实的全部有计划和有系统的活动。质量保证一般体现在签订的合同文本中，其主要目的是使老年人及其家属确信机构所提供的服务能满足规定的质量要求。质量保证可以分为外部质量保证和内部质量保证两种。外部质量保证是使老年人及其家属确信机构提供的养老服务能够达到预定的质量要求而进行的质量活动；内部质量保证是为了使机构组织内部各级管理者确信本机构本部门能够达到并保持预定的质量要求而进行的质量活动，如养老院质量保证协议书、养老院防压疮操作规范等。

6. 质量改进 致力于不断提升养老机构管理质量的能力。质量改进是通过改进服务的形式或过程来实现的。如运用 PDCA（计划、实施、检查、处理）管理工具减低养老院老年人的误吸率。

（三）养老机构质量管理的原则

目前，通过管理专家多年的实践与探索，已形成备受各界认可的、最基本、最通用的质量管理八项原则。本文将其与养老服务相结合，形成以下八项养老服务质量管理原则。

1. “以老年人为中心”原则 这是养老机构服务质量的核心。要求养老机构依存于老年人及其家属，将以满足他们全方位的需求作为质量管理的终极目标，让老年人满意、让子女亲属放心。要求管理者要不断识别、理解并提供超越老年人及其家属所期望的服务。

2. “发挥领导作用”原则 养老机构领导者的管理理念、管理方法、管理水平在很大程度上决定了机构的发展方向和服务水平。要求领导者所确立的机构宗旨与运作方向一致，并能创造和保持使全体员工能充分参与实现机构目标的内部环境。

3. “群策群力、齐抓共管”原则 “老人安全无小事”、“质量要求无止境”。为保证养老机构服务质量落到实处，机构管理者应抓好服务过程的计划、实施、监测（检查）与改进（处理）四个方面。具体做到：抓好机构各级人员质量管理这个第一要素，应将机构的总目标分解到职能部门和各层次人员，让员工看到更贴近自己的目标，激励员工为实现目标而努力，使员工充分发挥创造力，并承担解决问题的责任；要重视每个员工的作用和意见，教育员工要识别影响他们工作的制约条件；建立员工参与管理的激励机制，并充分、客观评价员工的业绩；在机构内部提倡自由地分享知识和经验，使先进的知识和经验成为共同的财富；通过重视员工的作用，提高他们的待遇，来引导与促进他们发挥积极性和提高参与度，使质量管理成为他们自觉自愿的行为。

4. “管理的系统方法”原则　每一项管理（或服务）都可能包含一个或多个过程，管理（或服务）质量必须由这些较为完美、相互关联的过程有机组合成一个系统，并保持相互协调、高效运作。如在老年人膳食服务中要求营养师、厨师和照护者等相互配合，才能确保做到既合理膳食，又营养均衡与饮食安全。因此，要求用管理的系统方法来将若干个相关、有效的运作过程构筑成一个有效的运行体系，以提高机构目标实现的有效性与效率。在这方面，可以运用信息化手段，实现精细化系统管理。

5. “规范与预防并重”原则　养老服务业发展的灵魂是服务与管理，做好服务管理的保障是规范和标准，要充分考虑和重视服务质量产生、形成和实现全过程的每个环节及各环节的相互衔接，既实现有效使用资源、降低成本，又实现第一次就把事情做好（即争取不发生质量问题，其基本程序是实控–预测–对策–规范）和防止再发生（即防患质量问题的再次发生及减少质量问题所带来的不良影响，其基本程序是问题–分析–对策–规范）。要运用标准化原理、方法和手段，促进养老服务机构的技术进步和管理进步，使养老服务机构的运行管理活动科学化、程序化和规范化，以提高服务质量和工作效率，获得最佳的运行秩序、经济效益和社会效益。预先设立规范的管理制度、科学的工作流程可以在一定程度上防止老年人发生意外（如设置诸如跌倒预防、感染控制等规范应对措施）及提高服务质量（如规范服务检查制度等）。

6. “持续改进”原则　质量改进是质量管理的灵魂。要满足老年人及其家属日益增长和持续变化的需求，要达到“促进老年人自理能力为根本”这一目标，就必须将持续改进作为机构永恒的主题，围绕着进一步促进与保持老年人剩余功能和自理能力来开展管理工作，持续改进老年人慢性病管理、康复保健服务，配备相应服务设备，并开展诸如休闲娱乐服务、知识讲座或学习活动，来有效促进老年人身心健康和实现自我价值，从而实现总体业绩的增长和竞争力的提升。

7. “基于事实的决策方法”原则　事实与数据是判断质量和认识质量形成规律的重要依据，也是质量管理科学性的体现。机构管理者必须借助信息管理系统中的数据分析及实时监控情况，对存在的问题进行及时分析、处理与改善，以及进行重大问题或事件的科学决策。

8. “与供方互利的关系”原则　养老管理与服务涉及方方面面的内容，而且逐渐呈现出分工越来越细、专业程度越来越高的态势，这意味着要切实提高管理与服务质量，就必须抓好服务产品产出过程中所涉及的“供应链”，要用“共享、共赢”理念来指导工作，只有养老机构与供方之间形成相互依存、互利的关系，并保持“共享、共赢”的合作，才能保证服务产品在每个产出过程中的质量，才能既优化成本和资源，又迅速应对社会需求变化，促进双方共同发展。如老人膳食原材料的供应，应该在确保供应产品安全的前提下，与供方互利互惠。

（四）养老服务质量管理的方法

为有效提高服务质量管理的效能，必须根据质量管理的特征和原则，采取行之有效的方式方法。

1. 建立健全质量管理机构　是由“管理的系统方法”原则所决定的。其主要任务是进行质量教育，树立质量意识。其主要做法是成立由领导者、各职能（含业务）部门负责人组成的质量管理领导小组，负责本机构服务质量方针、目标的设计与制定，建立健全质量管理制度、保障机制和实施措施等。

2. 完善质量管理制度 是质量管理的基础与保障，保证员工和管理者在服务与管理过程中有章可循、有据可依，实现管理的科学化和规范化。其涉及的内容有很多，包括各项规章制度、各级人员工作职责、各种操作常规、各种工作质量标准和质量评价标准等。

3. 推行服务质量目标管理 经典管理理论将目标管理定义为：以目标为导向，以人为中心，以成果为标准，使组织和个人取得最佳业绩的现代管理方法。它具有重视目标、强调整体和统一（即组织的整体性和行动的一致性）、强调系统管理及重视全员参与和成果考核的特点。

在实施过程中具体包括：一是建立一套完整的目标管理体系，形成从上到下，涉及各岗位、个人的工作目标。二是明确责任，在目标体系与组织架构相吻合的前提下，将目标逐层细化分解，让每个部门、每个班组都有明确的工作目标、责任义务及责任人，从而形成层层工作有目标责任、层层抓目标落实的局面。为保证责任落实到位，必须建立根据目标完成情况，将工作业绩和工作分配与激励提职挂钩的机制。三是组织实施，在强调自主、自治和自觉的同时，必须对实施过程进行有效管理。具体包括：定期检查，通过一定信息反馈渠道来进行；通报进度，不定期向下级通报进度，以帮助下级解决工作中存在的困难问题。四是检查与评价，通过事先规定的期限定期进行检查（可以是自检、互检和专门部门进行检查）与评价，既可以考核责任主体的工作业绩，又为目标管理进入下一步循环过程提供参考。

（五）养老服务的全面质量管理

质量管理一直备受企业、行业的高度重视，在其产生和发展过程中，经历了传统质量管理、质量检验、统计质量控制和全面质量管理四个阶段。全面质量管理的思想和方法是基于20世纪60年代社会生产力的迅速发展、人们对产品质量的要求越来越高的情况下，管理者意识到质量管理工作不能仅限于生产制造过程，而必须贯穿于企业生产经营活动的全过程而产生的。

所谓全面质量管理，就是企业（机构）全体职工及有关部门同心协力，把专业技术、管理科学、数理统计等方法和思想教育相结合，建立起产品的试验设计、生产制造、售后服务等活动全过程的质量保证体系，从而用最经济的手段生产出用户满意的产品。

全面质量管理具有以下四个基本特点。

1. 全员性 企业（机构）中每一个人都会直接或间接地影响产品质量。因此，要求企业内部全员参与全面质量管理。企业中的各个职能部门都必须结合自己的业务，灵活运用全面质量管理的观点与方法，组织职工开展形式多样的质量管理活动。

2. 全面性 全面质量管理不仅要提高产品质量，而且要提高工作质量，其管理还应包括试验设计、生产制造、辅助生产、使用服务等生产全过程。如每项照护工作必须包含服务要求识别、服务目标确定、服务程序设计与实施及监控与检查等。

3. 预防性 全面质量管理变“事后把关”为“事前预防”，变管结果为管因素，对生产全过程进行有效的控制。预防性在养老服务中更显重要，这不仅可以有效提高服务质量，更可以有效控制风险。

4. 服务性 就是要求机构全体人员要牢固树立服务的思想。对外，表现在为老年人及其家属服务上；对内，表现在为内部员工服务上。这就要求机构内部的所有人员，紧紧围绕着机构的追求目标与老年人的需求，用最经济、最有效的手段，结合管理工具，科学地开展形式多样的质量管理活动，对服务的全过程进行有效控制，全面提升养老机构的服务质量。

【知识拓展 3-2】

质量管理的发展史

传统质量管理，又称为“操作者的质量管理”。当时对产品质量的衡量主要依靠工人用手摸、眼看等感官来估计和简单度量。工人既是操作者也是质量检验者、质量管理者。从20世纪初到30年代末，进入了质量管理的初级阶段，即检验质量管理阶段，又有人称之为“工长的质量管理”。这时机器代替了手工作坊生产，劳动者进行批量生产劳动。按照以泰勒为代表的“科学管理运动”的要求，首次将质量检验作为一种管理职能从生产过程中分离出来，其特点是：以事后、专职检验（质量管理责任交给工长）为主，建立了专职质量检验制度，从事生产过程的检验把关。这种方法对于大批量生产方式来说，是一种行之有效的方法。到了20世纪40年代，由于存在事后检验信息反馈不及时，造成了生产的重大损失，因此，进入了统计质量管理阶段。以美国休哈特博士为代表的统计质量管理方法得到重视和应用。其基本思想是：质量管理不仅需要事后把关，更需要事先预防，因此将数理统计学中的基本原理和方法运用到质量管理之中，对生产过程用控制图等方法加以监控，从而达到预防和降低废次品的目的；同时对产品抽检的标准和方法也作了科学的规定。进入20世纪60年代后，进入了现代的全面质量管理阶段。

二、养老服务的标准化建设

养老服务涉及学科多、影响范围大、服务对象广、开展活动多。目前我国人口老龄化地区差异明显，养老服务业标准体系尚未建立，社会保障制度不完善，养老服务业技术组织与人才队伍匮乏，各养老机构基础设施参差不齐，从业工作人员法律意识薄弱，服务的科学性和可操作性不尽如人意，尚未建立起质量管理制定-实施-监督的链条等，而无法满足社会需求。

为实现养老服务的规范化、专业化、科学化管理，促进养老事业健康发展，必须开展科学合理的养老服务业标准化建设。

（一）养老服务标准化建设的内涵

标准是对一定范围内的重复性事物和概念所做的统一规定，是以科学、技术和实践经验的综合成果为基础，经有关方面协商一致，由主管机构批准，以特定形式发布，作为共同遵守的准则和依据。标准按级别可分为国家标准、行业标准、地方标准、企业标准；按类别可分为服务标准、管理标准、工作标准、技术标准、产品标准；按约束力可分为强制性标准、推荐性标准、指导性技术文件，其中强制性标准是所有相关方都必须严格遵守的，推荐性标准则是鼓励各相关方积极采用的。

标准化是指在经济、技术、科学及管理等社会实践中，对重复性事物和概念通过制定、发布和实施标准达到统一，以获得最佳秩序和社会效益的活动。养老机构服务标准体系是通过对养老服务标准的科学化制定和实施，以及对标准化原则和方法的运用，以达到养老服务质量目标化、服务方法规范化、服务过程程序化，从而保障养老服务质量，保证依法依规维护老年人的合法权益，促进养老机构获得最佳效益。

我国在养老服务领域的标准研制始于民政领域开展的标准体系研究与实践。目前我国已发布多项国家标准、行业标准，且颁布实施了一批养老服务业规范性文件，并开展了标准化的实践。这些标准的制定与实施，对于规范养老服务的交付，促进养老服务业的规范化、科学化发展，提高养老服务质量发挥了促进作用。同时，我国标准化的技术组织也在逐步健全，并参与了养老服务业标准化建设。民政部《养老服务标准体系建设指南》为相关标准研制提供了重要依据；住房和城乡建设部、全国服务标准化技术委员会、全国残疾人康复和专用设备标准化技术委员会也在一定程度上开展养老服务业标准制定、修订与归口管理工作，为促进我国养老服务业标准化发展奠定了基础，提供了借鉴。

【知识拓展 3-3】

国外养老服务标准化的一些状况

发达国家养老服务标准服务体系比较成熟。在日本，为了保证各养老机构的正常运转和避免虐待老年人的情况出现，政府在服务机构自我检查的基础上，引入更为客观和公正的第三方评价体系，包括机构的设备、建筑、人员配备及服务的质量、老年人的评价等。这些评价不是通过简单的检查、打分来达到警示督促的作用，而是在分析现状的基础上，由专业机构提出更好的意见和建议，达到改善现状的目的。目前日本全国范围内已经基本实施了这种评价制度。在法国，社区老年人服务一直坚持标准化理论，一方面为住在家里的老年人进行家务料理（设定标准化服务项目）；另一方面为住在老年医学服务组织或老年公寓、养老院的老年人提供标准化服务，服务的范围不仅包括生活照顾和护理服务，还包括生活指导、陪伴、购物、就医、保洁等。

（二）养老服务标准化的作用

随着我国养老服务业总体规模的不断扩大，养老服务标准化对养老服务业的重要技术支撑和基础作用越来越突显，其主要作用体现在以下几个方面。

（1）养老服务标准化是规范服务行为，提高养老经营者的管理效率，塑造经营者核心竞争力的重要手段。

（2）养老服务标准化是优化养老服务业内部结构，转变经济增长方式，促进养老服务可持续发展的重要途径。

（3）从整个社会的角度来看，养老服务标准化是建立诚信服务、构建和谐社会的重要措施。

（4）养老服务标准的制定为政府监督提供了重要依据。如已经颁发的《养老机构服务质量基本规范》规定了机构养老服务的基本要求、设施与设备要求、人员要求、管理要求、服务的评价与改进，适用于各类养老服务机构的运行和管理。这对政府评价和监管养老机构提供了依据，可进一步推动整个养老机构的健康发展。

（5）通过对服务标准的制定和实施，以及对标准化原则和方法的运用，可使养老服务质量目标化、服务方法规范化、服务过程程序化，从而使服务对象获得更优质的服务。

（三）养老服务标准化建设的内容

养老服务标准化建设可以用“健全制度、完善标准、注重细节、优化管理、规范服务、建设队伍”来概括。其内容包括服务质量、服务价格、质量保证、服务管理、服务投诉等的标准化，具体可以从以下五个方面进行建设。

1. 服务要求　是标准化建设的核心内容，是确保为老年人提供高质量服务的关键。具体涉及每个服务的环节和要素，包括服务的具体项目、内容、要求、效果与满意度等。

【知识拓展 3-4】

国家质量监督检验检疫总局、国家标准化管理委员会发布的《养老机构服务质量基本规范》中的部分内容：

5.2 生活照料服务

5.2.1 服务内容

生活照料服务内容包括但不限于：协助老年人个人饮食、起居、清洁卫生、排泄、体位转移。

5.2.2 服务要求

5.2.2.1 应提供 24h 服务，记录交接班情况。

5.2.2.2 养老护理员应了解所服务老年人的基本信息，包括但不限于：姓名、个人生活照料重点、个人爱好、精神心理情况。

5.2.2.3 养老护理员应定时巡查老年人居室，观察老年人身心状况，发现特殊情况及时报告并协助处理。

5.2.2.4 生活照料服务的要求但不限于：

a）防止跌倒、烫伤；

b）保持皮肤、口腔、头发、手足指（趾）甲、会阴部清洁，外表整洁，无长指（趾）甲；保持老年人床铺整洁。

2. 人员要求 是确保为老年人提供高质量服务的保障。具体包括人员分类（如管理人员、生活照料人员、老年护理人员、医疗保健人员等）、每类人员的岗位要求（即岗位工作资格和条件，如老年护理人员需要持有国家注册护士证书及相关学历、培训要求等）、每类人员的岗位职责、奖罚和培训制度等。

3. 设施要求 同样是确保为老年人提供高质量服务的保障。具体包括基础设施、接待设施、服务设施和无障碍设施。这些设施必须围绕着“六个老有”的内容和要求，以及每类老年人的实际需求来建设，既要保证设施的齐全、明确设施的要求（或标准）和操作规范，又要有定期检查、维护的制度。如在基础设施的标识方面，既要考虑适合一般老年人的实际（如大尺寸、直观易懂），还要适合一些特殊老年人的要求（如患老年痴呆者）；在服务设施方面，既要有适合一般老年人的服务设施（如保健、康复和教育等方面的设施），又要配套适合一些特殊老年人的设施（如对卧床老年人配置电动气垫床等）。

4. 安全要求 是机构标准化管理的根本所在。必须建立一整套完善的安全管理机制和制度，包括消防安全、治安安全、食品安全、医疗安全等，以切实保障老年人的人身、财务安全。

5. 服务评价 是完善机构标准化建设的重要环节。必须建立一整套科学的、涵盖服务全部项目的服务评价机制。具体包括成立考核评价小组，按照相关法律法规、标准和制度进行组织评价，采取一定形式（如意见箱、投诉电话、特聘监督员和引入第三方评价机构）获取服务评价反馈信息，最后进行汇总分析；查找出涵盖全部服务项目的服务要求是否健全、相关制度贯彻执行情况是否到位、机构内部考核相关记录是否齐全等方面内容，并对存在的问题进行完善和补充。

（四）我国养老服务业标准体系建设思路

1. 服务业标准体系框架 按照《服务业组织标准化工作指南》（GB/T 24421—2009）关于标准体系总体结构的规定，服务业标准体系包括通用基础、服务提供、支撑保障三个子体系。

（1）通用基础标准：是指在服务范围内，其他标准普遍使用、具有广泛指导意义的标准，包括标准化导则、术语与缩略语、符号与标志、分类、评估、数据、质量管理等。

（2）服务提供标准：是指涉及服务的具体内容及事项。如根据老年人的不同服务需求，服务提供标准包括生活照料服务标准、精神慰藉服务标准、健康管理服务标准、医疗护理服务标准、安宁服务标准、社会工作服务标准、休闲娱乐服务标准、文化教育服务标准、权益保障标准等。

（3）支撑保障标准：是指服务业组织为支撑具体服务有效提供而制定的规范性文件，包括服务提供者标准、管理标准、信息化标准、建筑标准、设施设备与用品标准、环境标准、安全与卫生标准等。

2. 我国养老服务业体系构成因素 根据服务业标准体系框架，结合我国养老服务发展现状与趋势，本文从老年人自理能力、养老服务形式、服务、管理四个维度，确定养老服务业标准体系因素，并制成养老服务业标准体系构成要素图（图 3-8）。

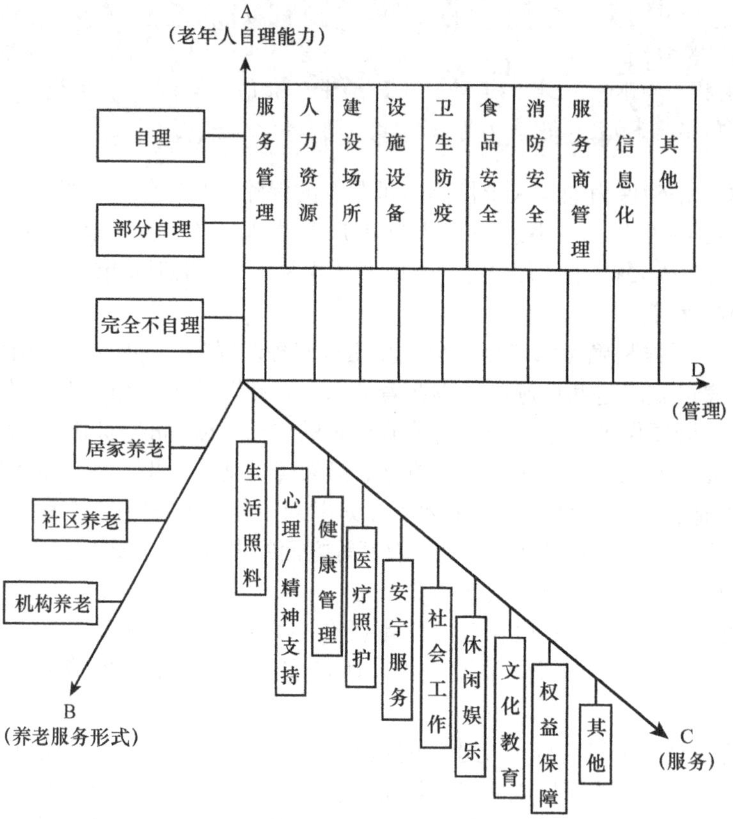

图 3-8 养老服务业标准体系构成要素

（1）老年人自理能力：养老服务必须以需求为导向，满足不同自理能力老年人的需要。目前我国将老年人按照自理程度分为自理老年人、部分自理老年人、完全不自理老年人三类。

（2）养老服务形式：按照我国养老服务业体系构成，养老服务形式分为居家养老、社区养老、机构养老三类。

（3）养老服务内容：是指养老服务中涉及的各类服务项目、领域、类型。包括生活照料、心理/精神支持、健康管理、医疗照护、安宁服务、社会工作、休闲娱乐、文化教育、权益保障等。服务内容会随着社会的发展与老年人需求的不断提高而不断增加。

（4）养老服务管理：包括养老服务中涉及的人员、场所、设施、安全等各类管理要素。

3. 我国养老机构常用的服务标准　大致包括养老服务基础通用标准、养老机构管理标准、社区养老服务标准、居家养老服务标准、养老服务专业人才建设标准、养老服务信息化相关标准、老年人用品产品标准等。

（1）基础通用标准：包括养老机构分类与命名、养老服务基本术语、养老服务图形符号等标准。

（2）养老机构管理标准：包括养老机构设施设备配置规范、养老机构内设医疗机构服务质量控制规范等标准。

（3）社区养老服务标准：包括社区养老服务基本规范、社区老年人日间照料中心服务基本规范等标准。

（4）居家养老服务标准：包括国家行业标准《居家养老服务规范》（SB/T 10944—2012）。

（5）养老服务专业人才建设标准：包括养老服务从业人员基本要求、养老服务人员职业培训规范等标准。

（6）养老服务信息化相关标准：包括建立老年人信息数据库等。

（7）老年人用品产品标准：用于明确老年人用品行业分类。

三、养老机构服务质量评估体系与应用

（一）养老服务质量评估体系

养老服务质量评估体系是由一系列相互联系、相互制约、相互作用的评估要素构成的科学和完整的总体，具有整体性、系统性、协调性的内涵特征。其基本构成要素涉及评估目标、评估原则、评估内容、评估方法，核心是以人为本。可以帮助管理者方便、准确地分析、测量、控制、评价服务质量状况，有效推进和保证服务质量全面管理。

（二）构建养老服务质量评估体系的基本原则

1. 科学性与实用性一致　是指养老服务的评估目标、内容和方法，既要建立在充分认识和系统研究的科学基础上，能够客观反映服务质量的实际现状，又要在具体实施过程中能够便于操作。

2. 系统性和层次性一致　是指养老服务质量评价体系必须涉及不同层次、不同性质要素，包括人、组织、各自行为、相互关系等。

3. 全面性和代表性一致　就是既要对养老服务构成的多要素进行综合评价，又要考虑到服务供求存在客观差异，对代表性或典型性服务质量进行评估，力求全面性和代表性保持一致。

4. 动态性和静态性一致　由于服务质量既是目标也是过程，服务供求又具有动态发展特征。因此，服务质量评估体系必须兼顾动态变化特点，但又要保持其相对稳定性，在一定时期内，服务质量指标及其评估内容不宜频繁变动。

（三）构建养老服务质量评估体系的步骤

1. 确定服务对象和评估目标　养老服务质量评估不仅需要兼顾老年人及其家属的需求，还应结合服务质量评估体系的内涵特征要求，有的放矢地选择构建要素，并正确设置相关评估内容。重点评估服务对象的满意度、忠诚度及其提升能力，以灵活弹性的运行机制为监管重点。

2. 设计评估指标 要按照科学理论对服务的产生、维系、实现、改进、提高的全过程进行研判，从而实现全面、客观、正确、真实地反映服务质量。

3. 整体框架力求符合相关法律法规及标准要求 由于服务质量的内涵涉及资源优化配置及有效利用，力求实现社会、经济和个人三方利益的融合统一。因此，服务质量评估体系不仅要兼顾经营业务和服务对象的要求，更必须符合相关法律法规及规范化管理标准的要求。

（四）养老机构服务质量评价指标

由于服务产品具有无形性和差异性等特征，服务产品的质量很难像有形产品的质量那样进行科学的测定和评价。

1. 养老机构服务质量评价指标的分类 养老机构服务质量评价指标可以分为以下四类。

（1）结构性指标：主要是指养老机构提供服务的资源和能力。如根据养老机构的自然环境、人力资源、组织结构、管理制度、环境管理及设施设备等资源配置的满足程度而设定的要求或预期等。经常使用的评估方法有养老机构服务质量架构、养老机构服务人员的数量和资格、环境质量管理、入住率、服务设施的等级、平均用于每个老年人的开支、服务标准等。该指标相对客观和容易衡量，但偏重于养老机构在服务投入上的表现而忽视真正的服务成效评估。

（2）过程性指标：主要是指提供服务的方式和过程。机构服务人员在服务提供过程中所履行的职责，为评价养老机构所提供的养老服务项目完成程度和技能水平而设定的要求或预期。常用的评估方法有照护计划的等级、方法和技巧，管理的灵活性等。该指标在一定程度上弥补了结构标准的缺陷，但仍然是一种投入性衡量标准；它仅单方面考虑到养老机构一方的表现，而忽略了老年人的感觉和评价。

（3）结果性指标：是一种主观指标，为评价入住养老机构的老年人因接受养老服务而产生的生活和健康状况的改变程度而设定的要求或预期。它主要是以老年人为中心，体现了养老机构和管理者的重视程度。该指标主要包括老年人身体功能的改变、死亡率、满意度，以及员工的满意度。近年来，老年人的满意度被养老机构作为衡量服务质量的一项必不可少的结果性标准，同时也将员工的满意度作为对养老机构评价时的重要指标之一。

（4）特色服务指标：是指促使入住养老机构的老年人对服务质量做出积极评价的要求或期望，且超越《养老机构服务质量基本规范》所规定的服务项目与质量要求。如为老年人家庭团聚和子女探视提供方便等。

2. 养老机构服务质量评价的属性 根据相关学者所提出的服务质量模型，归纳出评价服务质量的五个指标：有形性、可靠性、响应性、安全性和移情性。

（1）有形性：是指养老服务中被感知的部分。如为提供养老服务所建设的各种设施、各项制度和员工的服务行为等。

（2）可靠性：是指养老服务供应者（如护理员）必须准确无误地完成所承诺的服务。老年人及其家属对服务认可的可靠性是最重要的质量指标，它与核心服务密切相关。如护理等级的落实、安全设施的定期监测、急救设备的配备等。

（3）响应性：主要指养老服务供应者的反应能力，即能随时准备为老年人提供快捷、有效的服务，主要涉及服务制度与流程的规范和监督落实。如养老机构不良事件的报告制度、各种应急预案的制订和演练等。

（4）安全性：是指养老服务供应者要用良好的工作态度和工作胜任力，来赢得老年人及其家属对机构服务质量的信心和安全感。如护理院配备有足够的专业医护人员和接受过规范化培训的护理员，并能及时、到位、有效开展服务。

（5）移情性：是指养老服务供应者能设身处地为老年人及其家属着想，将他们的需要放在心上，并努力满足他们的需求。如提供探视房间给家属周末探视老年人时使用，并提供简单的餐具和厨房设施供老年人及其家属共进餐食所用。

3. 养老机构服务质量评价的具体内容　根据养老机构服务质量的评价指标与评价属性，国家或部分省市先后发布了许多关于养老机构服务质量评价的文件。本文结合养老机构服务质量评价的属性，简要提出具体的服务维度与内容（图 3-9），希望起到抛砖引玉的作用。

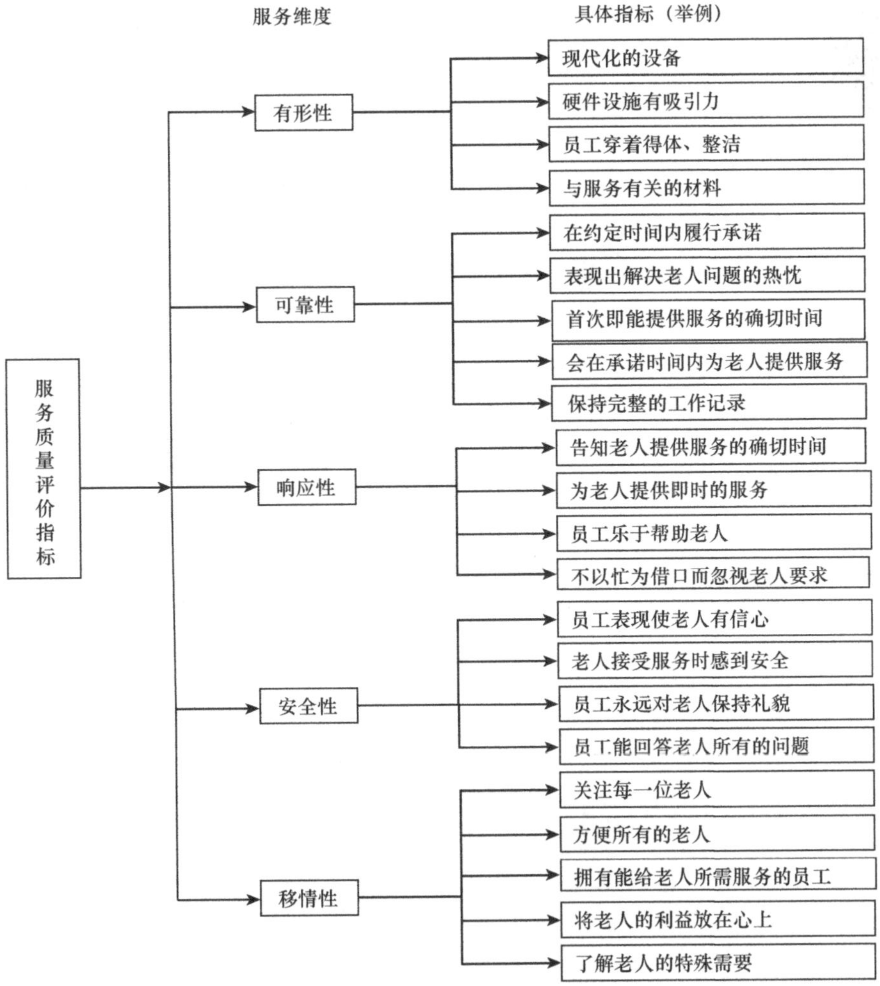

图 3-9　养老机构服务质量评价

【引导案例 3-2 分析】

风险与养老院的经营管理息息相关。养老院的质量管理系统是风险控制的主要因素，其中，养老护理员的能力和素质是保证养老机构服务质量的关键。该养老院粗放式的管理势必会带来更多的风险隐患，如没有人力资源设置的标准，缺乏训练有素的专业人员，护理员培训机制不健全，没有进行必要的急救技能培训，导致老人在出现意外的情况下不能得到及时抢救。另外，应急预案、老年人服务质量标准、规章制度缺乏，导致无序管理状态。

由于监督机制不健全，服务质量标准不明确，岗位职责不清晰，导致服务质量出现差错，进而使入住老年人的信任度下降，导致养老院经营受到影响。

因此，养老院应吸取经验教训，建立健全各类规章制度、服务标准、工作流程、岗位职责、质量评价体系和监督考核机制。制订各类人员的培训计划，建立质量监督检查机制，定期进行质量评估，做好应急预案的演练工作，实实在在地去将每一件小事都稳扎稳打地做好，从每一个细节做起，将风险扼杀在萌芽中。确保硬件设施和软件工作良性发展，保障养老院的正常运作。

（王　芳　潘聪聪）

拓展阅读（第三章）

第四章　养老机构的人力资源管理

学习目标

识记：人力资源管理概念；信息收集要点及供需分析流程内容；招聘流程及养老机构招聘的几类“需要的人”；培训管理的流程与职业规划重点；绩效沟通、绩效计划制定原则、绩效考评方法类型；薪酬的类别，工资制度和福利制度的设计要求，薪酬预算内容；劳动合同管理等。

理解：需求分析方法；面试技巧；培训管理工作的注意事项；绩效计划制订方法、绩效结果反馈；工资结构设计、薪酬管理风险控制；离职管理等。

运用：人力资源管理六大模块及在实际工作中的执行、管理、评估和运用。

【引导案例】

我国人口老龄化进程加快，使得人们除了关注养老保障制度外，更加关注未来的养老形式，希望能减轻养老负担，并拥有舒适、便捷、安全的老年生活。现代的养老机构已不再是人们传统观念中“一日三餐、晒晒太阳”的养老院，而是一个不仅可以让老年人“夕阳无限好”的晚年安度场所，而且可以将医疗服务、生活照料、情感寄托等融为一体，并向社区、家庭辐射的开放式综合实体。要实现这一目标，养老机构必须将人力资源建设和管理摆在重要位置，来吸引人才、留住人才、用好人才。因此，人力资源必将成为养老机构蓬勃发展的重要支撑点，也将成为未来养老市场中不容忽视的新生力量。

问题：

1. 养老机构应该建立怎样的人力资源管理体系？
2. 如何让该体系高效运作，从而促进机构的发展？

【导言】

《管理的实践》的作者——现代管理学之父彼得·德鲁克认为，所谓的管理就是对人的管理，人力资源是所有经济资源中使用效率最低的资源。可见，一个养老机构要在现代激烈的市场竞争中获得成功，必须重视养老机构中人的作用，通过现代的管理手段，激发人作为一种资源的内部动力，从而提高工作效率，实现养老机构的经营目标，获得更高的资源产出和回报。

人力资源（human resource，HR）指一定时期内机构中的人所拥有的能够被机构所运用，且对创造价值具有重要作用的教育、能力、技能、经验、体力等的总称。管理是指通过计划、组织、领导和控制，协调以人为中心的机构资源与职能活动，以实现既定的机构目标的社会活动。因此，人力资源管理就是通过对机构中人力资源的开发和利用，以实现机构目标的过程。只有通过对养老机构中人的有效开发和利用，提高劳动产出，才能实现养老机构的目标，促使养老机构在市场竞争中立于不败之地。因此，养老机构人力资源管理工作应以实现经营目标为中心来展开。人力资源管理不仅是机构管理的重要组成部分，也是更好地提供服务产品、创造利润、赢得市场的重要手段。

下面围绕着构建既符合自身实际，又独具特色的人力资源管理系统中的六大模块——规划管理、招聘管理、培训管理、绩效管理、薪酬管理和劳动关系管理，以及彼此之间的相互协调进行讲述（图 4-1）。

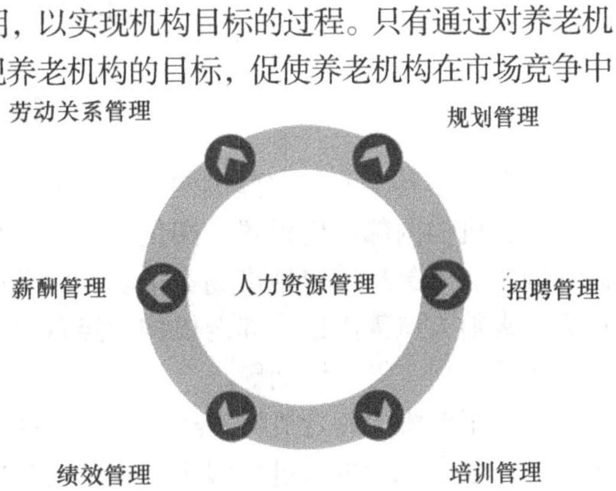

图 4-1　人力资源管理六大模块

第一节　人力资源的规划管理

人力资源规划，是根据机构的人力资源战略目标，在分析机构人力资源现状的基础上，科学地预测机构在未来环境中人力资源的供给与需求状况，制定必要的人力资源获取、利用、保持、开发的策略，确保机构对人力资源在数量和质量上的需求，保证机构和个人获得长远利益。

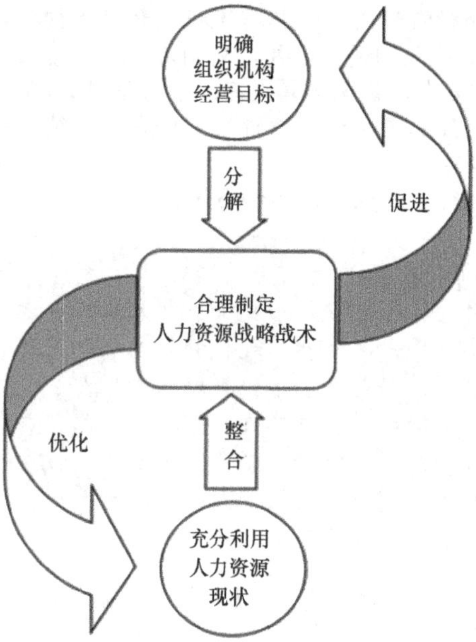

图 4-2　规划管理核心内容

规划管理就是通过结合机构的人力资源现状（如养老机构人员结构、数量、质量、投入和使用等），对机构人力资源供需情况做出相应的预测和管理行为。因此要做好人力资源规划管理，就必须正确地识别和分解养老机构经营发展目标。这是人力资源规划管理的方向与核心。同时，影响人力资源规划管理的因素还有机构的竞争实力，如产品、技术、市场占有量、资金实力、物资情况、机构文化等。而人力资源规划管理的目的就是在充分利用养老机构中现有人力的基础上，通过引进、培育等手段，解决人力资源不足或多余的问题，从而形成相对稳定、高效的机构内部资源，在优化人力资源成本的同时，促进机构目标的实现（图 4-2）。

总之，只有在真正地掌握和辨识养老机构发展现状和经营目标的基础上，才能真正确定和调整相应的人力资源规划，使管理与总目标保持基调一致。

在管理学上，人力资源规划的制订一般包括以下四个步骤（图 4-3）。

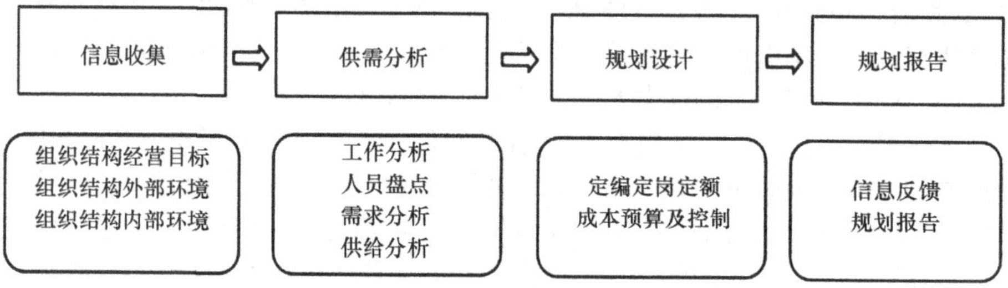

图 4-3　人力资源规划制订流程

一、信 息 收 集

信息收集其实就是掌握机构发展的内外部环境，识别养老机构的经营目标。养老机构内部环境包括机构内部结构设置、岗位设置、人员流动现状、经营情况、人才培养与使用、激励机制等因素。外部环境包括市场竞争、行业环境乃至国家的政治、经济、法律、社会、科技、劳动力、老龄人口等因素。养老机构的经营目标应包含有总目标、中长期发展战略、人才发展计划、培养计划、管理计划等。

要真正地辨识养老机构的经营目标，变“想法”为具体的“做法”，是收集信息环节的一大难点。一般来说，可通过分解机构自身的具体实际，包括机构所处的行业、发展阶段、发展规模、具体的管理体制等来明确相应的人力资源规划和管理。

二、供 需 分 析

供需分析是人力资源规划管理中的重要一环，既是前提也是基础。只有在充分掌握养老机构人力资源现状和供需的基础上，才能科学地判定人员的“不足、过剩或平衡”，制订出合理的人力资源规划。而做好供需分析工作应从如下几方面入手。

（一）工作分析

工作分析是对岗位工作内容和任职说明进行描述和研究的过程，其最终结果是岗位说明书。工作分析不仅要了解工作岗位的性质和作用、所具备的职责权利，还应明确担任该岗位具备的资格条件及考核指标。

工作分析的流程包括成立工作分析小组、制订工作方案、岗位信息收集和评估、编辑岗位说明书、岗位说明书评估六个步骤（图 4-4）。

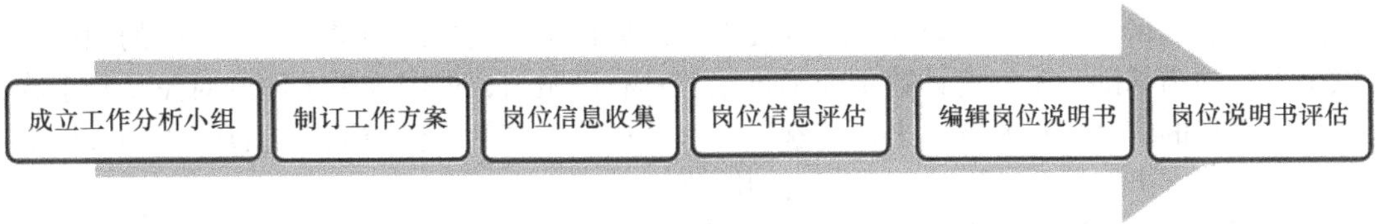

图 4-4　工作分析流程图

1. 成立工作分析小组　主要由人力资源管理者牵头，机构岗位相关管理者及员工代表参与组成工作小组。人力资源管理者需要围绕工作分析相关知识、技能和要求，对小组成员进行讲解，让小组成员明白自己的任务。

2. 制订工作方案　确定采用收集岗位信息的方式方法和程序步骤，明确人员分工，选取岗位样本，界定所要分析的内容等。

3. 岗位信息收集　灵活运用问卷、访谈、观察、座谈、集体讨论、工作日志等方式，对岗位信息开展调查、记录描述、综合归纳、分类比较等。

4. 岗位信息评估　对收集的信息进行辨识，如信息来源渠道是否真实可信，获取程序是否合理合规，是否有人为意向的干扰等，对收集的第一手岗位信息进行评估，以去粗取精、由表及里。

5. 编辑岗位说明书　在深入调查，总结、归纳的基础上，编辑岗位说明书。岗位说明书一般包括如下基本信息：岗位的基本信息、所属组织结构位置、主要职责、主要工作内容、业绩考核指标及方法、工作地点、工作环境、工作设备设施、任职要求、岗位权力及其他需要说明的信息。如岗位基本信息包括岗位名称、所属部门、岗位人数、岗位类别与等级、薪酬类别与等级等；主要工作内容包括该岗位日常的重要工作职责、服务的对象、关键内容等；其他需要说明的信息可包括修订、批准时间等。

6. 岗位说明书评估　对岗位说明书进行分析和结果表述，确定岗位说明书的适用范围、原则、方法等。

（二）人员盘点

在明晰养老机构内部管理结构和工作岗位的基础上，用表格整理出人员数量、年龄结构、学历结构、职称结构，以及存量数据、效率数据、成本数据、产出数据等基础资料。

（三）需求分析

需求分析是根据养老机构的战略目标、发展规划和工作任务，在综合考虑各种影响因素后，对机构未来人力资源的数量、质量和结构进行估计的活动。一般来说，需求分析主要有定性预测方法和定量预测方法两类（表 4-1）。

表 4-1　定性预测和定量预测的主要方法

定性预测方法	定量预测方法
经验预测	工作定额预测
现状预测	趋势分析预测
管理评价预测	比列分析预测
德尔菲法	多元回归预测
其他方法等	其他方法等

下面举例分析两类常用于养老机构的主要预测方法。

1. 管理评价预测　是最常用的定性预测方法，主要由养老机构经营者和高层领导、部门管理者来判断并预测养老机构未来一段时期内对劳动力的需求。具体做法是由机构负责人把熟悉机构的经营环境、战略目标、工作情况和人员流动情况的各个负责人和管理部门的负责人召集起来，让他们对未来的市场发展趋势或某一市场问题发表意见，然后，将各种意见汇总起来，进行分析研究和综合处理，最后得出市场预测结果。虽然这样的预测方法是以个人经验为基础，不如统计数字准确直接、具有说服力，但因为受关注的对象是新事物，无法根据原有的信息资料预测未来，且这种方法是凭着丰富的经验与敏锐的直觉预测市场的变化，在一定程度上能够弥补统计资料不足的缺陷。

2. 多元回归预测　是根据事物变化的因果关系来进行预测。根据影响人力资源变化的机构因素（自变量 X）和人员数量（因变量 Y）来建立回归方程，通过自变量的变化来推测因变量的变化，从而推测未来人力资源的需求量。

【拓展案例 4-1】

某养老机构想用多元回归分析法预测明年机构所需的护士数量。在对相关数据进行统计分析后发现，养老机构病床数与护士的需求量之间相关程度比较高。养老机构人力资源经理找来了本机构和其他机构床位数及护士数的数据（表 4-2），分析明年病床数增至 100 床时的护士需求量。

表 4-2　养老机构床位数及护士数

病床数（张）	20	30	40	50	60	70	80
护士数（人）	18	27	35	46	55	62	71

案例点评：将病床数设为自变量 X，护士数设为因变量 Y。两者之间的线性关系可以表示为 $Y=a+bX$，其中计算 a 和 b 的方法和趋势分析方法一样，计算得出：$a=2.321$，$b=0.891$，回归方程 $Y=2.321+0.891X$，也就是说每增加一个床位，就要增加 0.89 个护士。由于养老院准备明年将病床数增加到 100 个，所以需要的护士为 $Y=2.321+0.891\times100=91.421\approx91$（人）。

（四）供给分析

一般来说，供给分析不仅会受到养老机构经营目标、人员构成等内部环境的影响，养老机构的市场竞争力、所处地域等外部环境也会给机构的供给带来不可小觑的影响。这也是为什么同一岗位招聘，某些机构应聘人员“门庭若市”，某些机构却“门可罗雀”。

三、规划设计

规划设计是指在养老机构现有资源的基础上，对养老机构的战略目标进行较具体的规划或总体设计，综合考虑政治、经济、历史、文化、民俗等多项因素，完善设计方案，提出规划预期、愿景及发展方式、发展方向、控制指标等内容。而规划设计具体应该考虑如下两方面。

（一）定编、定岗、定额

定编、定岗、定额即围绕养老机构的战略目标，在工作分析的基础上，对养老机构岗位的定员、定编、定额情况进行梳理、分析和修正，及时调整人力资源配置设计，为将来的人员流动、培训开发、绩效管理、薪酬福利等管理计划的制订，提供贴合实际的标准数据，为人岗匹配管理工作提供指导性意见。

（二）成本预算及控制

人力资源规划管理的设计离不开对人力资源获得成本、使用成本、管理成本的预算和控制工作，且一定不能忽视风险成本的控制与评估。获得成本包括招聘成本、培训成本和晋升成本等；使用成本包括工资、福利、奖金等；管理成本包括人才测试费、管理咨询费、顾问费、系统维护使用费等。风险成本包括人员解聘风险成本、工伤风险成本或经营变化风险成本等。

人力资源规划的最终目的是为了实现人力资源管理的供需平衡。需要调整的供求情况不外乎两种，一是供大于求，人力资源过剩；二是供小于求，人力资源短缺。具体应对措施包括以下两个方面。

1. 人力资源过剩　可以采取包括裁员、鼓励提前退休、限制招聘、减少工作时间、培训和维护（如养护和维修设备，开设培训课程，开展一些在业务繁忙时来不及做的工作）、收回外包业务、开发新业务、放假休整等措施。

2. 人力资源短缺　可以采取包括加班、临时雇用、培训（如培训现有员工，提高其工作技能，以适应更多工作任务的要求或者将其补充到人员短缺的岗位）、业务外包、借调、技术创新、外部招聘、工作再设计等措施。

四、规划报告

人力资源规划包括基础性人力资源计划和业务性人力资源计划，在编制设计规划报告过程中，一般应注重以下几项内容。

（1）人力资源管理规划的总目标、总方针、总政策，包括人力资源管理系统的构建、主抓核心、工作重心及风险控制点。

（2）养老机构战略目标影响人力资源管理的主要方面如下：

1）人力资源管理的实施计划可以解决什么问题及效果；

2）实现养老机构战略目标所需的人力成本费用及可行性评估。

同时，在编制人力资源计划过程中，还要注意提出具体的保障措施，如政策、人力、物力、内部通力合作等，把各层次、各方面的支持落到实处。

第二节　人力资源的招聘管理

要获取人才，就必须通过人才招聘系统的建设和运行来实现。而招聘是选才、育才、留才、用才的第一步，只有甄选人才得当，才能真正确保其他环节工作的顺利开展，并且降低成本，提高效率。一般的招聘流程包括招聘计划、信息发布、简历筛选、面试评估、录用通知、招聘总结六个步骤（图4-5）。

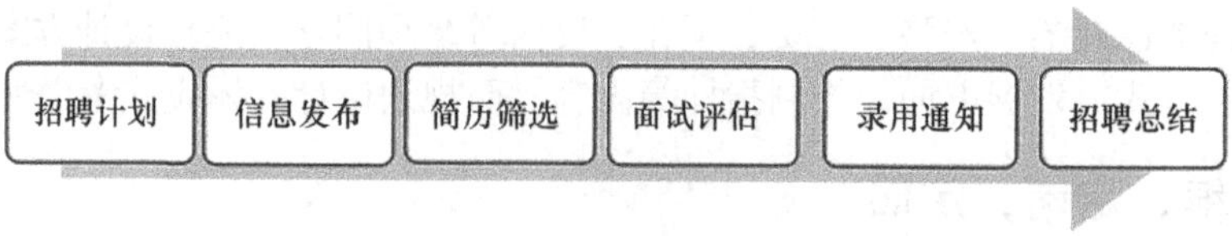

图 4-5　招聘流程图

一、招聘计划

招聘计划包含招聘需求确认和招聘具体工作方案的制订两部分。招聘需求的产生受机构的经营目标、人员现状、自身管理等因素的影响。因此，在招聘前，管理者要仔细分析、识别招聘需求的必要性，避免人力成本的提高，同时招聘工作的具体方案需要考虑空缺职位的具体信息和要求，设计好招聘时间与范围，并且选择合适的招聘渠道，同时确定预算的数额。

二、信息发布

招聘信息发布的内容一般包括养老机构简介、岗位名称、工作内容、任职条件、待遇福利、联系方式和其他需要说明的情况等。需要注意的是，招聘信息一方面需要体现养老机构招聘人员的基准线，另一方面要突显养老机构的优势，以增加岗位吸引力。

招聘信息发布的一项重要工作就是招聘信息发布渠道与发布时间的选择。养老机构要合理选择合适的信息发布渠道（常规的招聘渠道有报刊招聘、网络招聘、现场招聘会招聘、校园招聘、养老机构内部推荐、委托猎头中介招聘等），同时还要善于抓住和利用招聘时机（如相关学生的毕业季与实习期等时段），做好招聘的提前准备工作，及时发布招聘信息。

三、简历筛选

简历筛选是对应聘者的简历进行初步筛选，选出符合养老机构用人标准和要求的应聘者，以进入下一轮的面试评估。筛选的一般原则和要点是审核学历与专业、工作经验与年龄等方面与岗位的匹配度。

四、面试评估

面试评估应围绕岗位任职要求，判断应聘者是否具备胜任该工作岗位的关键能力。由于养老机构服务对象的特殊性，面试考察也应有所侧重，不仅要注重考察应聘者的专业知识水平，更需要注重对应聘者道德文化素养（如心理素质、身体素质等）的考察。

五、录用通知

面试后录用决定可通过录用通知书的形式通知被录用者。录用通知书可设定限期回复和限期报到等条件，以防止被录用者脚踏两只船、出尔反尔等情况出现。

六、招聘总结

招聘工作的真正结束，是以新人试用期结束，能按期转正不需要补员为准。尽管招聘工作属于常规性工作，流程亦不复杂，但在养老机构招聘时，还是会经常遇到许多问题，如试用期淘汰率较高，转正人数远远小于被录用人数；新人转正后发现并不适应对应岗位的工作等。

招聘工作不仅仅是简单的人才补充，更是有效识别“需要的人”的过程。由于养老产业尚处于成长期，具有丰富经验的人才凤毛麟角。所以在人才招聘时，可以适当放宽条件招聘一些“需要的人”。

同时，招聘工作还应该适当调整招聘政策和招聘预期，造就一批“需要的人”。如在养老机构内部构建一个良性畅通的人员培养和人才发展体系，用发展的眼光，通过“内求”来缓解招聘压力。也可以采取刚性引进和柔性聘用并重的方法招聘“需要的人”。刚性引进是指人事关系转到工作单位；柔性聘用是指可以不转关系，采取兼职、客座、顾问、定期服务、合作开发等灵活多样的方式引进。

第三节　人力资源的培训管理

培训是向员工传授完成本职工作所需的知识、技能、价值观念和行为规范的过程，是由机构安排的对员工进行有计划、有步骤的培养和训练。

一、培训的流程

对养老机构员工的培训一般包含确定培训需求、制订培训方案、实施培训活动、评估培训效果（图 4-6），且需要在培训过程中收集培训相关信息，进行反馈并不断改进培训效果。

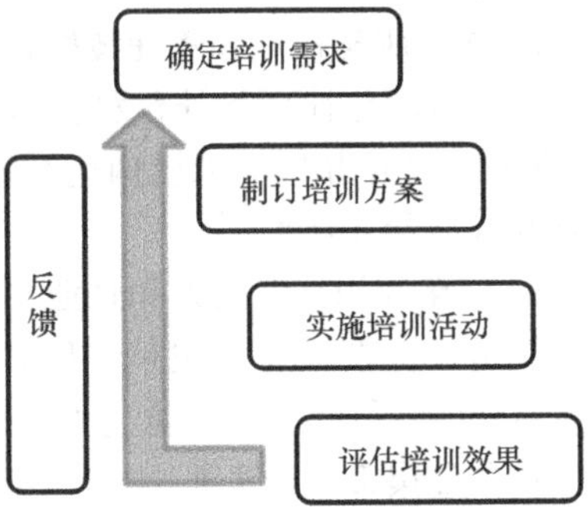

图 4-6　培训流程图

（一）确认培训需求

确认培训需求就是要进行培训需求分析，目的是了解养老机构需要什么样的培训，哪些人需要培训，并建立培训标准，以便评估培训效果。培训需求分析主要包括如下三个组织结构层面。

1. 机构分析　通过预测养老机构未来在技术、市场、使命、目标、策略、文化等方面可能发生的变化，从而分析产生培训需求。

2. 任务分析　主要通过研究员工怎样具体完成承担的工作和职责，分析员工行为与养老机构期望行为的差距，从而确定培训的内容。

3. 个人分析　对个人工作目标、绩效考核和职业生涯规划进行分析，决定员工个人应该接受的培训内容。

（二）制订培训方案

培训方案应包括 6W2H 的内容，即培训目标（why）、培训导师（who）、培训对象（whom）、培训内容（what）、培训时间（when）、培训地点（where）和培训方法（how）、培训预算（how much）。针对不同的岗位，培训的内容、方式也应当有所不同。

（三）实施培训活动

根据培训的内容和形式，做好培训相关工作的准备、实施和善后。

（四）评估培训效果

对效果的评估可以从员工对培训的满意度、培训测试通过率等方面来进行。

（五）培训效果的反馈

注重培训过程中相关意见建议、效果满意度信息的收集和整理，以不断优化培训的流程，提高培训实效。

二、培训的注意事项

培训工作是一项“投入高、见效慢”的工程，为确保培训工作取得成效，除了抓准培训的切入点以外，还可以从如下两方面来增强培训效果。

（一）重视培训内容的计划性

1. 注重专业技能和通识教育相结合 以养老机构中护理员的培训为例，除了加强护理（照护）基础技能的培训外，还应加强经验分享和一些如语境理解、语言表达、沟通协调、突发事件处理、情感陪护等技能的培训。而且，培训内容的选择应逐步形成体系，着眼于养老机构的长期目标，循序渐进。

2. 注重服务技能和管理技能相结合 除了注重培训员工的服务技能，还应有意识地加强员工对全球老龄化社会背景和发展趋势的了解，掌握老年政策法规和老年保障体系相关知识和内容。同时，还应拓展养老机构运营管理和服务等方面的知识，以不断改进服务意识和服务理念，提升服务质量和水平。

3. 注重知识技能培训和企业文化教育相结合 不仅要注重培养员工的职业素养，强调培训不仅仅是一种“福利”，也是一种义务；更要不断潜移默化地灌输机构的文化理念，形成员工对养老机构的认同感，并自觉将养老机构的发展目标与员工自身的职业生涯目标相统一。

4. 关注员工心理健康 由于养老机构服务对象的特殊性，员工容易产生抑郁、焦虑等负面情绪，从而出现心理健康问题。养老机构应充分重视员工的心理健康训练。可通过推动组建“养老服务人员支援中心”，组织联谊会、郊游和经验交流等方式，使员工得到精神上的放松、心理和情绪上的疏导，为“照顾者”提供“照顾”，以舒缓养老服务从业人员的身心压力，提高工作满意度。

（二）重视培训方式的层次性

1. 做到岗前培训和在岗培训相结合 重视岗前培训的重要性。岗前培训一方面可以使新招聘的员工掌握业务知识和技能，更快地进入工作角色；另一方面可以通过服务伦理的讲授和职业道德的教育，使新员工理解和接受敬老、爱老观念，认同养老机构的组织文化和理念，从而增加员工的稳定性，提高服务水平。

2. 做到专项培训和课后提高相结合 培训的最终目标是改善员工绩效。因此，不仅仅需要关注培训实施过程中员工的学习情况和测试结果，更应该跟进培训完结后，员工在实际岗位上的工作改变程度。可通过培训满意度调查表和员工绩效考核结果来判断培训是否真有成效，从而进一步改善下一次的培训设计。

3. 努力实现培训效益最大化 在充分考虑成本、时间、效果和正式与非正式途径选择的基础上，可通过有计划、分层次地参与政府培训、社会培训或养老机构自身培训的方式，使员工获得与其岗位相适应的培训机会，不断提高培训的成果和效益。

第四节　人力资源的绩效管理

绩效管理是指确定员工的绩效目标并收集与绩效相关的信息，持续关注和反馈员工工作行为表现，并定期对员工的绩效目标完成情况做出评价和反馈，以保证完成机构目标的管理过程。绩效管理是养老机构目标达成的核心管理手段之一，是使养老机构目标落到实处的具体手段。要真正做好绩效管理，必须注意以下内容。

一、绩效沟通

传统的绩效考核手段，一般都是由上级主管部门直接下达，以定性考核方式为主，缺乏对绩效指标、标准、定量评价、分数取值、权重等信息的制定，导致绩效考核走过场，参与率不足，让员工产生绩效考核的目的就是扣工资等错误的看法。因此，绩效沟通十分必要，包括贯穿于整个绩效管理全过程的事前、事中、事后沟通。

（一）事前沟通

事前沟通就是做好绩效考核前上下级、各部门和全体员工的沟通工作，让全体员工理解并明白为什么要进行绩效管理。

绩效是一种管理手段，只有让全体员工事先知晓并参与绩效目标、绩效计划、绩效指标、绩效权重等标准的制定，明白绩效怎么来、怎么做，才能达到上下一致。以往出现的考核没有公信力、考核打分走过场、形式主义等现象，都是事前沟通不到位所产生的不良后果。

同时，事前沟通是机构和员工双方相互确认的过程，其中暗含着一种契约精神，是员工认同并督促其自身付出努力的过程。因此，在确定绩效计划书后，一般要求被考核员工和考核人员在绩效计划书上签字，共同确认其中的内容，以形成“书面契约”，让后续的考核有据可循。

（二）事中沟通

事中沟通是绩效考核实施过程中的沟通，是绩效目标的具体分解。

首先，绩效管理目标需要经过层层分解，最终形成养老机构经营战略、部门目标和员工个人目标。这个过程需要养老机构各部门、员工间进行沟通和协调，以明晰各层级、各员工目标是什么，为什么要这样设定目标。

其次，事中沟通的目的是强调管理者不应单纯关注结果，更需要关注过程。绩效管理本身就是一个不断帮助员工发现问题并解决问题的过程。管理者应围绕阶段性绩效目标，发现员工在实际工作中存在的困难和问题，通过回顾面谈、辅导咨询、沟通协调、自我监控等方法，帮助员工改进个人行为、排除工作障碍，逐步实现绩效目标。

（三）事后沟通

事后沟通就是绩效管理考核的结果需要第一时间反馈给员工，要建立并畅通员工申诉的沟通渠道。

绩效管理并不是为了“扣钱”，而是为了更好地区分和评价员工的工作成效，让员工明白“干对干错”并“口服心服”的一种管理技术。因此，绩效管理不仅要关注考核的准确性和公平性，还要关注考核结果被员工认可和接受的程度，这样才能让绩效管理实现公平、可激励。

需要注意的是，绩效沟通不仅是一门科学，更是一门艺术。养老机构管理者必须学习有效沟通的技巧，使绩效沟通行之有效。

二、绩效管理系统

绩效管理系统是一个循环上升的系统，具体包括以下五个方面（图 4-7）。

（一）绩效计划制订

绩效计划制订就是识别养老机构目标，层层分解，建立切实可行的目标体系和考核指标体系。绩效计划制订最难的一步就是将养老机构发展目标分解细化到每个员工的实际工作中去，形成针对每一个人清晰的目标设定，从而制定相应的工作标准、绩效管理工作标准和考核工作标准。

1. 绩效计划制订的原则　在建立考核指标体系时，同样可以采用第二章提出的 SMART 原则进行自测，使绩效指标更加容易衡量。同时，应防止模糊、不明确、不具体的考核指标出现。

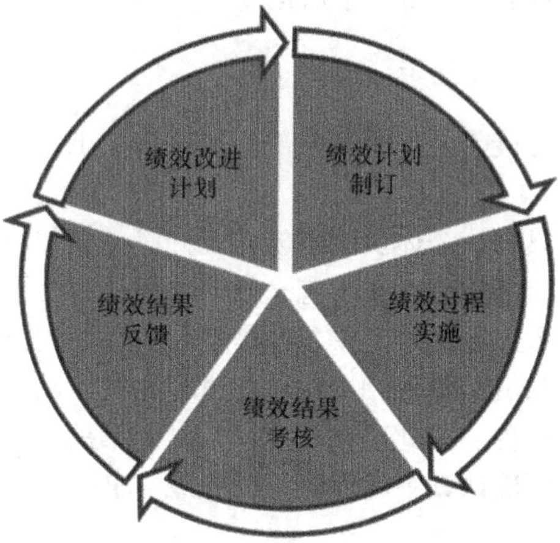

图 4-7　绩效管理系统

2. 绩效计划制订的方法　按照 SMART 原则可以包括目标管理法、关键绩效指标法、平衡计分卡等。

（1）目标管理法（PDCA）：包括计划（plan）、实施（do）、检查（check）、处理（action）四个不断循环的过程，是指由机构目标层层分解从而确定各部门和全体员工各自的分目标，并使大家共同努力完成目标的一种管理办法。该法属于结果导向型的考评方法之一，以实际产出为基础，考评的重点是员工工作的成效和劳动的结果。一般而言，目标制订包括养老机构总目标、部门目标和员工个人目标三个目标层次。

（2）关键绩效指标法（key performance indicator，KPI）：KPI 理论的前身是二八原理，指当机构在生产产品，创造价值的时候，所有参与者的二成关键行为决定了八成的工作量，抓住二成的关键，就抓住了主体。当对工作进行考核时，其重心应该落在关键的过程和结果上。而这二成的关键体现于设计的指标上，称之为关键绩效指标。在这样的范围内，考核工作的目的就是使关键绩效指标的价值得以体现。

（3）平衡计分卡（balance score card，BSC）：是一套囊括整个机构各个方面活动的绩效评价系统。平衡计分卡以机构的战略和使命为基础，对每项战略进行分解，制订出四个层面的衡量指标和目标值，同时与之搭配以达成目标的行动方案，形成一套对战略进行衡量的考核指标体系。平衡记分卡的特点主要体现在它的平衡性上，四个评价维度之间的相互支持依赖与平衡、财务指标和非财务指标的平衡、机构长期战略目标和短期经营目标之间的平衡、机构外部和机构内部之间的平衡和领先指标与滞后指标之间的平衡都是 BSC 平衡性的体现。

（二）绩效过程实施

绩效的实施也是绩效管理的重要环节，养老机构管理者要注意把控绩效实施的“时间点”和“结果点”，努力实现时间点和结果点的同步性和一致性。

首先要将绩效目标分解成阶段性目标值，开展阶段性目标考核；其次要将员工工作实际值与阶段性目标值进行比对，及时发现工作中存在的问题、障碍和困难；最后通过辅导、咨询、协调、排除障碍等方法和手段，帮助员工排除障碍、解决问题，改进员工行为，充分发挥员工的自主能动性，促使员工个人与机构绩效目标终极值的实现。

（三）绩效结果考核

绩效考评的方法有很多，一般分为如下几种方法（图 4-8）。

一般而言，各类考评方法有其优势和不足，应用范围也不相同（表 4-3）。

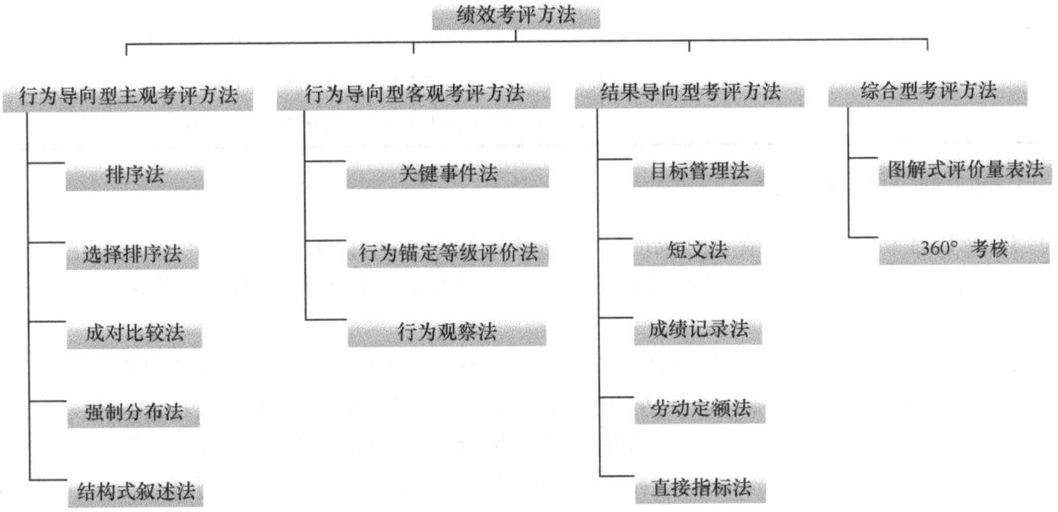

图 4-8　绩效考评方法

表 4-3　行为导向型与结果导向型考评方法的比较

考评方法	优点	缺点	适用范围
行为导向型	能够向员工提供明确的绩效指导与反馈，具有较高的接受性	不适用于较为复杂的工作，需要对行为的衡量进行及时的修正与监控	工作目标可量化程度低；工作环境稳定
结果导向型	适合于最终绩效表现为具体、可量化的指标的考核；注重“干出了什么”，而不是“干了什么”	可能会受到经济环境与工作环境的影响而缺乏有效性；会存在只强调结果而不择手段的倾向；过于注重结果会导致员工之间的不良恶性竞争，影响整体的协作	工作目标可量化程度高；工作环境不稳定

由于各种考评方法的优缺点和适用范围各不相同，在实践中应综合考虑运用多种考评办法，以形成优势互补的综合考评办法。同时还要注意考虑其他一些重要的因素，比如机构文化、机构的管理基础等，从而达到适用面更广、管理过程可控、结果更高效的目的。这决定了员工对评估方法的接受程度，也直接影响着评估方法推行的顺利与否。

为便于理解，下面以最常用的行为锚定等级评价法为例进行介绍。

等级评价法是绩效考核应用最为普遍、最广泛的评价技术之一。这种方法既适应于单个指标的等级考核，也适应于考核对象整体绩效等级的考核。采用这种方法首先给出各个指标不同绩效等级的定义描述，随后考核者对被考核者的平衡计分卡中每一个绩效指标按照给定的等级标准进行评估（每一个等级往往对应一个分数），但是因为划分难度会随着指标等级划分个数增多而增大，因此要从实际的可操作性出发，制定符合养老机构操作能力的等级标准。

在得出各个指标考核得分后，可以按照指标的权重计算出被考核对象的总体绩效得分，并按照事先确认的等级标准，确认被考核对象的整体绩效等级。下面是一个根据考核总体绩效得分来确认最终绩效等级的实例（表 4-4）。

表 4-4　最终绩效等级（举例）

等级	计分标准	等级说明
A（杰出）	10~9	在所有方面的绩效均表现突出，并且明显优于他人
B（优秀）	9~8	绩效指标大部分都明显超出职位要求
C（良好）	8~7	绩效成绩均略超出工作绩效要求，但没有突出的绩效成绩
D（合格）	7~6	工作绩效指标基本达到要求，基本达到设定目标
E（不合格）	6 以下	工作绩效总体上未曾达到要求，绩效成绩不符合目标

（四）绩效结果反馈

1. 准确性和认可度　绩效结果的反馈要格外关注准确性和认可度，准确性是指考核结果的准确性；认可度是指员工的接受程度。这是后续绩效面谈和绩效改进计划制订的前提与依据。

2. 绩效面谈　绩效结果需要通过与员工的绩效面谈来得以传达，这是养老机构管理者不断提升绩效管理水平的重要手段。要有效地展开绩效面谈，必须注意如下几点：对事不对人；谈具体，避一般；不仅找出问题，更要诊断原因；建立畅通的申述渠道，保持双向沟通。

需要说明的一点是，绩效面谈存在于绩效管理的全过程。从绩效计划制订的初期，到绩效计划的实施，再到绩效结果的反馈和绩效的改进计划，都离不开绩效面谈这一最基本的管理沟通手段。

（五）绩效改进计划

绩效管理的结果并非是绩效管理的结束，绩效管理是一个螺旋上升的管理过程，一次绩效考核的结果是下一次有针对性的绩效改进计划顺利执行的依据。因此，绩效结果的反馈必须以制订并落实绩效改进计划为重要指标。只有不断地在原有绩效的基础上进行改进，才能不断地创造新的绩效高峰。

第五节　人力资源的薪酬管理

所谓薪酬是指员工作为雇佣关系的一方所得到的各种形式的财务回报、有形服务与福利。狭义的薪酬就是经济薪酬，包括直接经济薪酬和间接经济薪酬。广义的薪酬除了经济形式薪酬外，还包括非经济形式薪酬（表 4-5）。

表 4-5　薪酬的类别

经济薪酬		非经济薪酬	
直接薪酬（薪酬）	间接薪酬（福利）	成果型	过程型
基本工资 绩效工资 其他工资 津贴 机构年金	员工福利 社会保险 其他补助	表彰嘉奖 荣誉称号 奖章授勋	工作环境 参与机会 培训晋升

薪酬管理并不是简单地发放工资，也不是员工和养老机构双方的谈判和博弈。薪酬的设计和管理是一个有机整体，不仅仅包括对岗位价值、岗位等级等信息的识别和评价，还包括建立一整套薪酬、福利、工资的管理制度，并在风险可控的情况下，设计好相关工作流程和标准，形成与人力资源管理其他体系整体联动、有机结合的管理系统。因此，薪酬管理的成功与否关键要做好以下几方面。

一、岗位价值的评估

岗位价值评估是根据一定的评价方法，找出各岗位共同的付酬因素，按照各岗位对养老机构贡献的大小，确定其具体的价值。岗位价值评估是薪酬管理成功与否的关键所在，也是人力资源管理中三大价值评估之一。

（一）岗位评价的方法

岗位评价的方法主要有排序法、分类法、计点法、因素比较法四种（表 4-6）。四种评价方法各有其优势和不足，在实际运用中应充分考虑选择评估方法的使用成本和适用的范围。

表 4-6　岗位价值评估方法

方法	描述	特点
排序法	根据各种工作的相对价值或他们各自对机构的相对贡献，由高到低进行排列	是最原始简单的一种方法，操作简单，方便快捷，但也会出现误差
分类法	先制定一套供参照用的等级标准，再将待定的岗位与之比较，从而确定该岗位相应的类别	只进行整体综合评价，不做因素分解，只能做级别和顺序区分，不能指出各级间差距的具体大小，难以进行精确的评比，适用于结构较简单的小型机构
计点法	先开发出一套供比较的尺度，找出岗位中共同包含的如学历（专业知识）、年资（工作经验）等付酬因素，对付酬因素划分等级，并制定评级标准	是最普遍的一种岗位评价方法。要分解为付酬因素，并逐一评价，还要请专家利用定量技术，为每一个因素划分等级并分配分数，最后利用转换表或转换线，将分数转换为相应的工资金额
因素比较法	先找出若干有代表性的关键岗位，作为岗位评价时的参照物，经过分解、排序、赋值，将其余非关键性的待评岗位逐一按因素对照评比再相加，便可得出工资值	直接用相应的具体工资来标示各岗位的价值，从而省略了“分数–工资”的转换过程，简化了评价的操作过程。但由于因素赋值过程影响重大且技术复杂，通常须由经验丰富的专家组成工作小组和定薪委员会来进行

（二）岗位价值评估注意事项

1. 岗位价值评估工作必须紧密围绕养老机构经营目标和发展战略需要来展开。

2. 在设计岗位价值评估工作中，要注重提炼出养老机构最关注的关键因素，并融入评价方法中去，以发挥好薪酬杠杆的作用。如服务质量，可以考虑在薪酬分配中占据较大份额。

3. 对养老机构具有特殊意义的岗位，可采取特殊的薪酬政策，不必纳入岗位评价体系。如一些柔性引进的特殊人才，可采取相对灵活的付酬方式。

二、工资制度的设计

工资制度一般包括岗位工资制、技能工资制、结构工资制和弹性工资制四种基础的工资薪酬制度。其特点和适用范围见表 4-7。

表 4-7　工资制度的特点和适用范围

薪酬制度	特点	适用范围
岗位工资制	对岗不对人，按岗位确定工资	多适用于管理序列人员
技能工资制	以技术工种的差别确定等级工资	多适用于技术比较复杂的工种或岗位
结构工资制	将构成工资标准的诸因素分别规定工资额，然后再组合成标准工资	任何岗位都适用
弹性工资制	一般包括两部分：一部分是基本收入，另一部分则与员工工作业绩挂钩，实行“多劳多得”	仅适用于工作结果可以用计件方法确定的岗位或者可以用项目完成度考量的岗位

养老机构员工主要以技能型的医生、护士、护工等人员和能力型的管理人员及行政人员为主。考虑到养老机构工作的特殊性与差异性，如果仅以岗位工资制或仅以技能工资制来确定养老机构的薪酬是不全面、不合适的。在养老机构中，各类人员的工作性质和工作内容存在着巨大的差异，在设计薪酬制度时要根据不同岗位特点和实际需要，设计合理的激励工资制度：首先以岗位进行划分，可以划分为行政管理岗位、医护岗位、护工岗位、医技岗位、社工岗位及工勤岗六大类基准岗位，各类人员分别归类于一种岗位；其次，在各大类岗位之内以技能特征作为标准把各类人员区分开来，如医生具有治病救人的技能、管理人员具有管理技能、护士具有护理技能，最终形成“岗位+技能”的结构性工资制。

三、工资结构的设计

工资结构设计就是将劳动者的工资收入拆分成若干个小部分，为每一个小部分赋予一定的意义和弹性幅度标准。

（一）工资结构设计

工资结构设计一般包括工资的构成设计（如基本工资、岗位工资、职务工资、技能工资、绩效工资、工龄工资、特殊贡献工资、效益工资等）、工资政策线的制定（即采取市场领先型策略、跟随型策略还是滞后性策略）、工资等级的确定（即明确最高工资和最低工资的差距、工资等级、极差、等级区间等）及工资结构的调整等。

（二）工资结构设计注意事项

1. 工资结构的设计并不是非此即彼，一成不变。在工资结构设计时，可以根据养老机构实际情况和经营目标发展的需求，设计、组合、创新工资结构，以选择最优化的工资结构。

2. 工资的赋值标准必须符合国家法律规定。如最低工资报酬（一般不包括加班费、特殊工作环境条件下的津贴和法定福利待遇）的数值必须大于或等于最低工资标准线。

3. 工资结构的设计应体现各自特点和激励作用。如岗位工资体现了岗位的价值；绩效工资利用“利益”驱动“干劲”，体现了“干好干坏不一样”的价值取向。

四、福利制度的设计

福利可分为法定福利和养老机构自主福利两类。一般福利项目见表 4-8。

表 4-8　福利的类别

福利类别	具体名称
经济性福利	入职安置费、培训费报销、节日礼金、健康体检、家属保险、独生子女补贴、困难补助、返乡交通费、机构年金等
设施性福利	员工食堂、图书室、体育活动设施、托儿所、通勤车、卫生所等
工时性福利	司龄年假、弹性工作时间等
娱乐性、辅导性福利	员工疗养、员工旅游、文体活动机构、生日庆祝、心理辅导关怀、职业规划辅导等

养老机构福利设计的注意事项如下。

1. 福利设计受到养老机构的经营发展目标和经济效益承受能力的影响。在设计养老机构福利前，需要明确福利设计的目的是什么、福利的具体内容有哪些、福利实施的预算是多少、福利实施的对象是谁、福利的实施是否有时限及福利制度的设定等。只有明确了以上几点，福利的设计才能做到有的放矢。

2. 福利制度的规定，必须明确福利项目的修改、废止事项，明确机构实施福利的具体细节和员工享受福利的条件细节，以避免福利纠纷的产生。

3. 在设计福利项目的选项时，多设计一些集体性服务设施的福利，少设计货币性的福利。可以根据不同的福利条件和效益，把福利项目进行分组设计，形成组合式套餐，供员工自由选择，从而避免福利资源的浪费。

五、薪酬预算

薪酬预算是薪酬福利系统中不可或缺的重要一环，主要包括以下三个方面。

1. 做好政策信息准备工作：如解读国家和政府的最新薪酬政策法规、了解下年度社会平均工资、掌握目前市场同行间的薪酬水平等，以更好地指导薪酬预算计划的制订。

2. 做好内部信息准备工作：如养老机构经营指标、薪酬预算意见调查、人员情况、员工薪酬资料等。

3. 盘点、汇总并预算薪酬。

六、人工成本的测算

人工成本大小的测算，涉及养老机构人员总人数、工作时数、利润总额、成本总额、人工费用率等的计算，为方便理解，以具体实例来演绎。

【拓展案例 4-2】

假设某养老机构 2017~2018 年经营数据如下（表 4-9）：

表 4-9　某养老机构 2017~2018 年经营数据

年份	营业收入	员工数	员工平均薪酬
2017 年	330 万元	41	4.44 万元/年
2018 年	402 万元	43	4.75 万元/年

2019年机构营业收入目标为475万元，根据市场情况确定员工平均薪酬增长率为8%，如果2019年保持员工数不变。

问题：

1. 2019年目标人工成本是多少？

2. 2017~2019年的人均产值分别是多少？

3. 2017~2019年的人力成本率分别是多少？

案例分析：

1. 2019年目标人工成本：43×4.75×（1+8%）=220.59（万元）

评价：2019年要实现利润指标，人工成本总额必须保持在220.59万元以内。

2. 2017年的人均产值：330÷41≈8.05（万元/人）

2018年的人均产值：402÷43≈9.35（万元/人）

2019年的人均产值：475÷43≈11.05（万元/人）

评价：2017~2018年人均产值逐年上升。按2018年人均产值推算，2019年正常员工数应该是：475÷9.35≈51人。2019年在保持43名员工不增加的情况下，人均产值超过了前两年。要想实现员工数不增加的目标，养老机构需要对内实行改革，通过各种措施增大员工的劳动生产率。

3. 2017年的人力成本率：4.44×41÷330×100≈55.16%

2018年的人力成本率：4.75×43÷402×100≈50.8%

2019年的人力成本率：4.75×（1+8%）×43÷475×100=46.44%

七、薪酬管理风险的控制

薪酬管理风险主要来自外部和内部环境风险两方面。外部环境因素包括如法律法规的相关规定、市场经济因素、同行竞争等；内部环境因素包括如岗位设置、绩效考核、薪酬制度等设置，或是薪酬的激励政策的使用方面。以上因素出现偏差都可能导致薪酬管理风险的出现。因此，对于薪酬管理风险的规避和控制，应从如下几方面入手。

1. 建立针对内外部环境变化迅速反应的薪酬风险预警体系，对政策法规变化保持敏感，定期做好调研工作，掌握最新资讯信息。

2. 建立科学的人才评价和绩效考核机制，采用合理的薪酬管理模式，使绩效考评标准更加全面、细致、准确，使薪酬福利管理更加合理、激励、有效，降低薪酬风险的发生，不断激发员工的工作积极性和对养老机构的忠诚度。

3. 善用长期激励和短期激励、物质激励和非物质激励等手段，综合设计不同的激励措施，以满足不同员工的不同需求。对于薪酬激励政策的制定和出台必须慎之又慎，尽量提高非物质性激励手段的使用效率。如养老机构可实施员工持股计划，通过员工持股，将养老机构的利益与员工利益有机结合，提高员工的主人翁意识，共荣辱、共进退，真正实现命运共同体的发展。

4. 及时、准确地掌握养老机构资金运转信息，明确资金内部控制流程，完善资金制度管理，健全资金控制流程，减少资金流通风险。

5. 加强薪酬管理沟通，保证激励薪酬实施过程中的公开、公正和公平。

需要注意的是，薪酬管理直接涉及员工工作满意度，直接影响到机构人才的流动问题，因此不能大意。作为养老机构的管理者，在关注养老机构经营现状的同时，也应研究养老机构的薪酬设计问题，做到既能有的放矢，又要顺势而为，努力优化薪酬体系建设，促进养老机构长远发展。

第六节　人力资源的劳动关系管理

劳动关系是指用人单位与劳动者之间在运用劳动能力实现劳动过程中形成的一种社会关系。劳动合同、劳动标准、企业用工、集体协商、劳动争议等管理实务中都带有劳动关系的烙印。

随着市场竞争日益激烈，养老机构能否在市场竞争中立于不败之地，除了取决于自身产品和服务供给的竞争力以外，从长远发展和内涵建设层次看，在很大程度上还取决于能否在养老机构内部创造一个和谐、共赢的劳动关系管理体系。劳动关系管理贯穿于整个人力资源管理全过程，关系着养老机构经营管理水平的高低和战略目标能否实现（图 4-9）。

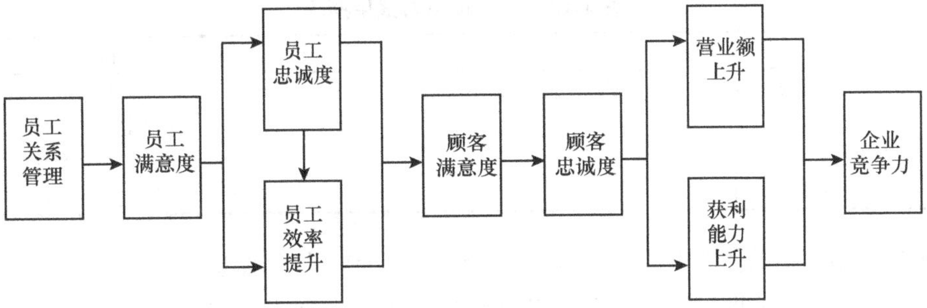

图 4-9　员工关系管理与机构核心竞争力的传导机制

一、劳动合同管理

养老机构劳动合同管理包括劳动合同的订立、履行、变更、续签、解除、终止，关系到养老机构能否团结全体员工共同努力去实现养老机构经营目标这一大事，因此作为养老机构的管理者必须重视劳动合同管理，防止劳动争议的发生。

劳动合同管理工作流程包括准备工作、双方协商、签字确认、合同送达等八个步骤（图 4-10）。

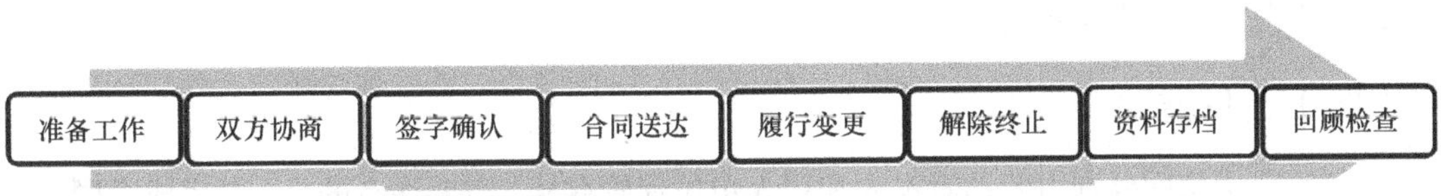

图 4-10　劳动合同管理工作流程图

（一）准备工作

在订立劳动合同前，必须确认用人单位与劳动者订立劳动合同的条款是否准确，如合同期限、试用期限、工作岗位相关信息、薪酬标准和结构、考核标准及绩效目标、解除或终止合同的条件、违约责任等。在此基础上还应注意如下几点。

1. 劳动合同订立形式　劳动关系建立的标志是“用工”。为保护劳动关系的稳定性，国家强制性要求用人单位与劳动者订立书面劳动合同（自用工之日起一个月内），否则，用人单位将承担不利后果，比如应当向劳动者每月支付 2 倍工资（一年内）。实践中，建立劳动关系与订立书面劳动合同可能同步，也可能不同步，用人单位应当注意按照法律规定的时间与劳动者订立书面劳动合同。

2. 合同期限　分为固定期限劳动合同、无固定期限劳动合同和以“完成一定工作任务”为期限的劳动合同三种。需要注意的是，签订无固定期限劳动合同的情形有以下几种：①协商订立。

②推定订立：《中华人民共和国劳动合同法》（简称《劳动合同法》）第十四条第三款规定，用人单位自用工之日起满一年不与劳动者订立书面劳动合同的，视为用人单位与劳动者已订立无固定期限劳动合同。③强制订立：劳动者在该用人单位连续工作满10年的；用人单位初次实行劳动合同制度或者国有机构改制重新订立劳动合同时，劳动者在该用人单位连续工作满10年，且距法定退休年龄不足10年的；连续订立二次固定期限劳动合同，且劳动者没有本法第三十九条和第四十条第一项、第二项规定的情形，续订劳动合同的。

3. 试用期 不同合同类型，所规定的试用期限不同，根据《劳动合同法》相关试用期的规定见表4-10。

表4-10 合同种类与试用期限

合同种类和期限	试用期限
小于3个月的；完成一定工作任务为期限；非全日制用工	无试用期
3个月以上不满1年的	不得超过1个月
1年以上不满3年的	不得超过2个月
3年以上或无固定期限的	不得超过6个月

4. 工作时间 如果养老机构实行的是周一到周六工作，周日休息的俗称“做六休一”制度，这种工作时间也属于标准工时制，但养老机构必须为员工支付加班费。

5. 试用期工资 不得低于本单位相同岗位最低档工资或者劳动合同约定工资的80%，且不得低于用人单位所在地的最低工资标准。

（二）双方协商

员工需仔细阅读劳动合同条款的相关内容，养老机构有义务对劳动合同条款内容做好解释工作。如双方意见达成一致，可在合同上签字确认；若不能接受合同条款，则需要再次确认后签字或进入下一步：新员工不录用环节或员工离职环节。

（三）签字确认（略）

（四）合同送达

合同签字确认后分别由劳动者本人和用人单位保管存档。需要注意的是，要完成合同送达，需要由员工签署劳动合同接收记录。

（五）履行变更

一般情况下，劳动合同订立后，双方当事人必须认真履行，任何一方不得擅自变更劳动合同。但在履行劳动合同过程中，由于养老机构经营状况的变化，或者职工劳动、生活情况的变化，也可以在平等自愿、协商一致的基础上，就已订立的劳动合同条款进行修改、补充或废止部分内容。劳动合同的变更，包括协议变更和法定变更两种情况。协议变更是指双方当事人必须协商一致，达成协议。法定变更是在法律规定的原因出现时，当事人一方可依法提出变更劳动合同（变更的内容也需要当事人双方协商一致）。无论是协议变更，还是法定变更，只限于对劳动合同的某些内容的变更，不能对劳动合同的当事人进行变更。变更劳动合同，应当采用书面形式。变更后的劳动合同文本由用人单位和劳动者各执一份。

变更合同内容的条件一般包括：①订立劳动合同所依据的法律法规已经修改或者废止。②用人单位方面的原因。如养老机构根据市场变化决定调整经营项目等。③劳动者方面的原因。如劳动者的身体健康状况发生变化、劳动能力部分丧失、所在岗位与其职业技能不相适应、职业技能提高了一定等级等，造成原劳动合同不能履行或者如果继续履行原合同规定的义务对劳动者明显不公平。④客观方面的原因。由于客观原因的出现使得当事人原来在劳动合同中约定的权利义务的履行成为不必要或者不可能。如由于不可抗力的发生，使得原来合同的履行成为不可能或者失去意义。不可抗力是指当事人所不能预见、不能避免并不能克服的客观情况，如自然灾害、意外事故、战争等；或者由于物价大幅度上升等客观经济情况变化致使劳动合同的履行会花费太大代价而失去经济上的价值。这是民法的情势变更原则在劳动合同履行中的运用。

（六）解除终止

1. 劳动者提出解除劳动合同时的情况（表 4-11）

根据《劳动合同法》规定，劳动合同解除或者终止后，劳动者有义务按照双方约定办理工作交接，用人单位依法应当向劳动者支付经济补偿的，在办结工作交接时支付。因此，在劳动合同中，用人单位可以明确约定劳动者离职时的工作交接期限和具体要求，否则可以暂不予支付经济补偿或要求劳动者承担未交接工作给用人单位造成的损失。

表 4-11　解除劳动合同的前提条件与告知情况

前提条件	告知情况
用人单位有过错	不需要提前告知
用人单位无过错	试用期内提前 3 天告知；正式期内提前 30 天告知

2. 养老机构提出解除劳动合同的情况　劳动者有过失并且符合法律法规规定的过失情形，用人单位可以提出解除劳动合同，可以不支付劳动者经济补偿金，但是必须承担举证责任。养老机构解除与劳动者的劳动合同时，需要向劳动者提出《解除劳动合同通知书》（离职证明），阐明解除的理由、解除的时间和操作流程，通知内容必须合法合规。除了离职证明，用人单位在劳动合同解除或终止后，还附有转移档案和社会保险手续的义务，而且法律设定了期限的要求，明确规定用人单位有妥善保管有关劳动合同文本，接受检查监督的义务。

3. 劳动合同终止　劳动合同终止跟劳动合同解除不一样，劳动合同终止是劳动合同关系的自然结束（一般可以预见）；而解除是劳动合同关系的提前结束（一般无法预见）。劳动合同终止情形由《劳动合同法》第四十四条规定，如劳动合同期限届满（或劳动合同约定的工作任务已经完成）、劳动者退休开始依法享受基本养老保险待遇、劳动者死亡、用人单位不复存在等。但应注意，如发生《劳动合同法》第四十二条规定情形之一的（如女劳动者“三期”的特殊保护、非因公患病或负伤者医疗期未满的），即使劳动合同期满，也不能马上终止，而要续延至相应的情形消失时才能终止。

（七）资料存档（略）

（八）回顾检查

检查项目主要有员工是否签署劳动合同文本，是否在领取劳动合同时签字，养老机构是否按规定变更、解除和终止劳动合同，是否建立劳动合同档案管理等。

二、离职管理

离职管理是劳动关系管理中不能忽视的一环，流程包括准备、告知、面谈、清理、交接等八个步骤（图 4-11）。

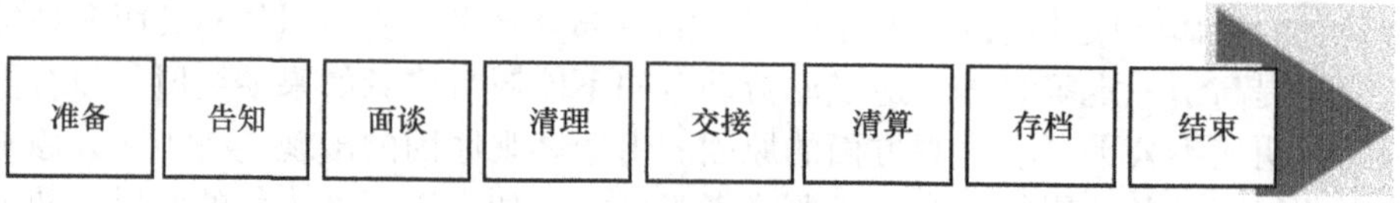

图 4-11　离职管理流程

（一）离职管理准备工作

离职管理是一个细致严谨的工作，必须做好前期的准备工作，如离职管理规章制度的制定，让离职工作有据可循；又如事前整理好离职员工在职期间的各种工作记录和离职表单，为后续的离职面谈、交接清算等工作提供依据。

（二）离职告知与面谈

离职面谈前，管理者必须弄清楚下列问题：①离职面谈的理由是什么？是员工离职面谈？还是养老机构解除劳动合同通知面谈？②离职面谈的人数是几个？劳动者方面几个人？机构代表几个人？工会是否参加？③离职面谈的内容有哪些？④离职面谈的场地在哪？⑤离职面谈的记录由谁做？怎么做？⑥与离职员工的沟通应该如何做？

（三）手续清理、工作交接与清算

工作交接涉及部门较多，需提前准备好交接工作清单，以便清算和留档。除了做好离职员工所在部门的清理手续，还需做好如后勤、财务、人力资源等部门的清理手续，做好离职交接和清算单的填写工作，以备存档查看。

（四）资料存档与结束

离职过程的所有表单、工作清单与交接内容等都应该存有备份并且留档。在按照流程离职后，应该清楚地记录离职过程与交接情况并备份存档，以备查阅。

（五）离职管理注意事项

1. 补偿金　养老机构在解除或终止劳动合同时依法可能会相应地给予劳动者一定数目的经济补偿金，这是一次性支付给劳动者的经济上的补助。但是在与员工签订补偿协议之时，对于补偿金的性质表述尽量与法律要求的保持一致，不要过于复杂，以免产生歧义。

2. 赔偿金　《中华人民共和国劳动合同法》对赔偿金的支付情形和计算标准进行了明确的规定，赔偿金的支付应该严格按照合同法执行。

3. 代通知金　源自于“机构提出解除劳动合同需要提前 30 天，或者额外多支付一个月工资代替通知”的规定。代通知金只用于解除劳动合同时替代没有提前 30 天通知员工的一种经济补偿。

4. 离职风险控制　离职风险应当是指因劳动者离职导致用人单位可能面临的不利情形。具体可能表现为离职劳动者带走了商业秘密、核心技术或客户资源；或者离职过程中各方交接清算不当，导致权责不清晰从而进一步引发劳动争议。作为养老机构的管理者应当把准备工作做在前面，做到预防在先，约定在先，告知在先。如完善入职管理、考勤管理、合同管理等相关人力资源制度管理和流程控制，让员工通过制度规定或入职教育、合同管理等渠道知晓离职相关的规定和程序，而不是采取“不辞而别”的方式离职。

【引导案例分析】

1. 养老机构管理应该围绕着人力资源管理系统中的六大模块——规划管理、招聘管理、培训管理、绩效管理、薪酬管理和劳动关系管理，并结合自身的资源现状、定位与经营目标等方面建立一个符合机构发展的人力资源管理体系。

2. 在体系的实际运作过程中应当注意六个模块的管理与养老机构经营目标保持一致，并且通过彼此之间的相互协调和管理，来充分调动和发挥机构中人的主观能动性，使人尽其才、事得其人、人事相宜，最终使得组织目标能够实现。同时，养老机构在人力资源管理过程中，需要以服务对象的实际需求为出发点，注重人力资源管理的原则性与灵活性的合理运用，最大限度地发挥人力资源的作用。

小　结

在我国人口老龄化加剧的大背景下，养老机构凭借着其专业背景、服务质量高等特点，受到了人们的青睐。人力资源作为促进养老机构发展的“潜力股”，也将会是未来养老市场中不可或缺的重要力量。因此，做好人力资源管理显得尤为重要。但如何真正做好人力资源管理，需要我们熟悉人力资源管理六大模块在实际工作中的执行、管理、评估和运用。不同定位的养老机构所需要的管理体制、侧重点也应有所不同，管理者在制定管理体系时，应该结合实际情况制定符合所属机构的管理制度。

（杨艳艳）

拓展阅读（第四章）

第五章　养老机构的财务管理与后勤管理

学习目标

识记：资产负债表、利润表、现金流量表及权益变动表的作用和阅读要点；养老机构的财务管理目标；收支不同视角下实现养老机构财务管理的路径，内部控制建设对财务管理目标的影响；养老机构职务分离的具体方法与需要注意的问题、支出控制的措施；养老机构后勤管理的作用；养老机构后勤管理的特点、政策要求、效益要求和人文要求；养老机构的水电管理、膳食管理、环境卫生管理和安全保卫管理；养老机构后勤服务的统筹协调及激励机制建设要求。

理解：资产负债表、利润表、现金流量表及权益变动表的作用；各类报表的阅读要点；养老机构财务管理目标，内部控制建设要求，后勤管理服务的作用和特点。

运用：养老机构增收节支的路径；养老机构职务分离的具体方法与需要注意的问题，养老机构支出管理控制的措施；养老机构后勤管理的效益要求；养老机构后勤管理的"人文"要求。

我国企业平均寿命短于欧美国家和日本，其原因除市场需求、银行贷款和税收政策等外部因素外，主要与企业自身的理财能力弱、风险控制能力不强、产品服务质量不高密切相关，这些是无法延长企业寿命的主要推手。

弄清楚企业生命周期背后的原因，总结企业发展的经验教训，对更好地引导养老机构创新并提升绩效具有十分重要的意义。看懂单位的财务报表，从中清楚单位管理的薄弱环节，加强内部控制建设，提高服务质量，是养老机构负责人应知应会的基本知识。

【导言】

有资料显示：预计到2050年前后，我国老年人口将占总人口的1/3。人口老龄化是贯穿我国21世纪的基本国情，对我国的社会、政治、经济、文化、生态发展等领域都会带来极大挑战。如何积极应对老龄化，让老年人真正实现"六个老有"，是我国政府和每个家庭不可回避的社会课题。其中，如何管好用好养老机构的资金，合理保证养老机构的财务信息准确完整，保证养老服务高效更是养老机构负责人及相关管理人员不可忽视的现实问题。

本章主要阐述养老机构财务管理的内容与环节，财务管理的目标与环境，后勤管理的作用、特点与要求，后勤管理体系的建立与实施四个方面的内容，旨在为养老机构各级管理人员提供应知应会的财务与后勤管理方面的基本知识和基本理论。

第一节　财务管理的内容与环节

财务管理离不开财务信息的支撑，财务信息与财务报表紧密相连。因此，财务管理和行政管理工作者应当学会阅读相关会计报表，学会从会计报表中捕获有关的会计信息，以便做出正确的管理决策。

一、资产负债表的作用及阅读要点

养老机构的资产负债表是反映养老机构在某一特定日期（月末、季末、半年末、年末）的财务状况的会计报表。其具体内容与格式见表5-1。

表 5-1　资产负债表

会企 01 表

编制单位：甲公司　　　　　　　　　　20××年×月×日　　　　　　　　　　单位：元

资产	期末余额	年初余额	负债和所有者权益（或股东权益）	期末余额	年初余额
流动资产			流动负债		
货币资金			短期借款		
交易性金融资产			交易性金融负债		
应收票据			应付票据		
应收账款			应付账款		
预付款项			预收款项		
应收利息			应付职工薪酬		
应收股利			应交税费		
其他应收款			应付利息		
存货			应付股利		
一年内到期的非流动资产			其他应付款		
其他流动资产			一年内到期的非流动负债		
流动资产合计			其他流动负债		
非流动资产			流动负债合计		
可供出售金融资产			非流动负债		
持有至到期投资			长期借款		
长期应收款			应付债券		
长期股权投资			长期应付款		
投资性房地产			专项应付款		
固定资产			预计负债		
在建工程			递延所得税负债		
工程物资			其他非流动负债		
固定资产清理			非流动负债合计		
生产性生物资产			负债合计		
油气资产			所有者权益（或股东权益）		
无形资产			实收资本（或股本）		
开发支出			资本公积		
商誉			减：库存股		
长期待摊费用			盈余公积		
递延所得税资产			未分配利润		
其他非流动资产			所有者权益（或股东权益）		
非流动资产合计					
资产总计			负债和所有者权益总计		

（一）资产负债表的作用

养老机构的资产负债表可以提供下列主要信息（图 5-1）。

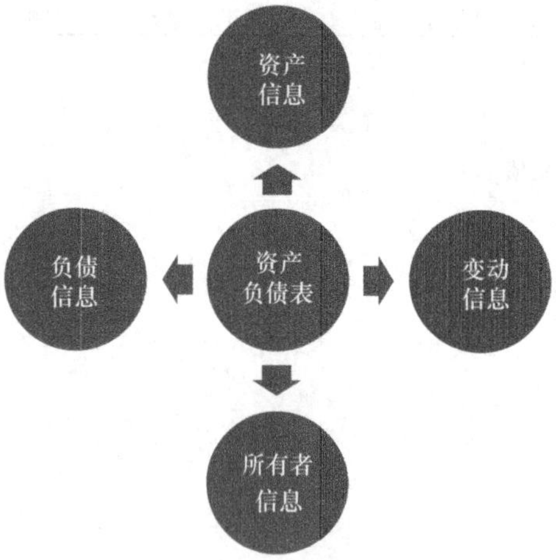

图 5-1　资产负债表提供的信息

1. 资产信息　可以提供养老机构某一特定日期资产的总额及其结构，表明养老机构拥有或控制的资源及其分布情况。如资产负债表左边的资产总计表明了养老机构的资产总额，流动资产和非流动资产的具体项目数额表明养老机构拥有或控制的资源及其分布情况等。

2. 负债信息　可以提供养老机构某一特定日期的负债总额及其结构，表明养老机构未来需要用多少资产或劳务清偿债务（包括短期和长期债务）及清偿时间。如资产负债表右边的负债及所有者权益（或股东权益）总计表明了养老机构的负债及所有者权益总额，流动负债和非流动负债表明养老机构未来需要用多少资产或劳务清偿债务（包括短期和长期债务）及清偿时间。

3. 所有者信息　可以反映养老机构所有者所拥有的权益，据以判断资本保值、增值的情况及对负债的保障程度。如将所有者权益（或股东权益）部分的"实收资本"、"资本公积"、"盈余公积"和"未分配利润"等项目的期末数与期初数进行对比，可以判断当年的增值情况及与上年相比本年的增值情况。

4. 变动信息　可以预测养老机构未来财务状况变动趋势。如通过年末数与年初数的对比，可判断当年财务状况的变动情况，通过比较近几年的财务变动情况，可以预测养老机构未来的变动趋势，从而对养老机构进行科学评价等。

（二）资产负债表的阅读要点

资产负债表包括资产、负债和所有者权益三部分内容。阅读资产负债表时，主要阅读以下内容（图 5-2）。

1. 养老机构的经济实力　通过比较养老机构的资产、负债及所有者权益（上市公司称为股东权益）的总额及其内部各项目的构成和增减变化情况，可以了解养老机构的经济实力。因为养老机构的总资产在一定程度上反映了养老机构的经营规模，而它的增减变化与养老机构的负债与股东权益的变化又有极大的关联，当养老机构股东权益的增长幅度高于资产总额的增长时，说明养老机构的资金实力有了相对的提高；反之则说明养老机构规模扩大的主要原因来自于负债的大规模上升，进而说明养老机构的资金实力在相对下降，偿还债务的安全性亦在降低。

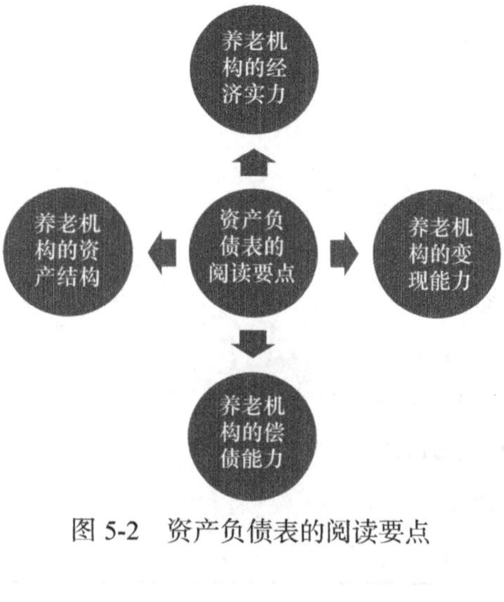

图 5-2　资产负债表的阅读要点

2. 养老机构的变现能力　在资产负债表

的左边，流动性大和变现能力强的资产项目排在前面，流动性小和变现能力弱的项目排在后面。如“货币资金”的变现能力比“应收账款”强，“应收账款”的变现能力比“存货”强。依此顺序，左方资产项目的排列顺序为流动资产和非流动资产，其中，流动资产内部各项目也按照各自的流动性大小来排列，先是货币资金，后是应收账款和存货。同样，非流动资产内部也按照各项目的流动性大小来排列，其排列顺序是长期投资、固定资产、无形资产及其他资产。

3. 养老机构的偿债能力　资产负债表各项目的排列顺序，实质是提供企业偿债能力的资料，左边资产项目按照变现能力顺序排列，越往上层的项目，其变现速度越快，所以左边是反映养老机构可以用于偿还债务的资产。右边的权益项目排列顺序是需要偿还的权益（负债）置于上层，不需要清偿的权益即所有者权益置于下层，需要立即清偿的流动负债列于最上层。这样，左右双方对比，就能提示出养老机构的偿债能力信息。

4. 养老机构的资产结构　资产负债表的左边为资产栏，从上到下，可以了解到流动资产和非流动资产的分布状况，流动性越强，说明养老机构资金越充裕。资产负债表右边反映养老机构的资产来源渠道，包括银行借款、客户赊账、投资者投入和自我积累，如果所有者权益大于流动负债和长期负债，说明养老机构需要偿还的债务小，反之则大。

二、利润表的作用及阅读要点

养老机构的利润表是反映养老机构一定会计期间（如月度、季度、半年度或年度）生产经营成果的会计报表。养老机构一定会计期间的经营成果既可能表现为盈利，也可能表现为亏损。因此，利润表也被称为损益表，全面揭示了养老机构在某一特定时期实现的各种收入、发生的各种费用、成本或支出，以及养老机构实现的利润或发生的亏损情况。其具体内容与格式见表 5-2。

表 5-2　利润表

编制单位：　　　　年　月　日　　　　单位：元

项　目	本期金额	上期金额
一、营业收入		
减：营业成本		
营业税金及附加		
销售费用		
管理费用		
财务费用		
资产减值损失		
加：公允价值变动收益（损失以“–”号填列）		
投资收益（损失以“–”号填列）		
二、营业利润（亏损以“–”号填列）		
加：营业外收入		
减：营业外支出		
三、利润总额（亏损总额以“–”号填列）		
减：所得税费用		
四、净利润（净亏损以“–”号填列）		

（一）利润表的主要作用

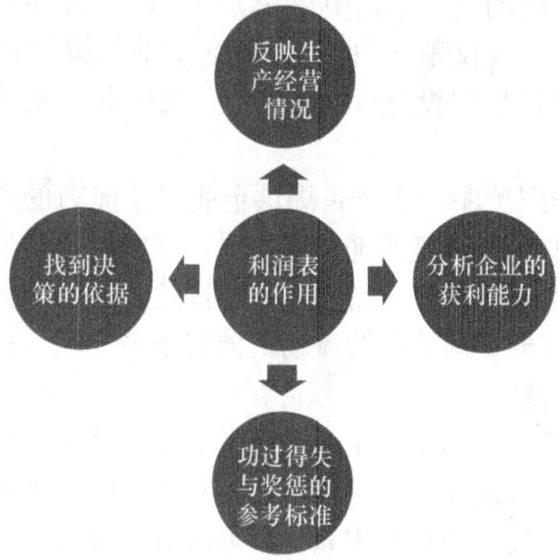

图 5-3　利润表的主要作用

养老机构的利润表可以提供人们关心的下列信息（图 5-3）。

1. 反映生产经营情况　养老机构的利润表可以反映某一期间养老机构收入与费用方面的情况，由此可以了解收益与成本耗费的情况，并可以根据各项费用数额的大小及相互间占总数的比率了解费用开支的去向，以及为获取收入所耗费的代价（成本费用）。通过阅读利润表，能够清楚地了解养老机构收入与费用的来龙去脉。

2. 分析企业的获利能力　获利能力是指养老机构各项利润率的高低。通过比较不同年份利润表之间项目的数额，可以分析正常经营情况下的收支情况及获利能力。如将利润表中的税后净利润与实际投资额（实收资本额）相比较，即可求得投资报酬率（资本收益率），计算公式为：资本收益率=税后净利润/实收资本额×100%。

某一养老机构的资本收益率越高，表示其获利能力越大；反之，则越小。比较分析某一养老机构不同时期，或同行业间的资本收益率的高低及其增减变化的情况，可以确定该养老机构获利能力的大小，并可审慎预测其损益消长的趋势。

3. 功过得失与奖惩的参考标准　比较养老机构前后期各项损益数字，深入剖析各项收入、费用比率的增减变化，进而探究发生差异的原因，可以据以判明养老机构内部各部门经营管理的成本效益和功过得失。

4. 找到决策的依据　对利润表各项目的相关数据进行成本、利润分析，可计算出各项收入、成本与利润之间的比例关系。结合市场环境，还可以预测其消长变化趋势，为今后业务改进和制定经营决策提供依据。

（二）利润表的阅读要点

利润表主要阅读以下内容（图 5-4）。

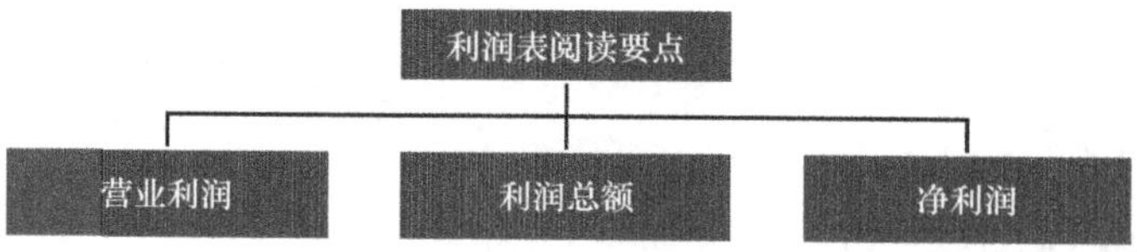

图 5-4　利润表的阅读要点

1. 养老机构的营业利润　营业利润=营业收入−营业成本−营业税金及附加−销售费用−管理费用−财务费用−资产减值损失+公允价值变动收益+投资收益。

营业收入包括主营业务收入和其他业务收入，营业成本包括主营业务成本和其他业务成本。

2. 养老机构的利润总额　利润总额=营业利润+营业外收入−营业外支出。

3. 养老机构的净利润　净利润=利润总额−所得税费用。

此外，还要关注本年与往年利润数的变化情况，如变化较大，要查明影响利润数额变动的主要因素。

三、现金流量表的作用及阅读要点

养老机构的现金流量表是反映养老机构一定会计期间（如月度、季度或年度）的经营活动、投资活动、筹资活动，以及汇率变动对其现金及现金等价物所产生影响的财务报表（表5-3）。

表5-3　现金流量表

编制单位：　　　　××年度　　　　单位：元

项　目	本期金额	上期金额
一、经营活动产生的现金流量		
销售商品、提供劳务收到的现金		
收到的税费返还		
收到其他与经营活动有关的现金		
经营活动现金流入小计		
购买商品、接受劳务支付的现金		
支付给职工以及为职工支付的现金		
支付的各项税费		
支付其他与经营活动有关的现金		
经营活动现金流出小计		
经营活动产生的现金流量净额		
二、投资活动产生的现金流量		
收回投资收到的现金		
取得投资收益收到的现金		
处置固定资产、无形资产和其他长期资产收回的现金净额		
处置子公司及其营业单位收到的现金净额		
收到其他与投资活动有关的现金		
投资活动现金流入小计		
购建固定资产、无形资产和其他长期资产支付的现金		
投资支付的现金		
取得子公司及其他营业单位支付的现金净额		
支付其他与投资活动有关的现金		
投资活动现金流出小计		
投资活动产生的现金流量		
三、筹资活动产生的现金流量		
吸收投资收到的现金		
取得借款收到的现金		
收到的其他与筹资活动有关的现金		
筹资活动现金流入小计		
偿还债务支付的现金		
分配股利、利润或偿付利息支付的现金		
支付的其他与筹资活动有关的现金		
筹资活动现金流出小计		
筹资活动产生的现金流量净额		
四、汇率变动对现金及现金等价物的影响		
五、现金及现金等价物净增加额		
加：期初现金及现金等价物余额		
六、期末现金及现金等价物余额		

（一）现金流量表的作用

养老机构的现金流量表可以提供人们关心的下列主要信息（图5-5）。

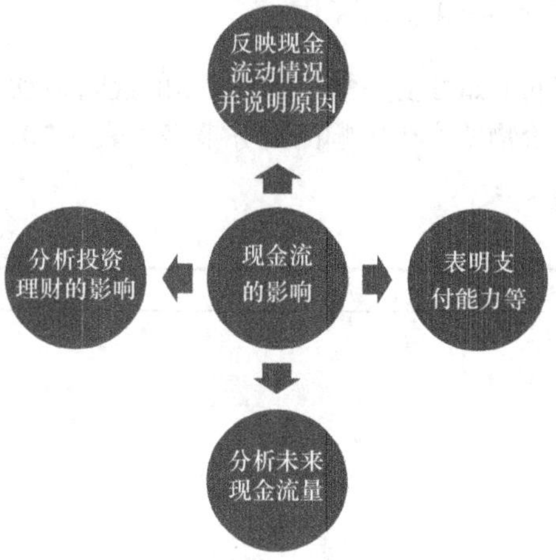

图 5-5　现金流量表的作用

1. 反映养老机构一定时期内的现金流动情况，说明现金流动的原因。通过现金流量表可以反映现金从哪里来，又流到哪里去。如养老机构从银行借入 800 万元，偿还银行利息 5 万元，应当在现金流量表中分别反映“借款收到的现金 800 万元”，“偿付利息支付的现金 5 万元”。因此，通过现金流量表能够清晰地反映养老机构现金流入和流出的原因，即现金从哪里来，又用到哪里去。这些信息是资产负债表和利润表无法提供的。

2. 说明养老机构的支付能力、偿还债务能力及支付股利能力。通常情况下，报表的使用者都会关心养老机构的获利情况。在实际工作中，虽然有些养老机构的获利情况非常好，但是财务状况却不好，无法用现金偿还到期债务。相反，也有的养老机构的获利情况并不好，但财务状况却很好并有足够的偿债能力。因此，要做到正确反映养老机构的支付能力和偿债能力，就必须专门编制现金流量表。

3. 分析养老机构未来的现金流量。某一时期，养老机构通过向银行借入资金，本期现金流量表反映为现金流入，同时意味着未来偿还借款时将要流出现金。同样道理：本期应收未收的款项，在本期现金流量表中虽然没有反映为现金的流入，但意味着未来将会取得现金流入。

4. 分析养老机构投资和理财活动对经营成果与财务状况的影响，同时，还能够提供养老机构比较完整的筹资和投资信息。

（二）现金流量表的阅读要点

阅读现金流量表时应关注以下内容（图 5-6）。

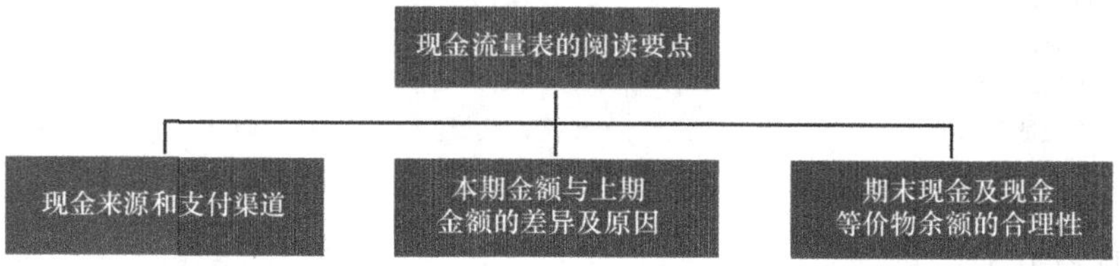

图 5-6　现金流量表的阅读要点

1. 现金来源和支付渠道　主要阅读经营活动、投资活动、筹资活动、汇率变动这四项经济活动造成现金收付变动的具体金额。

2.本期金额与上期金额的差异及原因　主要阅读经营活动、投资活动、筹资活动、汇率变动这四项经济活动造成本期金额与上期金额的差异，并对差异变动较大的项目进行原因分析。

3. 期末现金及现金等价物余额的合理性　主要关注期末现金及现金等价物余额是否同养老机构经营状况相适应。余额过大，说明资金运营效率低下；余额过小，不利于养老机构扩大经营。

四、所有者权益变动表的作用及阅读要点

养老机构的所有者权益变动表是反映养老机构本期（年度或中期）内至截至期末所有者权

益变动情况的报表。所有者权益变动表应当全面反映一定时期所有者权益变动的情况（表 5-4）。

表 5-4　所有者权益变动表

编制单位：　　　　年度　　　　单位：元

项目	本年金额						上年金额					
	实收资本（或股本）	资本公积	减：库存	盈余公积	未分配利润	所有者权益合计	实收资本（或股本）	资本公积	减：库存	盈余公积	未分配利润	所有者权益合计
一、上年年末余额												
加：会计政策变更												
前期差错更正												
二、本年年初余额												
三、本年增减变动金额（减少以“–”号填列）												
（一）净利润												
（二）直接计入所有者权益的利得和损失												
1. 可供出售金融资产公允价值变动净额												
2. 权益法下被投资单位其他所有者权益变动的影响												
3. 与计入所有者权益项目相关的所得税影响												
4. 其他												
上述（一）和（二）小计												
（三）所有者投入和减少资本												
1. 所有者投入资本												
2. 股份支付计入所有者权益的金额												
3. 其他												
（四）利润分配												
1. 提取盈余公积												
2. 对所有者（或股东）的分配												
3. 其他												
（五）所有者权益内部结转												
1. 资本公积转增资本（或股本）												
2. 盈余公积转增资本（或股本）												
3. 盈余公积弥补亏损												
4. 其他												
四、本年年末余额												

（一）所有者权益变动表的作用

所有者权益变动表可以提供人们关心的下列信息（图 5-7）。

所有者权益变动表可以全面反映一定时期所有者权益变动的情况，包括所有者权益总量的增减变动信息、所有者权益增减变动结构性信息及直接计入所有者权益的利得和损失等信息。

（二）所有者权益变动表的阅读要点

所有者权益变动表主要关注如下几个项目的变动情况及其变动原因（图 5-8）。

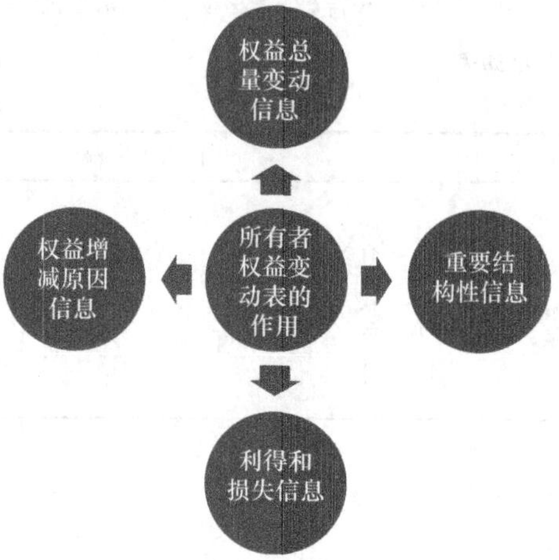

图 5-7　所有者权益变动表的作用

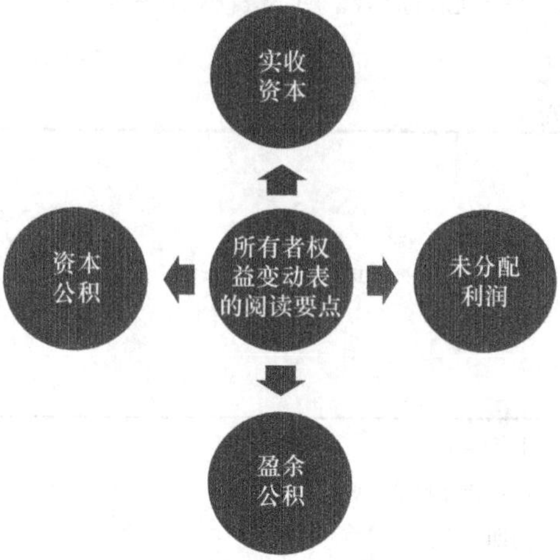

图 5-8　所有者权益变动表的阅读要点

1. 实收资本　指养老机构收到投资人投入的资本。

2. 资本公积　指养老机构在经营过程中由于接受捐赠、股本溢价及法定财产重估增值等原因所形成的公积金。

3. 盈余公积　指养老机构从税后利润中提取形成的、存留于机构内部、具有特定用途的收益积累。盈余公积根据用途不同分为公益金和一般盈余公积两类。公益金专门用于养老机构职工福利设施的支出，如购建职工宿舍、托儿所、理发室等方面的支出。养老机构提取的盈余公积可用于弥补亏损、扩大生产经营、转增资本（或股本）或派送新股等。

4. 未分配利润　是指养老机构实现的净利润经过弥补亏损、提取盈余公积和向投资者分配利润后留存下来的利润。

五、会计报表的编报说明及阅读要点

成熟的养老机构，都会对会计报表进行合理的分析说明，分析说明通常包括如下内容（图 5-9）。

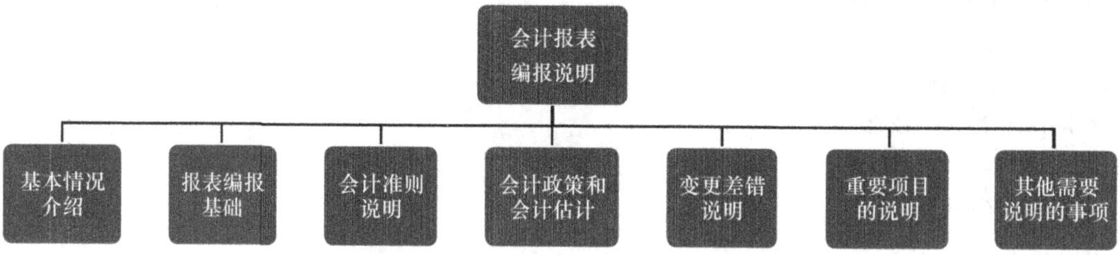

图 5-9　会计报表编报说明的阅读要点

1. 养老机构的基本情况

（1）养老机构注册地、组织形式和总部地址。

（2）养老机构的业务性质和主要经营活动。

（3）母公司及集团最终母公司的名称。

（4）财务报告的批准报出者和财务报告批准报出日。

2. 财务报表的编制基础：养老机构应当以持续经营为基础。

3. 遵循会计准则的声明：养老机构应当声明编制财务报表符合企业（事业）会计准则的要

求，真实、完整地反映养老机构的财务状况、经营成果和现金流量等有关信息。

4. 重要会计政策和会计估计：养老机构应当披露采用重要的会计政策和会计估计，不重要的会计政策和会计估计可以不披露。

5. 会计政策和会计估计变更及差错更正的说明。

6. 报表重要项目的说明：养老机构对报表重要项目的说明，应当按照资产负债表、利润表、现金流量表、所有者权益变动表及其项目列示的顺序，采用文字和数字描述相结合的方式进行披露。重要项目的明细金额合计，应当与报表项目金额相衔接。

7. 其他需要说明的重要事项，根据具体情况填写。

六、管理者应当关注会计报表中的关联问题

养老机构的管理者应当关注会计报表之间的勾稽关系（图 5-10），即本会计报表与其他会计报表之间及本会计报表内部项目之间存在的，可据以相互查考、核对的关系是否存在内在的逻辑对应关系。如总分类账户的期末余额与其所属各二级账户或明细分类账户的期末余额之和存在着相互一致可以核对的关系。再如资产负债表的未分配利润和利润表的净利润之间也存在对应关系，即用资产负债表中未分配利润的期末数扣除年初数等于损益表的净利润累计数。

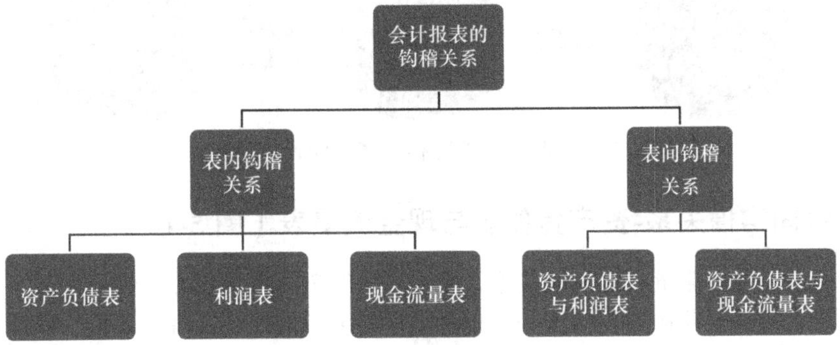

图 5-10　会计报表的钩稽关系

（一）表内钩稽关系-资产负债表（表 5-5）

表 5-5　表内钩稽关系-资产负债表

资产负债表的表内钩稽关系	表内资产总计与负债和所有者权益（或股东权益）总计是否相等？
	表内流动资产和非流动资产的总计是否与表内的资产总计相等？
	表内流动负债、非流动负债和所有者权益三者的合计是否与表内的负债和所有者权益（或股东权益）总计相等？
	表内一年内到期的非流动负债和表内的长期借款合计是否与会计账上反映的长期借款数额相符？

（二）表内钩稽关系-利润表（表 5-6）

表 5-6　表内钩稽关系-利润表

利润表的表内钩稽关系	表内营业收入是否与主营业务收入和其他业务收入的合计相符？
	表内营业成本是否与主营业务成本和其他业务成本的合计相符？
	表内的各项目的本期金额扣减上期金额后的差额是否同项目账户余额相符？

（三）表内钩稽关系-现金流量表（表 5-7）

表 5-7　表内钩稽关系-现金流量表

现金流量表的表内钩稽关系	表内流入的现金减去流出的现金是否等于余下的现金，即经营活动产生的现金流量净额、投资活动产生的现金流量净额、筹资活动产生的现金流量净额、汇率变动对现金及现金等价物的影响及期初现金和与现金等价物余额的总计是否与期末现金和现金等价物余额相等？
	销售商品、提供劳务收到的现金是否包括：①当期销售商品或提供劳务所收到的现金收入（包括增值税销项税额）；②当期收到前期销售商品、提供劳务的应收账款或应收票据；③当期的预收账款，以及当期因销货退回而支付的现金或收回前期核销的坏账损失？

（四）表间钩稽关系-资产负债表与利润表（图 5-11）

资产负债表同损益表的表间关系主要是资产负债表中未分配利润的期末数减去期初数，应该等于损益表的未分配利润金额，因为资产负债表是一个时点报表，而损益表是一个时期报表，两个不同时点之间就是一段时期，这两个时点上的未分配利润的差额，应该等于这段时期内未分配利润的增量。如 2018 年 8 月份资产负债表的期末“未分配利润”数额是 1000 万元，年初“未分配利润”数额是 200 万元，损益表的“未分配利润”数量为 800 万元。

图 5-11　表间钩稽关系-资产负债表与利润表

（五）表间钩稽关系-资产负债表与现金流量表（图 5-12）

资产负债表同现金流量表之间的关系，主要是资产负债表的现金、银行存款及其他货币资金等项目的期末数减去期初数，应该等于现金流量表最后的现金及现金等价物净流量。资产负债表是一个时点报表，现金流量表是一个时期报表，两个不同时点之间就是一段时期，这两个时点上的现金流量差额，应该等于这段时期现金流量的增量。

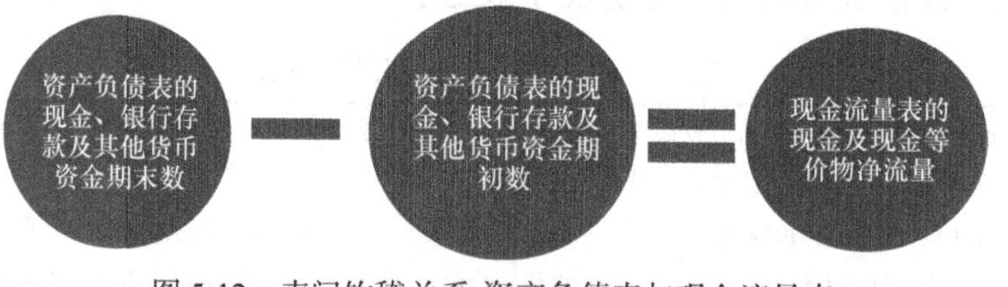

图 5-12　表间钩稽关系-资产负债表与现金流量表

第二节　财务管理的目标与环境

一、养老机构的财务管理目标

财务管理目标又称理财目标，是指养老机构进行财务活动所要达到的根本目的，它决定着养老机构财务管理的基本方向。财务管理目标是一切财务活动的出发点和落脚点，是评价养老机构理财活动是否合理的基本标准。财务管理目标是养老机构的经营目标在财务上的集中反映，是养老机构一切理财活动的出发点和落脚点。

制定财务管理目标是现代企业财务管理成功的前提，只有有了指标明确又科学合理的财务管理目标，财务管理工作才有明确的方向。因此，养老机构应根据自身的实际情况和市场经济体制对企业财务管理的要求，科学合理地选择财务管理目标。

财务管理目标有以下几种类型（图 5-13）。

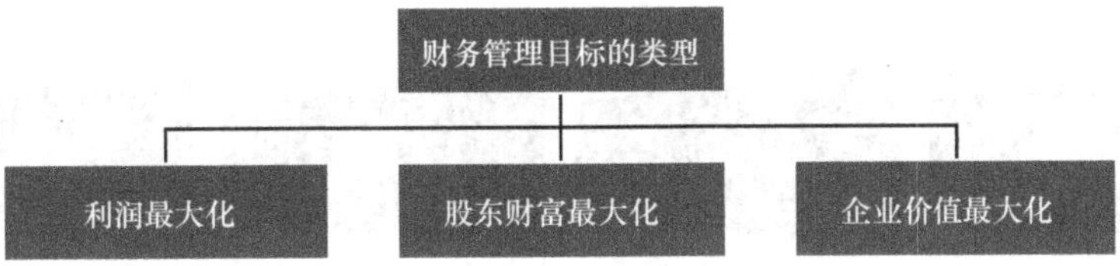

图 5-13　财务管理目标的类型

（一）利润最大化

利润最大化是西方微观经济学的理论基础。西方经济学家以往都是以利润最大化这一概念来分析和评价企业行为和业绩。企业追求利润最大化，必须重视经济核算，加强管理，改进技术，提高劳动生产率，降低产品成本。这些措施都有利于企业资源的合理配置，有利于企业整体经济效益的提高。但是，利润最大化这一目标也存在以下不足之处：

1. 没有考虑利润实现时间和资金时间价值。

2. 没有考虑风险问题，不同行业具有不同的风险，同等利润值在不同行业中的意义也不尽相同。

3. 可能导致企业短期财务决策倾向，影响企业长远发展；由于利润指标通常按年计算，因此，企业决策也往往会服务于年度指标的完成或实现。

（二）股东财富最大化

股东财富最大化指通过财务上的合理经营，为股东带来最大的财富。当股票数量一定时，股东财富是由其股票价格决定的。与利润最大化相比，该指标有些改进，主要是它考虑了风险因素，因为股价通常会对风险做出敏感反映；另外，该指标在一定程度上能够避免企业追求短期行为，因为预计未来的利润同样会对股价产生重要影响。但是，这一目标也存在以下不足之处：

1. 通常只适用于上市公司，非上市公司难于应用，因其股价无法像上市公司股价一样随时准确获得。

2. 股价受众多因素影响，特别是有些企业外部因素，有些还可能是非正常因素，不能完全准确反映企业财务管理状况。

3. 它更多强调的是股东利益，而对其他关系人的利益则重视不够。

（三）企业价值最大化

传统上，人们都认为股东承担了企业全部剩余风险，也应享受全部的经营收益。而职工或债权人处于相对次要的地位，在财务管理的目标设定中往往被忽视。事实上，现代企业是多边契约关系的总和，股东、债权人、职工及企业上下游关系人都会承担一定的风险。

企业价值最大化也就是在这一思路上提出来的。这一目标认为企业各个集团或关系人的目标都可以在企业长期稳定的发展和企业总价值的不断增长中得以体现。企业价值最大化的最大难点是如何计量的问题，就目前实践来看，其计量很难做到准确和规范。

二、收入视觉下实现财务管理目标的路径

一般而言，当前养老企业的资金来源渠道主要包括：政府财政拨款补助、服务对象缴费、社会捐赠、其他收入（包括理财收入、存款利息收入、资产出租收入）。尽管利润最大化、股东财富最大化和企业价值最大化的侧重点不一致，落脚点也不尽相同，但都离不开以下的财务管理路径（图 5-14）。

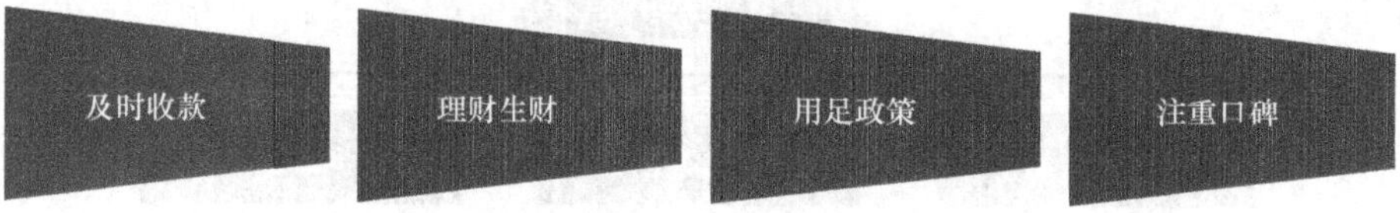

图 5-14　收入视觉下实现财务管理目标的路径

（一）及时收款

任何工作都需要资金支撑，没有资金来源，发展就难以为继。养老产业是微利甚至不盈利的产业，可供调用的积累资金极其有限，收入催收工作刻不容缓。因此，养老机构的财务人员要想方设法及时把各项应收款项催收回来，避免产生呆账坏账。

（二）理财生财

在保证各项资金及时到账的同时，养老机构的财务人员应在预留适量的活期存款之后，经过风险评估和集体决策等必要程序，在保证风险可控的情况下利用闲置资金进行理财生财，拓宽养老机构的理财渠道。

（三）用足政策

随着综合国力的提升和老年人口的增多，国家和地方政府必然会越来越重视养老机构的建设和发展，国家和地方政府投放到养老方面的财政补贴日益增长。因此，养老机构应密切关注国家政策，争取得到更多的补贴。

（四）注重口碑

养老产业是新兴产业，能够让老年人开心和家属放心的养老机构一定会得到社会的特别青睐。床位使用率高，经济效益自然就会得到保证。同时，得到社会大众普遍认可的养老机构，不仅可以吸引更多老年人的到来，还可以吸引更多社会热心人士的慷慨相助。

三、支出视觉下实现财务管理目标的路径

在一个单位中，仅强调拓宽资金来源渠道是不够的，还得强调堵塞漏洞和厉行节约。不考虑其他因素，单纯从净利润的角度来看，少花一分钱和多收一分钱，两者最终体现的财务贡献绝对额都是一致的。从支出层面来看，实现财务管理目标有以下具体路径（图 5-15）。

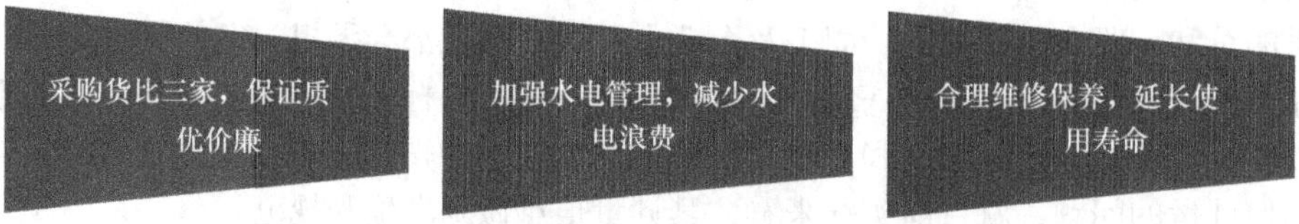

图 5-15　支出视觉下实现财务管理目标的路径

（一）采购货比三家，保证质优价廉

经过几十年的和平发展，特别是改革开放、市场经济和贸易全球化之后，国内经济得到了迅猛发展，商品短缺的时代一去不复返，市场不乏质优价廉的物品和服务。但由于信息不对称或受其他人为因素的干扰，质劣价高的商品或服务在市场上仍大行其道。因此，养老机构的领导和经办人员要有强烈的责任意识和主人翁意识，对需要购买的物品或服务进行市场走访，从品质到价款进行全方位比对，坚持货比三家，力求“少花钱、多办事、办好事!”

（二）加强水电管理，减少水电浪费

在日常生活中，不少人会在农贸市场里为了几角几分讨价还价，那是因为即时付款令人们的“开支神经”特别敏感。而在用水用电方面，由于不是即时付款消费，人们节支意识普遍麻木，很多人对“长流水”和“长明电”视而不见。事实上，水电浪费往往远高于农贸市场中的几角几分。水电开支是只无形的“老虎”，会无声地吞噬单位的财富。

（三）合理维修保养，延长使用寿命

不同的人有不同的工作态度，其最终产生的工作效率和工作效果大不一样。一位责任心强的水电工人，不仅在出现故障时自觉地加班加点抢修，平时还会勤于做好保养维护工作。同样是沐浴房玻璃推拉门，如果长期不保养，滑轮轨道不仅推拉困难，还会因滑轮脱轨而损坏玻璃，如果工作人员适时地给它加点润滑油，不仅滑轨通畅和推拉安全，还能延长它的使用寿命。在养老机构中，电梯、发电机组、交通工具、医疗仪器设备等，都需要做好维护保养工作。

四、内部控制建设对财务管理目标的影响

内部控制是单位为了防范和管控经济活动风险而建立的内部管理系统，该系统由内部控制环境、风险评估、控制活动、信息与沟通和内部监督等要素组成，具体表现为各项内部管理制度所需的控制程序和措施。实际上，内部控制是单位通过制定制度、实施措施和执行程序，为实现控制目标而应对风险的自我约束和自我规范的过程。

总体上讲，内部控制目标和单位的总体目标相一致。

（一）养老机构的内部控制目标

1. 合理保证单位的经济活动合法合规。
2. 合理保证单位资产安全和使用有效。
3. 合理保证单位财务信息真实完整。
4. 有效防范舞弊和防范腐败。
5. 提高公共服务的效率和效果。

（二）养老机构在履行内部控制时应遵循的原则（表 5-8）

表 5-8　养老机构履行内部控制时应遵循的原则

原则类型	具体要求
全面性原则	单位的内部控制应贯穿单位经济活动决策、执行和监督的全过程，覆盖经济活动所涉及的各种业务和事项，实现对经济活动的全面控制
重要性原则	在全面控制的基础上，内部控制应当关注单位重要经济活动的重大风险，并采取更为严格的控制措施，确保不存在重大缺陷

续表

原则类型	具体要求
制衡性原则	内部控制应当在单位内部的部门管理、职责分工和业务流程等方面形成相互制约和相互监督
成本效益原则	内部控制应当权衡实施成本与预期效益，以适当的成本实现有效控制。做任何事情都要考虑投入成本和产出效益之比。对成本效益原则的判断需要从单位整体利益出发，尽管某些控制会影响工作效率，但可能会避免整个单位面临更大损失，此时仍应实施相应控制
适应性原则	内部控制应当符合国家有关规定和单位的实际情况，并随着外部环境的变化、单位经济活动的调整和管理要求的提高，不断修订和完善

【知识拓展 5-1】

会计人员能否兼任出纳工作?

某小型养老机构员工数量较少，仅有一名会计人员负责记账和编制报表，出于成本效益原则的考虑，养老机构指定该会计人员兼任出纳工作。

根据制衡性原则，会计和出纳属于不相容职务，应当相互分离。但考虑到企业规模较小的实际情况，从节约运行成本和促进企业经营效率最大化的角度出发，企业可以指定会计人员出任出纳工作，但企业管理层必须定期或不定期对上述人员的工作进行独立的监督检查（即采取补偿性控制措施），以避免出现舞弊和欺诈行为。这样的安排，既满足了成本效益原则，同时也遵循了制衡性原则的要求。需要指出的是，对于具备一定规模的企业，应当严格遵循不相容职务相分离的内部控制要求。

五、养老机构职务分离的具体方法及需要注意的问题

职务分离控制是指对组织内部的不相容职务工作分别由不同的部门或不同的人员经办。这一控制能够使有关人员在处理业务时得以“互相牵制”和“互相制约”，及时发现错误、舞弊，防止错误和舞弊行为发生。

（一）养老机构职务分离的具体方法（表 5-9）

表 5-9　养老机构职务分离的具体方法

内容	方法	举例
授权与业务经办分离	采购批准职务与经办执行职务分离	如有权决定或审批材料采购的人员不能同时兼任采购员职务
业务经办与会计记录分离	采购执行职务与会计记录职务分离，即采购工作和会计记录工作不能由同一人兼任	如销货人员不能同时兼任会计记账工作
会计记录与财产保管分离	负责记录的会计人员与财产验收保管人员分离，即会计人员不能兼任财产保管员	如出纳人员不能从事会计档案保管、收入、支出和债权债务账目的记录工作
业务经办与稽核检查分离	业务经办人员与事后检查人员分离	如填写销货发票的人员不能兼任审核人员
授权批准与监督检查分离	采购批准人员与监督检查人员分离	如采购批准人员不能兼任审计监督工作
保管与清查控制分离	保管某项财物职务与这项财物清查人员分离	如负责清点控制人员不能兼任财物保管员
总账与明细账控制分离	记录总账与记录明细账、日记账的人员相互分离	如总账岗位与应收账款、应付账款岗位分离

（二）养老机构实施职务分离控制需要注意的问题

1. 不相容职务要相互分离　在一个组织内，某几种相互关联的职务如果由同一个人来担任就会增加发生差错和舞弊的可能性，或者增加发生差错和舞弊以后进行掩饰的可能性，这种职

务的设置称为不相容职务。根据不相容职务分工控制的要求，一项经济业务不能由一个人单独处理。因此，养老机构在设计内部控制系统时，首先必须对养老机构的经济活动进行全面梳理，以确定哪些岗位和职务是不相容的；其次要明确各个机构和岗位的职责权限，让不相容岗位和职务之间能够相互支持、相互制约，形成有效的制衡机制。

2. 健全“内部牵制”机制　不相容职务分离的核心是“内部牵制”。我国各组织机构普遍实行了钱、账、物分管制度。但是，仅仅停留在钱、账、物分管这个点上是远远不够的，现代组织内部的职务分离控制，比起钱、账、物分管制度广泛和深刻得多。如招聘工作中的分数统计与复核分离，劳资部门的工资调整计算和复核分离等。因此，养老机构的管理者应该定期对本单位的职务分离进行合理的扩充，做到哪里可能有舞弊，哪里就有不相容职务分离。

【知识拓展 5-2】

如何正确理解与运用“不相容职务分离”这一原则?

不相容职务分离是企业内部控制体系的一项重要措施，是防范企业内部错误和舞弊的主要手段。我国多个法规中都强调了不相容职务分离的重要性。《内部会计控制规范》第十九条指出：不相容职务相互分离控制要求单位按照不相容职务分离的原则，合理设置会计及相关工作岗位，明确职责权限，形成相互制衡机制。《企业内部控制基本规范》第二十九条指出：不相容职务分离控制要求企业全面系统地分析、梳理业务流程中所涉及的不相容职务，实施相应的分离措施，形成各司其职、各负其责、相互制约的工作机制。在朱荣恩编著的《内部控制评价》一书中，“所谓不相容职务是指那些如果由一个人担任，既可能弄虚作假，又能够自己掩盖其作弊行为的职务”。在阿尔文·A. 阿伦斯的《审计学：一种整合方法》一书中，提出了恰当的职责分离方法，强调企业必须建立合适的职责分离来防范有意或无意的错弊。

美国货币管理局要求全美的银行雇员每年休假一周，在雇员休假期间，安排其他人员接替他的工作，其意图就是防止和发现雇员可能存在的舞弊。通过强制岗位轮换或者带薪休假，在休假期间工作由别人暂时接替，则舞弊被发现的概率就会大大增加，员工舞弊的动机就会大大减弱。因此，对我国的养老机构来说，非常有必要对财务岗位、采购岗位及领导岗位建立强制轮换或带薪休假制度。

六、养老机构支出管理控制的措施

养老机构应当清楚支出可能存在的风险，并对可能存在的风险提出相应的控制措施。

（一）支出业务的主要风险（表 5-10）

表 5-10　支出业务的主要风险

风险类型	具体内容
预算控制不精准的风险	支出申请不符合预算管理要求，支出范围及开支标准不符合相关规定，基本支出与项目支出之间相互挤占，可能导致单位预算失控或者经费控制目标难以实现的风险
支出审批不严格的风险	支出未经适当的审核、审批，重大支出未经单位领导班子集体研究决定，可能导致错误或舞弊的风险
结算方式不合规的风险	支出不符合国库集中支付、政府采购、公务卡结算等国家有关政策规定，可能导致支出业务违法违规的风险
报账票据不合法的风险	采用虚假或不符合要求的票据报销，可能导致虚假发票套取资金等支出业务违法违规的风险
内部监控不到位的风险	对各项支出缺乏定期的分析与监控，对重大问题缺乏应对措施，可能导致单位支出失控的风险

（二）支出业务风险的控制措施（表 5-11）

表 5-11　支出业务风险的控制措施

风险控制措施	具体内容
明确预算开支范围	明确各支出事项的开支范围和开支标准。用预算额度控制支出总额。超出规定标准的支出事项应由经办人员说明原因并附审批依据，确保与经济业务事项相符
明确各级审批权限	各项支出都要经过规定的审批程序才能申请资金支付或者办理报销手续。审批人应当在授权范围内审批，不得越权审批
加强支出审核控制	财务部门应当按照国库集中支付、政府采购及公务卡使用范围办理结算，根据支出凭证及时准确登记账簿，涉及合同或者内部签报的，应当要求业务部门提供与支出业务相关的合同或内部签报作为账务处理的依据
加强票据审核控制	财务部门在办理资金支付前应当全面审核各类单据，重点审核单据来源是否合法，内容是否真实、完整，使用是否准确，是否符合预算要求，审批手续是否齐全
加强支出分析控制	财务部门应当定期编制支出业务预算执行情况分析报告，为单位领导管理决策提供信息支持。对于支出业务中发现的异常情况，应及时采取有效措施

注：现金是流动性最强的资产，现金活动内部控制不到位，容易出现管理漏洞，因此现金收支活动是内部控制的重点。

第三节　后勤管理的作用、特点与要求

【引导案例】

广东查处某县某托养中心虐待被托养人员案：20 人被追刑责，107 名公职人员被问责，其中还包括两名副部级干部。

据新华社报道，广东省某市中级人民法院做出一审判决，对某县某托养中心虐待被托养人员案涉案的 20 名被告人追究刑事责任，被告人李某、潘某分别被判处死刑缓期 2 年执行和无期徒刑；广东省纪检监察机关对事件中存在失职失责问题的 107 名公职人员同时进行了严肃问责。

此案给养老机构管理人员提出了严峻的现实问题：怎样才能办好养老机构？怎样才能保证被托养人员的人身安全？从而也引发了人们对养老机构后勤管理的作用、特点与要求进行深入思考。

养老机构后勤服务管理是指养老机构的饮食、住宿、水电、园林绿化和环境卫生等后勤保障与服务板块的服务管理。饮食、住宿、水电、园林绿化和环境卫生等后勤保障与服务工作在养老机构中有什么作用、有什么特点、管理上有什么具体要求，这些问题无疑都是养老机构管理人员需要十分清楚的问题。

一、养老机构后勤管理应发挥的作用

“兵马未动，粮草先行”，说的是古代行军打仗，筹集粮食和准备武器的工作要走在战争的前面。能否打赢一场战争，战前和战中的后勤准备与保障工作至关重要。在美国的军队里流传着这样的说法，前线有一位战士在打仗，后方起码有六位后勤人员在提供饮食、被服、武器、联络等方面的服务。由此可见后勤服务与管理同等重要。养老机构的后勤作用是由后勤管理的基本职能所决定的，具体来说主要体现在以下几个方面：

（一）为养老服务提供可靠的物质保障

任何一间养老机构在开展养老服务工作时都离不开人、财、物的保障。后勤工作是养老服务

的先行兵，只有后勤提供了房屋、水电、饮食、保卫等物质保障，才有老年人进院接受服务的可能。只有加强了后勤管理，这些物质条件才能得到可靠的保证。因此，后勤部门的负责人要引导后勤职工正确认识自己的工作，树立正确的服务思想，为养老机构提供优质服务。

（二）为养老服务提供扎实的技术保障

由于历史的偏见，人们普遍认为后勤工作含金量不高，任何人都可以胜任后勤工作。其实当今的后勤工作的技术含量是相当高的，比如远程抄表、时控灯光、安全监控、营养搭配及预算精细化管理等，都需要专业技术支持。事实表明，单有充足的物质保障，缺乏科学组织管理，工作的效率仍然难以提升。高水平的后勤管理，可以使人、财、物得以最佳配置，得以有效利用，做到“人尽其才”、“财尽其力”、“物尽其用”。

（三）为养老服务提供过硬的安全保障

养老机构的服务对象是老年人，随着年龄的增长，老年人的体力和智力都会逐步退化，自我保护和自我照顾的能力也会逐步减弱，因此，养老机构的安全保障工作十分重要。养老机构的后勤部门要配备足够力量的安保队伍、制订清晰可行的应急预案、建设全覆盖无盲区的安全监控系统，保证防火、防盗、防传染等安防措施落实到位。

二、养老机构后勤管理的特点

养老机构的后勤管理在履行服务职能的过程中，形成了区别于其他管理活动的七个方面的特点（图 5-16）。

图 5-16　支出业务风险的控制措施

（一）社会性

社会性就是要求后勤管理人员要充分利用社会上的各种资源为本单位服务，同时又要力所能及地创造条件为社会服务，改变传统封闭式的后勤管理模式。随着社会服务功能的完善，养老机构的后勤服务最终都要同社会接轨，如宣传标语制作、垃圾运送和污水排放等。

（二）经济性

后勤工作既具行政性又具经济性。如养老机构的基本建设、房屋修缮、园林绿化、交通运输等都离不开经济支持。这里需要强调的是，后勤人员在进行一项活动的时候，应当充分利用现有资源，尽量减少外购依赖，节省经费开支，物资采购时应货比三家，坚持“少花线、多办事、办好事”的原则。

（三）服务性

保证单位主业正常运转并提供服务是后勤管理部门本身的职责所在。因此，在养老机构中，后勤管理部门必须为一线的老年人提供保洁、饮食、安保、水电等后勤服务，确保机构内部的主业工作顺利进行。

（四）时间性

后勤工作是保证一切工作开展的基础和前提，“后勤先行”要始终贯穿于所有职能活动之中。同时，后勤工作又是一项突发性很强的工作，如突然遭受雷电、台风或地震等自然灾害袭击时，后勤人员必须冲锋在前并加班加点进行抢修，做好灾后重建工作，保证养老机构正常运转。

（五）复杂性

后勤工作是人、财、物及时间和空间的集合体。在养老机构内部，后勤部门的工作繁杂而多样，涉及人事、财务、物资、设备、基建、房屋、伙食、交通、医疗、卫生、园林、环保及其他各项综合服务工作，其中有关财经纪律、基建法规、薪酬调整、社保医保等工作又必须按照国家政策、法令和法规办理，而且必须与社会的有关部门保持良性联系，因此，优秀的后勤工作者既要懂得上下联系还要善于左右联动。

（六）专业性

后勤服务是养老机构中专业最集中和最密集的领域，每个具体岗位都有具体的专业要求。如厨师需要懂得营养搭配，保证饮食符合老年人的健康需求；人力资源部门的人员需要熟悉国家的薪酬政策，保证人力资源调配合理；财会人员需要熟悉财经政策，保证资金筹集和分配使用符合国家金融和税务法规要求等。

（七）多领域性

后勤工作不仅涉及诸如管理学、会计学、教育学、心理学、社会学和法学等社会学科领域，还涉及天文学、物理学、化学、生物学等自然科学领域。因此，后勤管理人员不仅需要具有专业技能，而且还要拥有广泛的社会常识，才能适应工作的需要。

三、养老机构后勤管理的政策要求

（一）国家对养老服务业的发展思路

按照“政策引导、政府扶持、社会兴办、市场推动”的原则，逐步建立和完善我国的养老服务业。

（二）国家鼓励多种方式兴办养老服务业

当前，国家引导建立居家养老为基础、社区服务为依托、机构养老为补充的服务体系。建立公开、平等、规范的养老服务业准入制度，积极支持以公建民营、民办公助、政府补贴、购买服务等多种方式兴办养老服务业，鼓励社会资金以独资、合资、合作、联营、参股等方式兴办养老服务业。

（三）养老机构可申请政府财政补贴

民政部门对社会力量兴办福利机构（包括民营、个人办养老院）给予优惠政策。如东部沿海地区，因经济发展较好，对社会力量兴办福利机构实行资金扶持：一是建设补贴，分为新建、改建两种标准；二是入住老年人补贴，分为自理、半护理、全护理三种标准；三是相关税费减免；四是土地划拨。

养老机构负责人特别是后勤负责人，既要用足用好政策，争取得到财政补贴、土地优惠和税收优惠，又要对照主管部门制订的卫生、安保等规定建立健全后勤管理服务的各项规章制度，依法依规依情向老年人提供优质服务。

四、养老机构后勤管理的效益要求

后勤管理工作既具有一定的服务性，又具有相对的独立性，是养老机构管理工作的重要组成部分，是养老机构正常运转的重要保证。因此，必须不断深化后勤管理改革，提高后勤管理的效益水平。

（一）合适的经济效益

老年人是被关爱的群体，养老机构的投资者、经营者要像对待自己的长辈一样关心和爱护他们，在准确核算成本费用的基础上设置合适的经济效益指标，坚守微利服务的“初心”不改。

（二）持久的经济效益

任何单位，要生存和发展，就必须得到持久稳实的经济支持。没有足够的经济效益，事业难以持续发展。因此，养老机构在控制好各项成本费用的同时，还要制定合理的收费标准，保证一定额度的盈余，用以保证日常运转和提高服务档次。

（三）最优的社会效益

任何单位的生存和发展，都不能仅有经济效益而没有良好的社会效益。社会效益体现了单位对社会的贡献，也体现了社会对单位的认可，只有对社会有贡献，得到社会充分认可的单位才是有前途的单位。一间养老机构，如果能让老年人得到幸福、让家人感到放心、让社会感到公平，通过老年人的“口口相传”，养老人数和社会捐助自然就会得到充分保证。

五、养老机构后勤管理的“人文”要求

养老机构的后勤管理以服务为宗旨，必须具备一定的“人文”素养，具体要求见图 5-17。

图 5-17 养老机构后勤管理的“人文”要求

（一）要坚持“以人为本”

养老机构要坚持以老年人为中心，做到“为了老人的一切，为了一切老人”，针对自理、介助（即半自理的、半失能的）和介护（即不能自理的、失能的、需全护理的）等不同老年人群体的养老需求，充分考虑到老年人身体机能衰退和生理、心理状况的变化，进行个性化、人性化设计，为老年人营造一个安全、实用、健康、灵活的生活环境。

（二）要注重安全性

老年人的生理和心理老化会导致其自理能力逐渐下降，因此，养老设施的设计应遵循安全性原则。养老设施的设计要针对老年人生理状况，减少环境障碍，消除安全隐患。如针对老年人行走机能弱化、抬腿不方便等生理状况，养老设施的建筑和场地都需要减少环境障碍，进行

无障碍设计。同时，要针对老年人的心理因素，合理组织居住空间，帮助消除老年人的孤独感与危机感。

（三）要注重经济性

失去工作能力之后，大部分老年人都是依靠原有积蓄和社保养老金来维持晚年生活的。经济来源的单一性让不少老年人产生经济紧张的危机感，担心自己的资金不能支撑自己的养老需求。因此，养老机构要顾及消费者的支付能力，关注社会大多数老年人的心理需求，坚持“适用、经济、美观”的原则，推出功能质量好、使用价值高、价廉物美的养老服务，最大限度让老年人心无顾虑地安享晚年。

（四）要满足多样性

由于受自身经济状况、身体健康条件、婚姻状况、受教育程度、子女情况及生活环境等方面的影响，老年人对养老服务的需要存在较大的差异，呈现出多元化、多层次、多样化的发展趋势。养老机构的建设设计要满足老年人在养、医、教、学、乐、为等方面的需求，让老年人感受到“六个老有”。

第四节　后勤管理体系的建立与实施

一般而言，体系是指若干有关事物或某些意识相互联系的系统构成的一个具有特定功能的有机整体，如工业体系、思想体系、作战体系等。本文所讲的后勤管理体系则是指养老机构的水电、膳食、环境卫生和安全保卫等保障功能相互连接而形成的一个保障整体。

一、养老机构的水电管理

水和电是生活中不可缺少的能源，是养老机构后勤服务的核心。水电管理的重要性丝毫不可忽视。养老机构水电管理的主要内容见图 5-18。

图 5-18　养老机构水电管理的主要内容

（一）要配备足够的水电管理人员

养老机构必须配备持有资格证书的水电工人，保证每天 24 小时都有水电人员值班，处理停水停电抢修应急。

（二）要保全好水电线路分布图

养老机构应重视水电线路档案资料的归档保管，清楚水电线路走向，保证修理准确及时。

（三）要配备完好的备用电源

虽然当前我国的供电业务相当正常，但也会有偶尔停电的可能，养老机构的服务对象都是年迈体弱的人群，养老机构应该拥有自己的备用电源，做到有备无患。

（四）要制订好水电管理措施

水电工人要养成定期巡查水电线路并做好日常保养维护工作的习惯，合理延长水电器材的使用寿命。

（五）要明确水电管理人员职责

要将空调、电梯等与水电相关设备的保养维护工作纳入水电部门的管理范畴，避免出现管理服务盲区。水电管理人员要统计好每月的水电开支情况，分析其合理性，避免浪费行为发生。

二、养老机构的膳食管理

民以食为天，为服务对象提供质量上乘、搭配合理并干净卫生的饮食是养老机构的重要职责。一般而言，搞好养老机构的膳食管理需要做好以下工作（图 5-19）。

图 5-19　养老机构的膳食管理

（一）要有一支热心服务的后勤队伍

社会上有不少餐饮公司可以承接单位伙食供应，从而减少养老机构物品采购、保管和卫生监督的压力，对外承包不失为一种可取行为，但养老机构千万不可通过膳食外包而增加老年人的经济负担。在没有合适的餐饮公司承接的情况下，尽量由养老机构自营饮食，以利于做到管理到位、监督到位、服务到位。

（二）要有一套行之有效的管理制度

食堂工作涉及人员岗位安排、防火防潮、防交叉感染和防食物中毒等多项预防工作，养老机构要制订完善的饮食管理办法，保证人员招聘、岗位安排、物资采购、验收保管、成本核算、餐具消毒、营养搭配和保鲜防腐都有清晰明了的控制措施和操作规程。

（三）要有一间宽敞明亮的集体餐厅

老年人的生活忌孤独，需要多交流。集体用餐是一种很好的交流方式。养老机构应引导老年人到餐厅用餐，改变在窄小房间用餐的习惯，保持居住环境干净卫生。养老机构应在餐桌、灯光、音响和色调等方面进行合理的设计和布置，让老年人在欢欣愉悦的氛围下用好每一餐饭。

【知识拓展 5-3】

注重老年人的饮食

“民以食为天”、“众口难调”、“有情饮水饱，无情金屋寒”这几句话既说明了饮食的重要性，又表述了不同人群对饮食的不同需求，尤其是老年人，不光是填饱肚子就行，还要关注老年人的情绪，尽量满足老年人的情感需求。

三、养老机构的环境卫生管理

亲和、舒适、温馨的环境，可以帮助老年人驱除孤独，更加热爱生活和集体活动。同时，整洁干净、井井有条的环境可以激活工作人员的工作热情，心情愉悦地做好管理服务工作（图 5-20）。

图 5-20　养老机构的环境卫生管理

（一）安静祥和

养老机构在选址建设上既要考虑交通便利，又要考虑便于排水排污，远离喧嚣。在建筑风格上要保持灯光柔和，利用文化熏陶引导老年人作息有序，文明用语，创造安静祥和的居住环境。

（二）干净整洁

保洁人员要认真打扫冲洗地板，定期冲洗下水道，定期清洗空调、风扇等通风系统，做好灭蝇灭鼠灭虫工作，保持室内室外、个人住所及公共区域干净整洁。

（三）园林绿化

园林绿化可以阻挡噪声、吸附灰尘、净化空气和增加凉快感，合理的园林绿化可以让人享受到大自然的丰富多彩。因此，养老机构一定要多栽种四季常青的树木和对人体有益的花草。

四、养老机构的安全保卫管理

养老机构的服务对象都是一些年迈体弱的老者，自救能力普遍不强，更有个别患有痴呆症或其他疾病的老年人，偶尔会做出一些意想不到的事情或突然发生意外。因此，养老机构的安全保卫工作十分重要，具体要做好以下工作（图 5-21）。

图 5-21　养老机构的安全保卫管理

（一）要有一支身强力壮的保安队伍

养老机构的服务对象都是上了年纪的长者，反应速度慢，自救能力差，遇到险境很难依靠自身力量脱险，需要外力提供安全支持。养老机构建设一支身强力壮的保卫队伍，既可以提升养老机构的社会形象，又可以消除老年人内心的恐慌。

（二）要有一套全天候无盲区的监控系统

老年人的生理机能退化，随时都有摔倒的可能，个别老年人记忆减退，尤其是患有痴呆症的老年人，偶尔也会做出一些意想不到的事情（如走失、自残等）。在不侵犯个人隐私的情况下，养老机构需要建设一套能够覆盖整个养老机构并全天候运行的监控系统，以便随时掌握老年人的生活动态，及时处理应急事项。

（三）要有一本简单明了的安全指引手册

养老机构的安全工作贯穿于养老护理服务活动的各个环节，包括饮食安全、住宿安全、交通安全、医疗安全、娱乐安全等。养老机构的安全保障，有赖于工作人员坚守岗位和悉心照料，也有赖于老年人处处小心和自我保重。养老机构应当编印安全指引，用简单明了的语言告知老年人需要注意什么事项，如何做好预防和报警工作，做到群防群治，形成信息畅通、救治及时的局面。

五、养老机构的后勤统筹协调管理

养老机构是老年人安度晚年的地方，站在服务老年人的角度看问题，养老机构的全体员工都有做好“后勤服务”的职责，必须树立起“一切为了老人”的服务理念，围绕“老人”这个中心自觉开展各项工作。后勤服务涉及居住、饮食、安全、供电、供水、医疗等，不论这些工作如何分工，其工作本质始终属于后勤服务版块，具体涉及以下内容（图 5-22）。

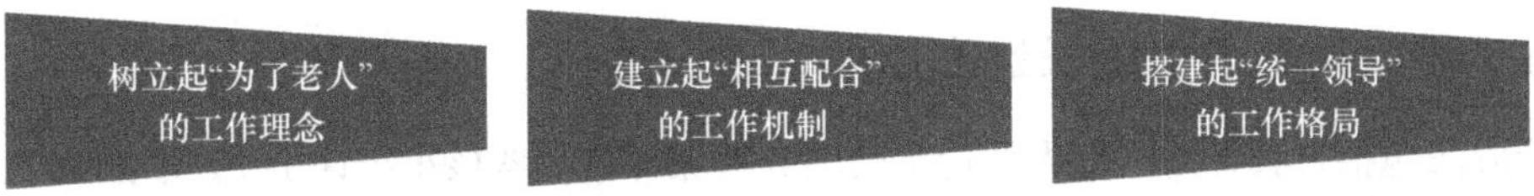

图 5-22　养老机构的后勤统筹协调管理

（一）要树立起“为了老人”的工作理念

养老机构不仅要满足老年人的衣、食、住、行等基本生活需求，还要满足老年人医疗保健、疾病预防、护理与康复、精神文化、心理与社会安全等需求。在养老机构中，上至院长、中至总务主任、下至洗涤工人都是服务员，让老年人过上舒心幸福的生活是每一位员工的共同心愿。

（二）要建立起“相互配合”的工作机制

饮食、居住、信息、安保等工作既相对独立又相互依存，如食堂工作离不开水电和信息系统的支持，财务工作离不开保卫部门的配合。养老机构的员工之间、部门之间的相互支持和相互配合尤为迫切。

（三）要搭建起“统一领导”的工作格局

养老机构的后勤工作归属同一位负责人管辖，有利于统一指挥和调配，也利于发挥员工的工作积极性，提高后勤部门的工作效率，有利于形成“人尽其才，物尽其用”的管理格局。

六、养老机构后勤服务的激励机制建设

美国哈佛大学教授威廉·詹姆士研究发现，在缺乏科学、有效激励的情况下，人的潜能只能发挥出 20%~30%，科学有效的激励机制能够让员工把另外 70%~80%的潜能也发挥出来。所以，企业能否建立起完善的激励机制，将直接影响到其生存与发展。激励是管理的重要手段。养老机构的后勤服务同样不可缺失激励机制的建设，具体包括以下内容（图 5-23）。

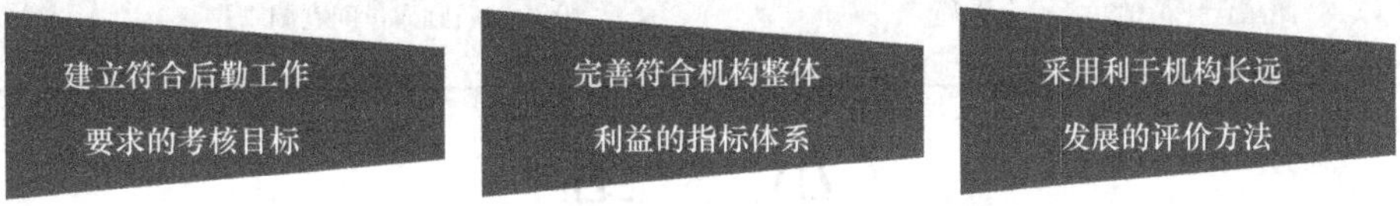

图 5-23　养老机构后勤服务的激励机制

（一）要建立符合后勤工作要求的考核目标

养老机构的后勤管理具有社会性、经济性、服务性、时间性、复杂性、群众性、知识多科性等特点，后勤考核目标不能脱离后勤工作特点，后勤考核工作要有利于调动后勤队伍的积极性，有利于后勤资源的合理使用，要符合“人尽其才，物尽其用”的原则。

（二）要完善符合机构整体利益的指标体系

在养老机构中，要在明确后勤板块工作职责的基础上梳理并建立起各个岗位的考核指标体系，如水电工的考核指标可根据其例行检查、定期维护、及时维修、突发事件的应对能力和措施、出勤情况等方面（即工作能力和工作态度）合理设置考核分数权重，努力做到考核覆盖到位，权重分布合理。

（三）要采用利于机构长远发展的评价方法

评价方法包括自我评价、他人评价（被服务对象评价、考核小组评价）、定量评价、定性评价等方法。只有客观、公正、合理的评价才会调动员工的积极性，利于单位的长期稳定发展。

【知识拓展 5-4】

后勤电工岗位责任制考核标准见表 5-12。

表 5-12　后勤电工岗位责任制考核标准

被考核科室：　　被考核人：　　考核人最后得分：　　考核日期：

项目	标准	分值	扣分标准	扣分
管理（30 分）	遵守养老机构各项规章制度	6	一次未遵守扣 2 分	
	按时参加养老机构各项任务	6	一次未参加扣 1 分	
	坚持政治、业务学习、有关业务培训任务	6	一次未记录扣 1 分	
	坚守工作岗位，不旷工、不迟到、不早退	6	旷工扣 3 分，迟到扣 1 分，早退扣 2 分	
	遵守操作规程，保障工作安全	6	一次违章操作扣 2 分，出现安全事故扣 6 分	
岗位责任（40 分）	负责整个单位供电设施的管理、检查、维修，做到无差错事故、保证供电	5	未能管理、检查、维修扣 2 分，管理差错事故扣 3 分	
	每周对整个单位供电巡回 1 次检修，并做好记录	5	未巡检扣 1 分，未记录 2 分	
	遇有急修任务，随叫随到，5 分钟内赶到科室进行修理	5	未能随时随到扣 2 分，未按约定时间赶到扣 2 分	
	如有更换灯具，必须记录，更换科室负责人签字	5	未能及时更换扣 1 分，未签字扣 2 分	
	做好电梯、变压器、发电机、电瓶、配电室等的定期检修、保养	5	未能按时进行检修、保养扣 2 分	
	做好节约用电，加强电表、灯、走廊灯具的管理、监督，杜绝违章用电	5	发现违章用电扣 2 分	
	做好检修，更换电材料，使用有记录，账物相符	5	无使用记录扣 2 分	
	做好配电室、发电室内卫生，保持清洁	5	未能保持卫生清洁扣 2 分	
服务质量（30 分）	工作态度和蔼，待人热情，有礼貌	10	向护理人员问卷调查	
	工作主动，工作责任心强	10	向后勤主管问卷调查	
	团队合作精神好，顾全大局	10	向后勤人员问卷调查	
总分		100		

小　　结

人口老龄化是当今世界人口发展的趋势，这种人口年龄结构的变化正在广泛而深刻地影响着人类社会生活的各个方面，人口老龄化已经日益成为世界各国关注的重大问题。

我国作为世界上最大的发展中国家，人口老龄化必将对经济社会发展带来深刻的影响，需要面对的养老问题会接踵而来。如何将更多的人力、物力、财力和精力放到老年人身上，努力实现“老有所养、老有所医、老有所教、老有所学、老有所乐、老有所为”的目标，已经成为政府、社会、家庭和个人的共同期盼。

随着养老产业市场的不断扩大，为养老市场提供的各种服务必然会越来越多。有志从事养老产业的人员，应抓住机会，乘势而上，顺势而为，尽早对养老产业进行研究、开发。

为从事养老产业的各类人员更好地服务养老产业，帮助他们增强“开源节流”和“服务至上”的工作理念，强化风险防范意识，是书写本章内容的初衷和使命。

（邵积荣）

拓展阅读（第五章）

第六章　安 全 管 理

学习目标

识记：养老机构安全隐患的类型，安全管理的难点及管理的原则，养老机构安全管理体系的构成，安全管理组织机构，意外伤害事件应对的原则。

理解：安全管理的内容，尤其是影响入住老年人安全的因素；安全防范与管理制度，养老机构安全防范设施与设备。

运用：掌握安全防范管理的措施，包括常见事故及应急事件的防范管理措施；掌握意外伤害事故处理的主要流程与方法；养老机构安全管理的技巧。

【导言】

老年人特殊的社会地位，决定其安全问题牵动着全社会；老年人客观存在的生理、心理特点与疾病特征，又决定其属于“高危人群”。因此，作为老年人高度集中的养老机构，在其经营管理过程中，安全问题是永恒的课题，是机构安身立命之本，其所涉及的安全问题关联机构内、外所有的问题。为此，国家高度重视，在已制定的《养老机构服务质量基本规范》、《养老机构等级划分与评定》和《关于加快建立全国统一养老机构等级评定体系的指导意见》中都有涉及养老机构安全管理的要求，这些文件相互支撑、各有定位，已初步形成了全国统一的养老机构服务标准和评价体系的框架。2019 年，国家市场监督管理总局、国家标准化管理委员会，正式公布我国养老服务领域第一项强制性国家标准——《养老机构服务安全基本规范》（GB38600—2019，以下简称《规范》）。这是养老机构服务的安全“红线”，使服务安全有标准可守、有规矩可循，并将之与修订的《养老机构管理办法》及其他监管措施相互衔接起来，共同构成加强事中、事后监管的主要依据，确保养老服务既放得开、又管得住，保证入住老年人的合法权益。因此，养老机构必须高度重视，切实落实好《规范》要求的各项安全管理工作，为老年人营造一个平安、祥和的幸福养老环境，真正做到老有所养、老有所乐。

本章从涉及养老机构常见的安全隐患及形成因素、安全管理原则和手段、安全管理体系及意外伤害事件的处理四个方面进行阐述，旨在向养老机构相关人员提供有关养老机构安全管理的基本知识及理论，帮助养老机构建立健全安全管理制度，指导管理者更好地开展养老机构安全管理相关工作，指导一线工作人员更好地开展实际工作，最终确保入住老年人的安全。

第一节　养老机构常见的安全隐患及形成因素

安全是指平安、没有危险、不受威胁、不发生事故。近年来，随着我国老年人口不断增多，养老服务事业得以蓬勃发展，入住养老机构的老年人日益增多，养老机构的安全问题备受关注。养老机构的安全问题贯穿养老服务活动的各个环节，包括饮食安全、住宿安全、交通安全、医疗安全及文体娱乐安全等；同时，也受到外部客观因素的影响，如自然灾害、疾病传播等。下面主要讲述养老机构存在的常见安全隐患及形成因素，为进一步做好养老机构的安全防范工作起到指导作用。

一、养老机构安全事故的定义与种类

目前，国家及各省市十分注重对养老机构的客观评价，在评价指标中，除了评价该养老机

构专业养护人员占比、服务水平、医疗服务、娱乐设施、住宿条件、就餐环境、饭菜特色及价位等方面外，最主要的是评价其安全问题。因此，要确保养老机构的内部安全，其关键是要弄清楚机构内部安全事故的定义与种类，以便采取针对性强的有效安全管理措施。

养老机构安全事故是指发生在养老机构内或养老机构负有安全管理责任的场所，由于不可抗拒的外力、养老机构或入住老年人疏忽，导致安全事故的发生，危害养老机构健康持续发展，影响入住老年人身心健康甚至危及生命的事故行为。

常见的安全事故有四大类（表 6-1），分别是自然灾害事故、伤害事故、社会安全事故和医疗事故，其中伤害事故具有发生频率高及种类多等特点。

表 6-1 养老机构安全事故种类

类别	种类	占比
安全事故	自然灾害事故	2%
	伤害事故	82%
	社会安全事故	13%
	医疗事故	3%

《规范》的主要内容包括基本要求、安全风险评估、服务防护和管理要求。其中，“基本要求”部分明确了养老机构应符合消防、卫生与健康、环境保护、食品药品、建筑、设施设备标准中的强制性规定及要求；对养老护理员培训、建立昼夜巡查和交接班制度等基础性工作也提出了要求。“安全风险评估”部分明确了老年人入住养老机构前应当进行服务安全风险评估及评估的相关要求。“服务防护”部分明确了养老机构内预防和处置噎食、压疮、坠床、烫伤、跌倒、走失、他伤和自伤、食品药品误食、文娱活动意外 9 种服务风险的相关要求。“管理要求”部分明确了养老机构要做好应急预案、评价与改进、安全教育等工作，以便不断提高服务安全管理的规范化水平和可持续改进能力。

本章节根据社会实际情况，讲述包括但不限于《规范》中提出的具体要求。

二、养老机构安全隐患形成的主要共性因素

目前几乎所有关于养老机构安全管理问题的研究，均特指养老机构内部。本文就养老机构内部的安全管理问题，特别是入住老年人自身因素、机构内工作人员因素、机构环境设施因素及安全管理因素等进行阐述。

（一）入住老年人自身因素

1. 生理因素 老年人由于老化，其身体机能、器官功能及适应能力等不可避免地发生减退，导致其视力、听力、嗅觉及皮肤感知能力等方面出现不同程度的下降，其肢体协调平衡和活动功能、身体防御功能和应急功能也出现不同程度的减弱等，而且会随着年龄的增长越发明显，导致老年人成为安全事故发生的高危人群。

2. 疾病原因 大多数老年人普遍存在多种共患疾病，如脑部、心脏和肺部病变，以及高血压、糖尿病等，并需要长期用药；同时这些疾病具有慢性、隐匿性、不典型性与迁延性，发病时病情复杂、变化快、猝死率高等特点。一旦急性发作，不仅会加剧老年人身体状况的快速下降，更可能导致并发症的发生，出现长期卧床或肢体功能全部或部分丧失，从而增加其晚年生活不安全因素，引发各类安全事故。

3. 社会心理因素 老年人由于退休后远离社会中心地带，存在明显的社会角色、家庭角色和社会环境的变更，会逐渐丧失以往的社会角色、地位和成就感，产生无用感和依赖感；同时，伴随着老年人生理因素的变化，其容易产生敏感、焦虑、抑郁、孤独、自卑等心理，加上越来越多的生活变故（如丧偶、子女外出工作等），均会加重其以上的心理变化，因而普遍存在不同程度的失落感、依赖感、孤独感，控制力和依从性逐渐下降。老年人入住养老机构后，因社交少、与外界接触的机会不多，或者亲属探望的次数少等，容易产生偏激想法而导致意外事故的

发生。

（二）机构内工作人员因素

当前，养老机构的服务人员主要是以 40 岁以上的女性护工和护理员为主，大多没有经过专业培训或者培训不够规范，缺乏相关的专业理论和娴熟的技能，对老年人生理、心理特点认识不足，对老年疾病特征了解不深，对老年人安全指导知识知晓率普遍不高，因此，普遍存在对老年人发生的情况预判不明、处理经验不足等问题。同时，由于他们的工资待遇不高、晋级通道不清等，导致大部分工作人员责任心不够、服务意识不强、服务态度不好、工作不够细心、安全意识淡薄等，因此常常忽略安全管理问题，对安全管理要求大多流于形式，从而容易发生安全管理事故。

（三）机构环境设施因素

养老机构普遍存在居住环境布局不合理、硬件设施不规范、不完善等问题，特别是早期的养老机构，更明显地表现出房屋破旧、生活及娱乐设施陈旧或配备不足，适老化和人性化建设严重缺陷；最明显的就是走廊及洗手间没有扶手；房间没有床边呼叫器、没有求助门铃或求助设施；夜间无地灯；洗手间或浴室没有防滑设施、沐浴椅子等。对于新建的养老机构，可能为了节约成本，或缺乏安全理念和意识等，未能将安全管理内容充分纳入到建设当中，导致在环境设施方面同样存在很多安全隐患，这些不安全因素容易引发养老机构安全事故的发生。

（四）安全管理因素

养老机构很多意外事故的发生，与机构管理者疏于安全管理、工作人员安全意识薄弱密切相关。主要表现在制定安全管理制度时没有结合自身机构的实际情况，没有进行充分的调研，导致设计不合理、管理不到位，制定的安全防范措施针对性不强等。如机构内的食堂管理不严，生熟食混放，容易导致入住老年人出现腹泻，甚至发生食物中毒事件；有些养老机构，由于管理者经验不足，预判性不强，对入住老年人没有进行全面、彻底的评估，与入住老年人或家属签署入住协议时没有明确责任条款，没有明晰免责条款。同时，部分养老机构人员有限，缺乏全面、系统的规范化培训，导致服务工作流程不清、规范不足、程序紊乱等；加上机构内部缺乏连续的动态管理，没有落实谁主管谁负责的管理机制，甚至没有制定安全事故应急预案，最终导致安全事故的发生。

另外，养老机构对安全管理问题的处理存在内部化倾向。这是受“家丑不可外扬”传统思想的影响，这种做法不仅给有效妥善处理安全事故埋下隐患，也未能起到行业内相互借鉴及警示的作用。

（五）其他因素

1. 养老机构资金不足或建设理念陈旧　2013 年以来，新建或改建的养老机构有很多，尽管国家有一定建设和经营费用的补助，但都属于完成后通过申报而获得，所以，除部分大企业外，很多公司的建设资金都存在一定不足，在一定程度上影响了养老机构的建设和经营；同时，由于我国人口老龄化过于快速，国内缺少养老机构建设和经营的好经验、好做法，特别是在安全管理方面，这导致了在建设和经营过程中忽略安全管理的硬软件建设问题。

2. 养老机构招工难且人员流动性大　招工难是养老机构经营管理中的主要难题。目前国家对养老服务人才的培养，除中高职有很少专业培养外，基本都以培训为主。加上养老服务强度大、福利待遇相对低等，导致出现明显的招工难。业界对有一定能力或资历的人员又相互吸引，导致机构内部员工流动性大。这些因素促使养老机构安全管理难以得到保障。

3. 其他因素 主要包括社会及公众对养老机构的目标期望过高，进入养老机构的社会资源（如社会慈善资金、志愿者等）明显不足，行政部门的指导和监管力度有待加强，媒体对养老机构存在的安全管理问题存在不客观的报道等。这些因素在一定程度上给养老机构在改进、完善安全事故管理，以及处理安全事故方面带来不利影响，有时会引发更大的安全管理问题。

目前我国养老机构安全管理的相关法律法规还不够完善，特别是在养老机构意外事故处理上，尚没有明确的法律规定，缺乏国家标准指南，以至于在处理安全事故方面无法可依，存在一定人为的随意性。

三、养老机构各类安全事故的定义及特点

（一）自然灾害

1. 定义 自然灾害是指由于自然异常变化，不以人的意志改变而造成的人员伤亡、经济损失、社会不稳定及资源破坏等现象或由此带来的一系列事件。

2. 分类 根据自然灾害发生的原因，可以分为暴雨、洪水、地震、泥石流、海啸、热带风暴、低温及沙尘暴等。

3. 事故特点 自然灾害事故一旦发生，其危害严重，覆盖面大，严重影响该区域的民生民计。如近20年，汶川地震、2008年中国南方雨雪冰冻灾害等，破坏力巨大、影响深远，依然历历在目。尽管自然灾害事故在养老机构安全事故占比相对较低，但其危害是巨大的，不应忽视。因此，应设置专人负责预警，制定好自然灾害应急预案和备有应急救生用品等；同时，要提高机构各级人员在自然灾害面前生命高于一切，以人为本，服从管理，服从大局，及时救援的理念。

（二）意外伤害事故

1. 定义 养老机构意外伤害事故一般是指在养老机构实施的活动中，在养老机构负有管理责任的院区、场所或其他养老设施、生活设施内发生的，造成养老机构服务对象人身伤害后果的事故。

2. 构成要素 按照现有的划分，养老机构意外伤害事故应当具备几个要素：①对象：受害方必须是养老机构现时服务对象；②行为：必须出现人员意外伤害事故的行为，该行为可以是管理人员或护理（照护）人员直接或间接的行为，也包括所有入住老年人及其家属的行为；③后果：有伤害结果发生（包括心理及精神上的伤害）；④发生区域：伤害的行为或结果必须发生在养老机构对其服务对象负有管理、照护等职责的地域范围。

3. 事故的特点

（1）发生频率高，种类多。

（2）事故可防可控，如院内安全管理工作做到位，可有效预防或极大减少伤害事故的发生。

（3）事故责任主体多样，责任难以认定，较难处理，纠纷复杂。

（4）在法律、经济、道德及伦理等方面，养老机构往往处于不利地位。

（5）事故可导致养老机构管理者出现畏难惧险的心理，使正常管理活动受到干扰。

（6）事故发生后，会影响到机构内部其他服务对象的身心健康，降低其生活质量。

（7）当事故危害较大时，会严重影响养老服务行业的健康发展，甚至影响社会稳定。

4. 具体类型与特点（表 6-2）

表 6-2　意外伤害事故的分类

事故类别	分类	发生率	伤害主要表现
伤害事故	跌倒	70%~75%	外伤、骨折、脑震荡等
	坠床	8%	外伤、骨折
	烫伤	3%	皮肤损伤
	呛噎与窒息	3%~5%	吞咽困难、缺氧、死亡等
	走失	2%	走失、危害生命等
	误吸或误服	3%~4%	主要视误吸、误服物品的性质而定
	压疮	15%（不能自理者）	皮肤损害
	自杀	1%	身心受损，严重者死亡
	突发疾病死亡（猝死）	5%~9%	死亡，危害严重
	自伤或他伤	2%~5%	身心受损，严重者死亡，涉及刑事

（1）跌倒：是最常见的养老机构意外伤害事故，占意外伤害事故的 70%～75%。尽管养老机构老年人发生跌倒的原因有很多，但与环境设施，尤其是生活设施的关系较为密切，主要发生在老年人上下床的过程中，其次是在洗澡或上洗手间的过程中。总的来说，主要发生在老年人变换各种体位的过程中（如坐着站起、移动等）。据国内有关学者统计，老年人 80%以上的跌倒发生在夜间。

【拓展案例 6-1】

2015 年 3 月 10 日晚，某县街道养老机构照护人员巡房结束后熄灯，返回值班房。23 点左右，梁某（77 岁，男性）起床上洗手间，由于担心影响到舍友，故未开房间大灯。碰巧前一天该房间的夜间照明灯已坏，照护人员没有及时上报并进行维修。梁某摸黑起床，不慎跌倒导致右腿骨折、右手三指骨折，老人神志不清，被紧急送医院。

案例点评：“老人无小事。”养老机构一个细小的工作疏忽，可能导致入住老年人一个严重的伤害。提示养老机构不仅要切实做好机构工作人员、入住老年人的安全教育，更要建立健全巡查制度和及时维修制度，尽最大努力预防或减少意外事故的发生。

（2）坠床：养老机构老年人坠床也是意外伤害事故中较常见的一种，发生率约占意外伤害事故的 8%，且多发生在夜间。这是由于老年人大脑退化，其平衡功能减退，纠正失衡自控力减弱，行动反应能力慢；加上老年人夜间睡眠质量降低，夜尿多，常常出现辗转反侧或反复上下床所致。如果床体过窄、未设床护栏或床护栏不牢固更容易导致老年人坠床。有报道称，存在一定精神疾患的老年人因躁动更容易发生坠床事故。

（3）烫伤：老年人反应能力下降，皮肤感觉迟钝，在使用一些生活或医疗设施设备的过程中，如使用取暖器取暖、热水泡脚、热辐射理疗仪理疗等，容易发生烫伤。某些生活自理能力差，特别是不能自理的老年人，由于行动受限，更易造成烫伤。

（4）呛噎与窒息：老年人由于生理机能普遍下降，消化系统功能降低，咽缩肌活动减弱，容易造成吞咽困难，发生呛噎，甚至是窒息，其发生率占比 3%~5%。此外，某些疾病也会影响老年人的吞咽功能，如脑中风后遗症老年人更容易发生呛噎。

【拓展案例 6-2】

2015 年 12 月 24 日上午 11 时许，济南某养老机构，一患有脑血栓后遗症、吞咽功能有障碍的老年人，在吃馒头时，突然出现呛噎，很快出现意识障碍，被紧急送往医院急诊科，经抢救无效死亡。医院确诊为窒息导致的死亡。

案例点评：为有效降低养老机构意外伤害事故的发生，除提高全体人员安全防护意识外，还需做好以下工作：一是加强对各级人员应急救护培训和演练，提高他们的急救能力；二是要做好老年人入住前的健康状况评估，落实好分级管理制度；三是应针对高危老年人，如患有精神病、癫痫、慢性病或后遗症，以及长期卧床或体弱的老年人，应重点照护，包括定期评估、在饮食和照护等方面采取针对性的措施。

（5）走失：老年人由于老化导致记忆力等减退，特别是患有一定精神疾患或老年痴呆症的老年人，常常容易出现外出迷路以至走失的情况。其发生率占比约 2%。老年人的走失常常牵动养老机构人员、老年人家属的心，乃至引起全社会的关注，并由此带来人力、物力、财力的付出，必须高度重视。

【拓展案例 6-3】

某市养老机构 2006~2009 年共发生 6 起老人走失，其中 5 人通过养老机构人员自行找回，1 人通过警方才找回。该养老机构吸取教训，与一家专门开发老年人产品的科技公司合作，开发出一款老年人寻回定位项链或手环，近 7 年来未发生走失事故。

案例点评：为有效降低养老机构走失事故的发生，除提高全体人员安全防护意识外，还需做好以下工作：一是养老机构要加强院内监管，施行分级分区管理，如设立老年痴呆或失智区；二是加强人员进出管理，切实做到来访、外出登记，落实老年人外出请销假手续；三是建立和完善机构内部实时监控和老年人实时定位服务系统。

（6）误吸或误服：老年人由于老化，其嗅觉功能下降，短时记忆力差，智力、视力均出现不同程度的减退，易出现误吸、误服各种药物。如用药剂量不正确、服药时间及次数不对等，给老年人的身体健康带来极大危害，特别是误服慢性非传染性疾病药物，如降压药、降血糖药、镇静安眠药等，其风险性更高。

（7）压疮：对于虚弱或因疾病等原因导致长期卧床的老年人，由于其行动受限或自主活动能力差，容易诱发压疮。压疮常发生于脊椎体隆突处、骶尾部、足跟、耳部、肩峰、肘部、肋骨、髋部、颊部等部位。

（8）自杀：养老机构中老年人自杀时有发生，多见于患有一定精神疾患、长期慢性疾病或创伤导致身心疲惫、家庭矛盾加剧、缺乏关爱，或与他人发生争吵等老年人。

（9）突发疾病死亡（猝死）：老年人由于本身疾病原因，特别是患有冠心病、高血压及心律失常等疾病的老年人，容易在季节变换或情绪波动大等情况下发生猝死。这种情况往往发生在夜间，由于突然发作，难于及时发现，常常导致抢救无效而死亡。为有效防止这类意外事件发生，除通过评估、确定危险对象并采取分级管理措施外，可以采取加强巡查、应用智能化设备有效监控等方法来加以防范。

（10）自伤或他伤：在伤害事故中，自伤或他伤事故较少见，但近年来时有报道。常见于患有老年性痴呆，或患有一定精神疾患的老年人，攻击同院（室）老年人或工作人员而造成自伤或他伤。自伤还多见于患有一定精神疾患（如狂躁等）的老年人在使用防护性约束物品后因情绪抵触而发生。

【拓展案例 6-4】

2014 年 7 月 22 日，黑龙江省某县一所养老院发生一起案件，一名入住老年人将其他 3 名院民的睾丸切除。伤者被送到医院救治。

案例点评：自伤或他伤发生后，养老机构要第一时间将伤者送医院诊治；同时要及时联系其家属，告知真实情况，争取得到家属的理解配合；要做好康复及人文关怀，并根据实际情况及责任大小进行赔偿；要全力安抚院内老年人的情绪，把不良影响降到最低；如果他伤已经涉及刑事，养老机构还要及时报警。

上述案例提醒养老机构要加强安全监管，在院内公共场所安装电子监控，发现争吵要及时制止，耐心做好调解工作；开展丰富多彩的文娱活动，营造和谐快乐的院内氛围；针对有危险倾向的老年人要给予重点监护，如设立相应的区域，并定期开展心理辅导；密切联系家属，及时有效进行沟通、反馈，争取得到家属的支持和配合。

（三）社会安全事故

1. 定义 养老机构社会安全事故主要指在养老机构内或养老机构负有管理责任的场所内，对是否发生，什么时间发生，发生的方式、程度、后果等都是始料未及，难以准确把握的安全事故。其发生主要包括三方面因素，一是由难以控制的客观因素引发；二是发生于人们的知觉盲区；三是发生于相关人员熟视无睹的细微之处。

2. 分类 养老机构社会安全事故主要包括火灾、触电、溺水、交通意外、传染病、群殴及抢劫、欺凌、殴打等（表 6-3）。近年来工作人员欺压、虐待、谩骂及殴打老年人等侵犯老年人权益行为导致事故发生时有报道。此外，其他外界因素也可引发相应的社会安全事故。因养老机构的生活区域不是一个封闭的场所，人员结构复杂，每天都会有很多人进出，如探访老年人的亲朋好友、外出就诊、家属探访、领导视察、上级检查、志愿者爱心服务等，容易因某种突发事件而发展成社会安全事故。

表 6-3 社会安全事故分类

安全事故类别	分类	发生率
社会安全事故	火灾	10%~19%
	触电	9%~13%
	溺水	7%~12%
	交通意外	11%~13%
	传染病	16%~22%
	群殴及抢劫	3%~5%
	欺凌、殴打	4%~9%
	其他外界因素	3%~7%

3. 发生的可能原因 从社会安全事故的分类可以看出，其发生的可能原因涉及人群、设施设备、管理等。如在老年人自身方面，由于老年人自身的生理、心理特点，容易忽略工作人员的安全提示，造成在电器使用、财产保管、人身安全防范等方面容易出现问题（如火灾、触电、丢失财物、溺水等）。在设施设备方面，可能由于设施设备老化、操作不规范等原因出现安全事故（如火灾、触电等）。在管理方面，如机构内人工湖没有采取安全措施容易发生意外溺水安全事故；机构内环境卫生管理不善和膳食人员卫生意识不强，容易导致微生物滋生而出现事故；忽略对院内传染病的检测、防范和隔离，容易造成院内感染等。同时，当事故发生后，若未能及时妥善处理，可引起入住老年人恐慌而引发其他事故。

（四）医疗事故

1. 分类 医疗事故的主要类型包括输液差错、发放药物错误、药物剂量不对、误诊、误服、漏服及院内感染事故。

2. 发生的主要原因

（1）老年人自身原因：老年人年老体虚，记忆力低下，性格相对固执，在诊疗过程中可能会存在表达不清，或忘记或抵抗用药，或记不清用药剂量，或不按医嘱进行等情况。

（2）养老机构工作人员原因：工作人员疏忽大意，或未能严格执行医嘱等。

（3）医护人员原因：医护人员没有严格执行医疗规范和操作常规等。

【知识拓展 6-1】　医疗事故应急预案

（1）养老机构发生医疗事故，首先要马上核实事故，报告行政总值班或院长。

（2）事故核实后，立即启动应急预案，第一时间进行补救，采取有效的补救、抢救措施。

（3）安排专人密切跟进，根据事故的变化做出相应的改变，如有需要，转送三甲大型医院进行诊治及观察。

（4）通知家属，做好解释及人文关怀工作。

（5）对事故承受者做好相关工作，包括出院后的诸如处理、赔偿等善后工作。

总的来说，由于养老机构的服务对象是老年人，他们是疾病的高发人群，自理能力差，行动不便，反应速度慢，遇到突发事故或险境很难依靠个人力量脱险。而养老机构因设施设备较多，机构内部人员密度大，安全隐患多，极易发生意外安全事故，造成一定的人员伤亡和经济损失，给养老机构自身发展带来一定影响。同时，养老机构在社会中还扮演着一个特殊的服务角色，承载着弘扬“孝道”文化、为子女服务的使命，一旦发生安全事故，将会造成恶劣的社会影响。所以，养老机构的安全管理工作至关重要。通过学习养老机构的安全管理内容，可以较全面了解养老机构存在哪些安全隐患，在实际工作中牢牢抓住安全管理难点，有针对性地制定安全管理措施，为更好地提供养老服务奠定坚实的基础。养老机构需要不定期排查安全隐患，制定的安全管理措施要有侧重点、有针对性，同时更需要全体人员的参与，树立养老机构的安全事关全体员工、全体老年人的安全理念，坚持“群防群治，共享安全平安”的原则，时刻谨记安全无小事，应坚持天天查、月月检的做法。

第二节　养老机构安全管理原则和手段

安全管理是养老机构管理的一个重要组成部分，更是养老机构赖以生存和发展的源泉。安全管理是以保护老年人安全为目的，落实有关安全管理工作的方针、决策、计划和组织等内容，切实履行相关合同职责，合理有效地使用人力、物力、财力及相关政策，为达到预定的安全防范目的而进行的各种活动的总和。因此，准确掌握养老机构安全管理的原则，科学高效运用安全管理手段及技巧，对有效提高养老机构安全管理质量及老年人的生活和生存质量有着深远的意义。

一、养老机构安全管理原则

养老机构安全管理涉及面广，覆盖范围大，为了确保安全管理质量，在实际管理工作中必须遵循以下主要安全管理原则。

（一）服务工作与安全管理统一性原则

尽管养老机构的核心工作是做好服务，这是养老机构生存和发展的根本，但养老机构的安全管理工作是机构可持续发展的保证，在确保入住老年人人身财产安全和社会稳定方面发挥着不可替代的保证作用。因此，服务工作和安全管理具有高度的一致性，两者密切联系，相辅相成。这就要求养老机构在提供服务工作的同时必须切实做好安全管理工作，并将安全管理工作具体细化到服务工作的全过程。

（二）齐抓共管原则

安全管理工作涉及面广，贯穿养老机构的每一个人、每一个岗位、每一个具体细节，因此，要求养老机构的全体人员（包括管理者、工作人员、入住老年人等）要在提高认识的基础上群策群力，形成合力一起做好工作。这就要求养老机构的管理者要通过形式多样的宣传和教育来提高全体人员安全管理的意识和理念；通过建章立制、规范管理和督查来促进安全管理工作的有效开展；通过既做到全面掌控、全面管理，又关注重点人群、重要区域，及时排解安全隐患；通过制定和完善应急预案和演练来确保事故发生后的有效处理。

（三）落实岗位责任制，谁主管谁负责的原则

养老机构要成立安全管理委员会，并完善执行安全管理工作方案，从顶层设计开始，切实落实安全管理责任制，机构院长为第一责任人，推行谁管理谁负责、谁值班谁负责、谁服务谁负责制度，形成层层落实、各负其责的工作格局。

（四）以预防为主的原则

安全管理的理念是“安全第一，预防为主”。进行安全管理不是处理事故，而是要在养老机构日常运作中切实落实安全管理措施，有效控制或消除不安全或危险因素，做到防微杜渐，有效掌控。

（五）连续动态原则

安全管理工作不是一蹴而就，一劳永逸。要建立全员、全过程、全方位及全天候连续动态监测机制，将安全管理工作常态化、日常化、规范化，做到天天巡、周周查、月月检，警钟长鸣。

（六）与时俱进原则

社会在快速发展，不安全、不稳定因素在时刻变化，新设备、新手段在不断更新。因此，作为养老机构的管理者必须紧跟时代步伐，在学习、总结过去经验和教训的基础上，积极探索面对新问题、新情况的方法和手段，借助新设备、新手段来不断提升安全管理水平，如利用互联网、智能化设备等来提升监控、检测、预警、定位等工作，改变管理模式，提高安全管理工作的深度和广度。

二、养老机构安全管理手段及技巧

养老机构管理者在掌握安全管理原则后，应借助成熟的管理手段及技巧，来达到事半功倍的效果。下面介绍几种常用的安全管理手段。

（一）OEC 管理模式

OEC 管理模式的本质就是将企业核心目标量化到每个人，将每一个细小的目标责任落实到每一个员工身上。OEC 管理模式中的“O”代表 overall，即全方位，“E”代表 everyone（每个人）、everything（每件事）、everyday（每一天），“C”代表 control（控制）或者 clear（清理）。OEC 管理法指的是全方位对每个人每一天所做的每件事进行控制，做到日事日毕，日清日高。它由三部分构成，分别是目标体系、日清控制体系、有效激励体系。其主要内容体现在两个表

格中——日清表及 3E 卡（表 6-4、表 6-5）。其主要思想是首先确立目标，再将日清作为完成目标的基础工作，日清是否顺利进行及效果与正负激励机制挂钩。

下面简单介绍 OEC 管理模式中目标体系和日清控制体系在养老机构中的应用（表 6-4、表 6-5）。

1. 目标体系 养老机构管理者首先要明确管理人员、养护员的安全管理目标责任，加强全员质量控制意识。年初对机构的各项工作进行调查研究和分析比较，根据实际情况细化目标责任，与相关人员签订管理目标责任书；合理规范各项服务流程，制定具有可操作性、针对性强的各项安全服务目标、措施及对策；对各项服务工作按照既定的标准进行监控，管理人员每天坚持晨晚间走访，及时发现服务工作中存在的问题和隐患，重点监督抓好关键点。

2. 日清控制体系 细化安全管理工作的日清体系，来提高各级人员的综合素质，规范流程细节，及时自我清理；规范各项服务工作流程，把工作细分到每个岗、每个班、每个人。在具体的实施过程中，将每个服务工作的每个细节按预定计划和时间节点进行，并将其标准量化、细化、透明化，做到“事事有人管，人人都管事，管事出效果”；各级人员每天进行自我清理，记录工作量，实现服务工作“日事日毕、日清日高”；管理者合理调配人力资源，主要进行重点管理。

表 6-4 OEC 管理模式日清表

部门：	日清人员：	日期：
日清事项：	日清是否：	日清意见：
1.检查康复一室理疗设备卫生及使用情况	完成，达到日清	摆放整齐，表面清洁干净，使用明细登记清楚
2.		
未日清事项原因：		
部门负责人签名：	日期：	

表 6-5 OEC 管理模式 3E 卡

部门：	责任人员：	日期：
待办事项	××人： ××事：	

（二）安全事件的非惩罚性自愿报告制度

养老机构安全事件的非惩罚性自愿报告制度引用于先进的护理安全管理模式，该模式主张当不良事件发生时，当事人应及时自愿上报，便于及时处理，及时总结，也警醒其他同事不会出现同类事件，只有这样，才能使不良事件减少甚至不出现。国内外大量实践证明，医疗差错和不良事件自愿报告制度能有力促进医疗机构医疗质量，提高护理服务水平，有力保障患者的安全。因此，养老机构的管理者要根据本机构实际情况，建立不良事件上报机制，鼓励全体员工自愿上报“不良事件”，并保证做到不惩罚、不责备，甚至可以根据上报数量及不良事件的性质，给予一定的物质和精神奖励；同时，定期召开不良事件讨论会，分析原因，提出整改措施，防范下次再发生。只有这样，才能有效促使全体员工敢于反馈安全管理问题，敢于表达个人的看法，勇于承担责任并改正，促进安全管理质量持续提升。

（三）安全质量管理三级监控模式

安全质量管理三级监控模式适合大多数养老机构，是目前推行较多、比较成熟的安全管理模式之一。其优点在于层层推进落实，可正反向追查安全质量。

养老机构安全质量管理三级监控模式：一级监控来自于最基层的工作人员，如养护员、后勤人员等，他们是做好安全质量管理最扎实的基石；二级监控来自于管理部门负责人或者是养老机构安全管理责任人，他们是把握质量监控的具体负责人；三级监控来自于养老机构领导班子或者是安全质量管理委员会，他们是统筹协调、全面管理的决策层。当然，有些养老机构为了深挖自身安全质量管理漏洞，设立了另一个三级监控，就是聘请第三方不定期对机构开展安全质量管理评估。

该模式还强调安全质量管理应该以文件形式制度化，为每个工作或流程规定权限分配、资源支持等，明确规范完成各项服务活动的途径、方法及职责，具体到做什么、由谁做、什么时候做、什么地方做、做到什么程度、达到什么标准、如何控制、形成什么样的记录及由谁记录等，使服务工作条理清晰、职责分明，使每项服务、操作都有章可循、有法可依，保证各个环节、各种因素都处于可控状态。

（四）SHEL 事故分析模式

该分析模式由日本医疗事故调查委员会于 20 世纪末提出。SHEL 模式由四部分组成，分别是 S：soft，即软件部分，包括医护等人员的业务素质及能力；H：hard，即硬件部分，具体指工作场所，主要是指医护人员工作的场所；E：environment，即临床环境或诊疗环境；L：litigant，即当事人及他人。该模式认为，医疗事故的发生与这四个因素有关，管理者、安全管理委员会及医疗专业技术人员可以通过对事故发生因素的分析来找出医疗事故的原因，并制定针对性强的对策，以期达到最大限度减少医疗事故的发生。其主要思想是事故发生后，通过分析原因，总结经验，吸取教训，避免类似事故的再发生。

该模式同样适用于养老机构意外事故的管理。养老机构意外事故的发生是服务工作或服务质量形成过程中的一种失控现象，因安全管理缺陷所致，同样受 SHEL 因素的影响。养老机构发生意外事故后，只有针对这些因素，全方位查找事故的原因，才能找到问题的根源，才能科学制定避免类似事件发生的对策，从而全面提高安全管理质量。

以上四种安全管理手段汇总如下（表 6-6）。

表 6-6　四种管理手段汇总表

手段	特点
OEC 管理模式	全方位对每个人每天所做的每件事进行控制和清理
安全事件的非惩罚性自愿报告制度	鼓励全体员工自愿主动报告安全不良事件，非惩罚性报告，有一定物质和精神奖励
安全质量管理三级监控模式	强调安全质量管理分级监控，责权到每个岗位每个人，实行文件化、常态化
SHEL 事故分析模式	分析事故，引以为戒，根据实情制定对策

（何均初）

第三节　养老机构安全管理体系

安全管理体系是基于组织安全管理，保障组织安全、平稳、高效运作的一整套体系，包括软件、硬件两方面。软件方面包含组织、制度、教育和管理；硬件方面包含安全投入、安全设施与设备、运行维护等。不同的行业和组织，其安全管理体系的关键要素不同（图 6-1）。

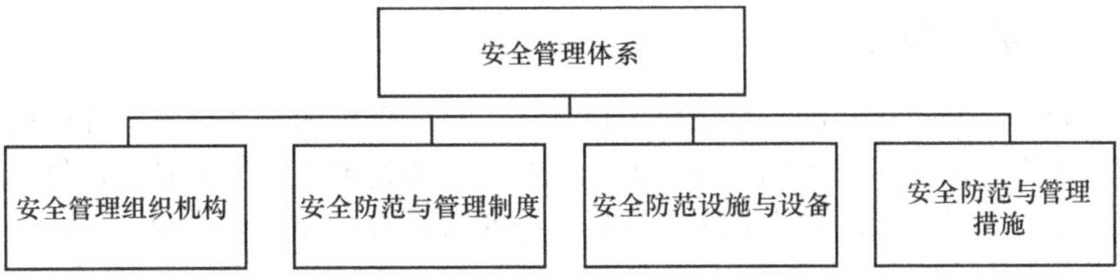

图 6-1　养老机构安全管理体系架构图

一、安全管理组织机构

根据中华人民共和国民政行业标准《养老机构安全管理》（MZ/T 032—2012）的要求，养老机构应设立有专门的安全管理机构及安全管理人员，以保障本机构的安全管理工作有部门专管、有专人负责。

（一）安全管理部门

养老机构应依法设立安全管理部门，全面负责养老机构的日常安全运营与管理。安全管理部门由安全责任人（养老机构法定代表人或主要负责人担任）、安全管理人员、相关部门具体实施安全工作的专（兼）职人员组成，实行逐级管理、层层负责、责任到人的安全管理制度。

（二）安全管理人员

（1）养老机构应按照机构总人数及服务内容配置相适应的专（兼）职安全管理人员。

（2）安全管理相关工作人员应熟悉各级法律法规及技术规范，具备必要的组织协调能力和突发事件应变处置能力，并取得相关部门认可的资格证书，持证上岗。

（三）各级安全管理人员职责（表 6-7）

1. 安全责任人　全面负责本机构的安全工作；建立安全管理部门和组织（含义务消防组织）；审批各项安全制度，组织制定并实施安全事故应急预案；研究安全问题，排查安全隐患；及时上报安全事故。

2. 安全管理人员　负责本机构主管范围内的安全工作，实施日常安全管理；制定具体安全管理制度；督促、落实安全隐患的整改工作；向安全责任人报告安全工作情况。

表 6-7　养老机构安全管理部门组织架构与主要工作职责

人员	主要工作职责
安全责任人	全面负责本机构的安全工作
安全管理人员	负责主管范围的安全工作
各部门安全实施员	负责所在部门的具体安全工作

3. 各部门安全实施员　养老机构各部门应配备一定专职或兼职的安全工作人员，负责所在部门的安全排查、安全隐患整改，定期或不定期向安全管理人员汇报安全工作情况。

二、安全防范与管理制度

养老机构应根据国家相关规定，建立一套完整的安全防范与管理制度，包括安全责任制度、安全教育与培训制度、入院评估制度、安全检查制度、事故处理与报告制度、考核与奖惩制度等，制度应明确相关部门及人员的职责、工作权限、工作内容、工作流程及要求等。

（一）安全责任制度

安全责任制是岗位责任制的一个重要组成部分，是确保机构安全稳定、高效运作的主要制度。养老机构各级人员（包含机构领导、职能部门、专业技术人员、工勤人员等）在为老年人服务的过程中都应具备强烈的安全意识，履行安全职责，遵循安全操作规范。养老机构应该明确各级各类人员的安全责任，实行层层责任制，并落实到位。

（二）安全教育与培训制度

养老机构应建立完善的安全教育与培训机制，并使之常态化，做到防患于未然、未雨绸缪。应坚持全员教育的原则，实现从安全责任人到管理人员、工作人员及入住老年人的教育与培训全覆盖。此处重点讲述针对老年人和员工的安全教育与培训（图 6-2）。

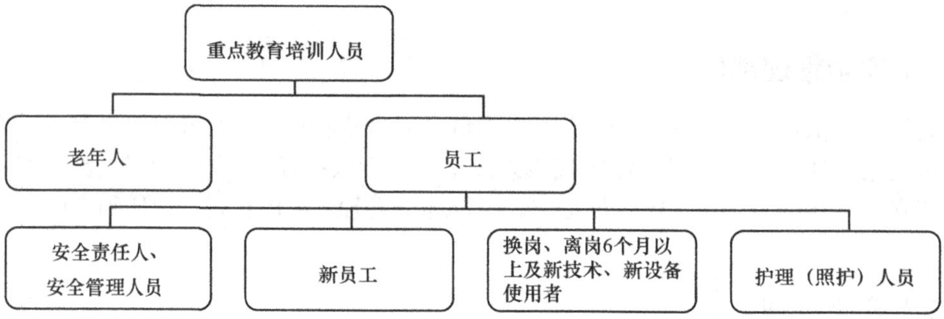

图 6-2　重点教育培训人员

1. 老年人教育与培训　养老机构应针对老年人的特点和特征，采取老年人喜闻乐见的形式，定期、不定期对老年人进行健康教育、安全教育及心理疏导。具体包括以下几方面。

（1）专题讲座：结合实际定期开展健康、安全知识专题讲座。如邀请专业医护人员开展健康教育指导。内容包括一般卫生知识，如个人卫生、公共卫生、饮食卫生等；常见病、多发病、季节性传染病的防治知识、康复知识，简单的急救知识等。邀请专业安全管理人员定期开展安全教育，对老年人进行重点安全问题预防知识教育，针对跌倒、坠床、火灾、误吸、误服、烫伤、走失、火灾等常见的安全隐患进行讲解，传授防范措施。增强老年人的卫生、安全和个人防护意识及防护能力。

（2）利用图片、影视等形式宣传教育：进行健康知识图片宣传或实物展览，并定期更换内容；利用老年人活动时间，播放相关影视影片，进行宣传教育。

（3）丰富老年人日常活动，加强老年人心理疏导。养老机构要丰富老年人的生活，开展促进健康和交流的活动，使老年人保持心情舒畅；同时，建立老年人定期谈话谈心制度，关注老年人心理状况，及时疏导心理问题。

2. 员工安全教育与培训　养老机构的员工是老年人日常生活的照料者，是各项技能、操作的执行者，是日常安全的负责者。因此，需采取多种形式，对养老机构的各类人员，特别是安全责任人，安全管理人员，新员工或换岗、离岗 6 个月以上及新技术、新设备使用者，护理（照护）人员等，进行安全教育及培训，使其牢固树立“安全第一”的意识，牢固掌握安全知识和相应操作技能、操作规范。

教育和培训的总体内容包括安全工作涉及的法律法规，本部门或所在岗位的安全管理制度和操作规范、设备设施，相关工具和劳动防护用品的使用、维护和保养知识，安全事故的防范意识、应急措施，自救互救知识，应急预案的演练，以及其他制度规定的内容。

各类人员的重点培训内容如下：

（1）安全责任人、安全管理人员：每年均须参加在岗安全教育与培训。增强其安全事故的防范意识，使其掌握安全管理制度、操作规范和应急救助措施，以及设施设备、相关工具和劳动防护用品的使用、维护和保养知识等。

（2）新员工：上岗前应接受岗前安全教育与培训，使其了解并严格遵守养老机构内部的各项管理制度，掌握各项操作规范。

（3）换岗、离岗6个月以上及新技术、新设备使用者：均应再次接受岗前教育培训，以及全面掌握新技术、新设备的安全管理和规范操作等。

（4）护理（照护）人员：制订计划，定期培训并考核护理（照护）人员的基础知识和操作技能，定期派送护理（照护）人员交流学习等，持续提高他们的业务素质和规范操作，减少意外事故的发生。

（三）入院评估制度

建立和完善老年人的入院评估制度，即在老年人入院前对老年人的生理状况、心理状况及服务需求等进行充分评估，为针对性地开展安全管理提供第一手资料。主要内容包括以下几方面。

（1）建立老年人健康档案：对申请入住的老年人，养老机构需要求他们提交体检材料和医疗证明，以充分了解他们的基本信息、病史、目前所患疾病的状态及生活自理情况，并建立健康档案。

（2）进行全面评估：老年人入住时，应安排专业护理人员对老年人的体检资料和医疗证明进行核查，对各项风险进行评估，包括坠床/跌倒风险、骨折风险、走失风险、皮肤压疮风险和心脑血管病意外等常见意外风险的评估，以及肌力、行走功能、吞咽功能的评估。其评估结果应经老年人或第三方认可。

（3）制订护理（照护）计划和相应措施：机构应根据老年人的评估结果，制订有针对性的护理（照护）计划，采取预防措施，以降低事故发生的风险。

（4）采取有效措施，确保安全：为老年人提供安全知识指导，增强防护意识，做好相关宣教。对存在高风险因素的老年人在其床头挂警示牌，每周复评一次。如情况有变，应随时评估；主管护士每天评估并书写记录。对压疮高危的老年人应每班评估。对跌倒高危的老年人每周评估1～2次。

（5）提供安全辅助用具，以提高防范能力。

（6）签订风险告知书及入住协议。

（四）安全检查制度

1. 建立安全检查制度 养老机构应结合国家有关部门的规定，定期、不定期地进行全面检查，检查内容包括但不限于：

（1）检查设备有无安全隐患。

（2）检查各项制度是否落实到位。

（3）检查各项工作是否符合操作流程、操作规范。

（4）检查护理人员每周对高危老年人的评估制度有无落实、护理照护是否到位等。

（5）检查其他各项环节有无遗漏细节。

2. 建立防范安全风险指导 针对检查发现的安全隐患，应填写风险排查表，登记存在的问题并及时向安全责任人汇报，必要时机构内应组织专题会议针对问题进行通报，并提出改进措施，切实做到有检查、有记录、有建议、有整改。

（五）事故报告与处理制度

养老机构一旦出现意外或可能引发意外的情况，单位负责人、各级安全管理人员应按要求逐级上报，并做好现场各项工作的处理。

1. 事故报告 报告程序应符合下列要求。

（1）发现设施、服务过程或服务对象存在安全隐患，工作人员应向安全管理人员报告，安全管理人员应及时组织力量采取积极的措施，消除隐患，并向上级报告。

（2）发生安全事故后，工作人员应立即向安全管理人员报告，并进行事故详细记录；安全管理人员应迅速向安全责任人报告，安全责任人再按照有关规定要求及时向上级主管部门和（或）相关行政主管部门报告。发生重大疫情时，还应同时向机构属地疾病预防控制机构报告。

2. 事故处理 应坚持“四不放过”原则：事故原因未查清不放过；当事人和其他人员未受到教育不放过；事故责任人未受处理不放过；没有制定切实可行的预防措施不放过。

（六）考核与奖惩制度

养老机构应将安全管理工作纳入考核与奖惩机制，将安全管理与考核工作挂钩。对于安全管理先进个人，给予表彰及物质奖励；对于安全意识淡薄，甚至导致出现安全事故者，给予问责或严惩。

突发事件应急预案及各岗位操作规范与规程在下文讲述。

三、安全防范设施与设备

根据《养老机构安全管理》要求，养老机构应按规定完善安全设施设备，从消防、电气、燃气、特种设备、健身器材、建筑等多方面做好安全防范。

（一）消防安全

近几年养老机构火灾时有发生，突显出养老机构消防安全管理问题重重。据不完全统计，每年火灾中伤亡的老年人约占养老机构伤亡总数的35%。养老机构建筑耐火等级低、平面布置不符合规范、安全疏散不符合规范、建筑内部未设置自动消防设施、灭火器材配置不足、消防安全意识淡薄等是造成养老机构火灾事故的主要原因。

尽管，近期国家为了有效促进养老机构的发展，将公安消防机关的消防验收工作放在投入使用后进行，即从事前管理变为事后管理。这并不意味着降低消防工作的重要性，反之，更要求养老机构的自觉自律。因此，要求养老机构在建设过程中严格按《建筑设计防火规范》的规定，做好建筑防火设计、建筑内部装修设计和使用符合燃烧性能等级要求的装修材料，并安装和设置好火灾自动报警系统、自动灭火系统或室内外消火栓系统及防排烟设施；同时，《建筑灭火器配置设计规范》、《消防安全标志设置要求》规定配置相应的灭火器材、设置消防安全标志牌和消防照明灯具等。

养老机构还应按照相关规定，定期（每年至少一次）和不定期组织消防检查与维修，检查消防设施、器材，确保消防设施、器材无损坏、挪用，确保消防栓未被埋压、圈占、遮挡，确保疏散通道、安全出口、消防车通道未被占用、堵塞等，发现问题应及时修整、维修、更换或重新设置。人员密集场所的出入口应无障碍，以免影响逃生和灭火救援。同时，要加强消防安全演练工作，提高机构各级人员及老年人的消防应急意识和应对能力。

【拓展案例 6-5】

2015 年 5 月，河南省平顶山市某老年公寓发生重大火灾，造成 39 位老人死亡、6 人受伤。

2017 年，吉林省通化市某养老院发生火灾，造成 7 人死亡。

2018 年 11 月，河南驻马店正阳县某私人养老院，因一间房内被褥着火，致室内 4 名老人死亡。

本案焦点：养老院火灾的主要原因有哪些?

案例点评：养老院火灾事件层出不穷，已严重威胁老年人的生命健康。事故原因主要有老年人和从业人员安全意识较差；电气线路存在安全隐患，消防设施维护不到位，未定期进行检修；建筑设计不合理，屋内易燃物品过多，房型结构加速火势蔓延；杂物占用消防通道等。又由于老年人行动能力差，一旦发生火灾，逃生困难，极易造成人员伤亡。因此，养老机构的建筑、消防设计必须符合相关规定，并按要求进行消防验收；在运营期间应加强内部管理，定期检修机构内消防设施，定期检查火灾易发危险点，定期进行消防演练，提高急救应急能力。

（二）电气安全

养老机构应正确选用符合要求的用电、用气产品，注意其规格型号、容量和保护方式（如过载保护等），不应擅自更改用电产品的结构、原有配置的电气线路、保护装置的整定值和保护元件的规格等。

工作人员应熟悉用电产品的使用说明书，明确产品的环境要求和使用条件，了解使用时可能出现的危险及需采取的预防措施。

对电器线路、电气设备的安装需请专业人员实施，并在安装完成后，按要求进行检测。用电产品的安装、使用及维修应符合《用电安全导则》的规定。

（三）燃气安全

燃气安全管理应符合《老年人居住建筑设计规范》的要求，使用燃气的设备及场所应设有可燃气体报警装置。

养老机构不应私自拆、移、改动燃气表、灶、管道等燃气设施，所选用的燃气灶、热水器、取暖器和壁挂炉等燃气器具应具备有资质检验机构的检验合格证明，并严格按要求进行安装和使用，必要的操作规程、要求和应急处理措施应上墙或悬挂在相应位置。

【拓展案例 6-6】

2014 年 11 月 16 日，陕西安康市某敬老院发生一氧化碳中毒事件致 3 人死亡。事件经过为一名老年人因晚间怕冷，在屋内生炭火，晚上炭火熄灭之后无人察觉，第二天被发现时，三位老人已经死亡。

本案焦点：养老机构有无过失？表现在哪些方面?

案例点评：在本案例中敬老院有两处失误，一是北方冬季较冷，而机构内没有为老年人配备相应的供暖设施。老年人在屋内自生炭火，养老机构未发觉或未阻止，足见该机构严重缺乏安全意识。二是没有夜间巡房，对老年人疏于照顾，属于严重失职。建议养老机构：一是采用集中供暖、供冷，使用中央空调或城市集中供暖渠道，减少管理难度的同时还能预防意外发生。二是增强防范意识，定时查看老年人情况，加强夜间护理，避免意外情况的发生。

（四）特种设备安全

特种设备指涉及生命安全、危险性较大的锅炉、压力容器（含气瓶）、压力管道、电梯等。特种设备在投入使用前或投入使用后30天内，养老机构应向特种设备安全监督管理部门登记。登记标志应置于或悬挂在该设备的显著位置。

养老机构应对在用特种设备进行经常性维护保养，并定期自行检查，至少每月进行一次，并做好记录。在自行检查和日常维护保养时，如发现异常情况应及时处理。电梯维护单位应至少每15天对在用电梯进行一次清洁、润滑、调整和检查，并做好记录。

养老机构还应指定机构对在用特种设备进行定期检验。一般在安全检验合格有效期届满前1个月向特种设备检验检测机构提出检验要求。未按期进行检验或检验不合格的特种设备，应停止使用。

（五）健身器材安全

养老机构应定期对在用健身器材进行清洁、润滑、调整、检查和维护，并做好记录。发现情况异常，应及时处理。健身器材的安全注意事项和警示标志应设置在活动区显著位置。

（六）建筑安全

养老机构的选址及规划布局应符合老年人居住建筑设计标准的要求，其无障碍设计应符合《无障碍设计规范》的内容要求。养老机构应对本机构建筑设施进行定期维保。

（七）安全标志

养老机构应对存有较大危险因素的部位和有关设备、设施设置安全标志。安全标志牌的型号选用、设置高度、使用要求应符合《安全标志及其使用导则》规定，并至少每半年检查一次，如有破损、变形、褪色等情况应及时修整或更换。安全标志的颜色表征应符合《安全色》要求，便于服务对象及社会公众识别。

养老机构中的消防安全标志应符合《消防安全标志》的规定，并按《消防安全标志设置要求》的规定设置消防安全标志。

养老机构中的应急设备安全标志与设置应符合《安全标志及其使用导则》的规定。对在紧急情况下使用的通信设备（这种通信设备应设在每个呼叫点和电话机所在位置）应使用醒目的安全标志标示，对设备的背景区域应标记或照亮。

养老机构的安全出口、疏散走道和楼梯口应设置灯光疏散指示标志，疏散指示标志应设在安全门顶部或疏散走道及其转角处距地面高度1米以下的墙面上，且疏散指示标志的间距不应大于20米。

在疏散走道的地面应设置蓄光型疏散导流标志，并保证疏散导流标志视觉连续。在走廊通道墙面明显处设置疏散路线示意图。

安全玻璃门、玻璃墙应有警示标志并设置在显著位置。

（八）智能设备

养老机构应充分借助人工智能的优势，优化机构的安全管理，可配备电视监控系统、安全报警系统、自动灭火系统、通信联络系统、电子门锁系统、老年人定位系统等。部分设备，如电视监控设备、自动灭火系统等，应做到重点公共区域全覆盖。对各项设备应定期检查，保障相应设备处于正常使用状态。

【拓展案例 6-7】

2015年6月8日晚8时左右，安徽省合肥市某养老公寓的一位老人张某倒在房间阳台，护理员发现情况后及时向安全管理员汇报。随后，老人被送往医院救治，诊断为脑血管意外、脑梗死，中枢性呼吸衰竭，经抢救无效死亡。事后，张某的家属将该养老公寓告上了法庭。该案争议的焦点为老人何时、何因摔倒？家属要求查看监控，养老机构无法提供监控录像。养老公寓称，“6月7日，养老公寓的监控系统因电脑温度过高死机。”法院的最后判决要求养老公寓对老人的死亡承担责任并支付家属要求的赔偿金。

本案焦点：养老公寓是否应当承担责任？

案例点评：监控设备的装设就是为了及时监控入住老年人的日常情况。养老公寓作为监控设备使用单位，未能及时发现监控设备故障或发现设备故障而未及时处理，都属于失职。

（九）其他

养老机构应明确设备设施安全使用的注意事项，并在显著位置公示。

养老机构的其他服务安全，例如，养老机构老年人的居室应从以下方面保障安全：①老年人使用的床应符合国家相关规定，确保安全、稳定；②居室内所有的门尽量选择推拉门，防止老年人开门时向前跌倒；③保持居室通道和走廊无障碍物，斜坡、电梯、走廊沿墙设置扶手；④地面确保防滑：如选择防滑地面材料，厕所和浴室要有防滑垫、浴盆垫和扶手，拖地后放警示牌提示注意地滑，及时清除地面上的积水、油、冰、水果皮等；⑤室内地面平整，不设门槛，消除地面障碍，有台阶的地面用颜色醒目标识；⑥夜间要开柔和的地灯或壁灯，转弯处有足够照明；⑦老年人能触及床边呼叫铃及必需品。

四、安全防范与管理措施

养老机构应针对常见的事故类型，如坠床、跌倒、失踪、压疮、用药安全等，制定相应的防范与管理措施；并针对突发事件，制定相应的应急管理措施。

（一）常见事故的防范与管理措施

1. 坠床、跌倒的预防管理措施

（1）做好养老机构内各个场所，尤其是老年人居室的防滑防跌等安全防护。

（2）做好安全提示：老年人床头需挂“防跌倒”警示牌，在可能发生危险的地方或装置上（如台阶、电插头等）做标识，以提醒老年人。

（3）加强老年人指导：如指导老年人走动时穿防滑鞋；起床或久蹲、久坐后站立动作要缓慢，并有旁人协助；指导老年人选宽松舒适易于活动的衣服，选择合适的平底鞋、防滑鞋，以及合适的手杖或步行器等。

（4）重视日常管理：要及时做好老年人坠床/跌倒等风险评估，并严格执行预防措施，做好交接班工作。应严格按老年人的护理等级给予相应服务，对行动不便、视力欠佳的老年人应加强陪伴。

2. 离院/失踪防范管理措施　老年人走失是养老机构常见的意外事故之一，机构工作人员要做好相应的安全防范与管理。

（1）将老年人活动范围分为小区活动、园内活动和自由出入活动，并用不同颜色胸牌显示，严格按老年人活动范围进行管理，必要时由专人陪护。

（2）制定老年人外出请假制度，并严格执行。告知老年人无特殊情况不得外出，老年人离开养老机构均需请假、登记，并告知其家属，返回后需本人亲自销假。

（3）对特殊老年人（如痴呆、失智老年人）需佩带表明身份的联系卡，衣服里角印上老年人姓名、养老机构名称和联系电话。

（4）建立报告制度：如发现老年人无故离开住房 1 小时，就应开始寻找并报告当值人员，具体报告内容包括老年人的房号、床号、姓名，已寻找的区域、寻找的联系人，并做好记录。持续寻找老年人 2 小时无结果者，应报告机构安全责任人。责任人应动员所有机构人员在院内寻找。

（5）及时联系老年人家属：若院内查找无果，应将老年人离院和寻找情况如实告知老年人家属，询问他们之间是否有联系，并请求协助查找。

（6）全面发动，查找老年人：在上述途径仍无果时，要动用一切可能的社会资源，多种途径寻找，包括机构人员、老年人的亲属外出寻找，各种媒体平台发出寻人启事等。若在法律规定的时间内仍查找无果，需及时报警寻求协助。

（7）老年人返回后，应立即告知安全管理人员和安全责任人，做好相关记录。以此为案例，做好其他老年人的安全提醒教育，以防类似事件发生。

3. 皮肤压疮防范管理措施 养老机构应针对自主翻身受限、肢体活动障碍、知觉障碍、长期卧床、脊髓损伤等老年人群，重点加强压疮管理。通过评估压疮危险因素，制定压疮管理制度，落实压疮防治措施等，来有效防止压疮事件的发生。

（1）机构应成立压疮质控管理小组，建立健全有关压疮管理制度。由该小组负责全机构压疮的评价、监控、会诊、指导等工作。

（2）做好压疮危险因素的评估：这类老年人在入住时，必须规范按照压疮风险评估量表（如 Braden 评分法）对老年人可能发生压疮的风险情况进行评判，准确识别压疮高危老人、危险因素及易患部位。

（3）对用 Braden 评分≤12 分的老年人（即可能发生压疮的高危人群），应密切观察老年人的皮肤变化情况，对老年人进行有针对性的健康教育，检查护理措施的落实情况、效果，并及时准确记录，填写压疮高度危险及压疮报告表备案。对评分为 13～18 分（即有危险）者需每周评估一次，如病情有明显变化时及时评估；对评分≤12 分者应每天评估，并积极采取预防措施，建立翻身卡，使用防压疮气垫床等。

（4）对新发现的压疮情况应立即登记，并在 24 小时内上报负责人，如隐瞒不报，一经发现按规定给予处罚。

4. 用药安全防范管理措施 老年人群中有不少慢性病患者，需长期服药。而老年人视力、记忆力、反应能力都有不同程度减退，容易出现服药剂量不正确或误服、漏服、服药呛噎等情况。因此，养老机构的用药安全防范管理不容忽视。

（1）做好日常储备药品管理：一般情况下，养老机构可以根据实际情况，储备一定的常用药物，但必须指定专人按相关规定严格管理，做到分类定位放置、标识清晰，并定期检查药品质量及有效期，及时更换。

（2）保证急救药备用：急救药须按要求定量、定位放置在抢救车内，标签要清楚，并每日检查锁扣是否完好；使用后，应及时补充，以备急用。

（3）严格执行用药原则：严格遵医嘱用药，避免给药错误。严格执行“三查七对一注意”，用药前需详细了解老年人有无过敏史，已知过敏的药物应严禁使用。

（4）防呛防噎：对有吞咽障碍的老年人，可将药物分几次进服，或切成小块后吞服，防止发生哽噎；对有忧郁、自杀倾向的老年人，要防止其弃药、藏药或一次大量服药；癌痛者可给予相应的止痛药物，加强用药后观察，留意有无不良反应。

（5）防误服、漏服：要保证准时给药，发药时需向老年人讲解清楚，指导其用药；发口服药时必须送药入口，以免误食，并注意观察用药后的反应；为记忆能力差的老年人建立服用药品备忘卡或使用智能药盒，帮助老年人按时服药。

（6）加强医护联系，落实并规范交换班制度。

5. 不良行为倾向的安全防护措施 养老机构的生活环境相对单一、封闭，加之老年人身体、家庭等多因素的影响，老年人易出现心理问题。一旦发现老年人存在精神抑郁、孤僻、行为异常，甚至有自杀或伤害他人的不良行为倾向时，应做好以下几方面工作。

（1）提供安全的环境：老年人住所内应尽可能避免摆放一切危险或潜在危险性物品，以及检查老年人身上有无佩戴可能导致伤害的物品，如剪刀、剃须刀片、打火机、玻璃和皮带等；检查住所、阳台、房间的窗户等，做好相应防护工作。

（2）做好心理支持：应及时关注老年人的心理和精神状态，做好心理支持服务，包括但不限于环境改善、安抚倾听、情绪疏导、心理支持、危机干预等。

（3）建立报告制度：当发现老年人存在异常时，需及时报告安全管理人员或安全责任人，并备案。将老年人情况告知其家属与单位，并记录。

（4）采取有效措施：对有不良行为倾向的老年人，应设专人24小时随身陪护；在其出现过激行为期间，应撤离同室其他老年人，立即通知相关部门协助处理，以免老年人自伤或伤及他人。对情况严重者，可以在医生的指导下，根据病情需要，考虑是否给予安全范围内的镇静剂，或采取一定的躯体束缚与行动限制（这一点要慎重，避免侵犯老年人的人身权），以防发生意外。

（5）及时安排会诊或就医：在与其家属沟通并达成共识后，可以请相关方面的医生会诊或安排其就医，如实记录病情，必要时转入医院治疗。

（6）持续观察：为患病老年人提供持续的护理（照护）观察，督促其家属或单位定期探访，与老年人保持联系或陪伴老年人，共同促进老年人的康复。

【拓展案例 6-8】

老人王某性格孤僻、情绪易怒。王某与李某同居一室，两人向来不和。一日下午，李某在看手机视频，因嫌手机声音太吵，王某极其烦躁，和李某发生了争执。护理员A得知二人争吵后，进行了调解，争吵得到平息。傍晚护理员A与护理员B进行了交班，未报告异常情况。当日晚上，老人王某与李某再次发生了争吵，待护理员B听见争吵声赶到时，王某已把李某推倒。李某被送往医院，诊断为硬膜外血肿伴脑挫伤，经治疗后，遗留身体左侧瘫痪。

本案焦点：护理员A有无失职？应如何避免类似事件发生？

案例点评：事件中存在两方面的问题：一是事发后，护理员A未及时上报情况，在交班时也未交代可能存在的隐患，属于失职。二是老人王某的情况已产生了一定的安全隐患，护理员A未及时寻求帮助；当老人情绪烦躁时，未采取相应的约束措施。养老机构应制定措施，要求护理员及时上报安全隐患及不良情况，当老人有不良行为倾向时，应及时请求协助，必要时需采取适当的约束措施。

6. 其他常见事故的防范管理措施 除了坠床、跌倒、失踪、压疮、用药安全等防范管理外，养老机构还应结合自身实际，针对本机构常见、高发的其他事故采取有效的防范管理措施，包括但不限于食品安全防范管理，用火用电安全管理，病床、轮椅和平车的安全使用管理，手卫生规范与质量监管等。

（二）突发事件应急管理措施（图 6-3）

1. 成立应急管理部门　养老机构应成立专门的应急管理部门，负责组织、协调应急处置及信息汇总上报等工作。应急管理部门责任人由养老机构的安全责任人担任，成员由相应职能部门的负责人组成。

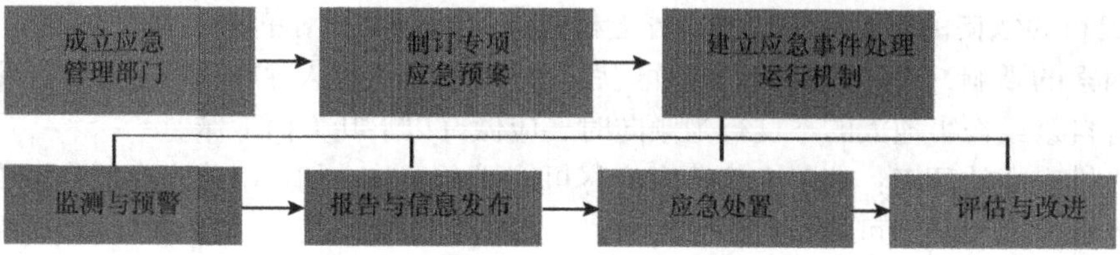

图 6-3　突发事件应急管理流程图

2. 制订专项应急预案　养老机构应制订应对自然灾害、事故灾难、公共卫生事件、社会安全事件等突发事件的应急预案，并结合本机构实际情况制订处置专项突发事件的应急处理预案，包括火灾处理预案、食物中毒处置预案、传染病处置预案及机构认为有必要制订的其他处理预案等。

3. 建立应急事件处理运行机制

（1）监测与预警：养老机构应建立统一的安全突发事件监测、预警制度，完善监测、预警机制，加强对监测工作的管理和监督，保证监测质量。

（2）报告与信息发布：养老机构需建立健全突发事件报告制度，按照相关规定逐级报告。当事件发生后，现场有关人员应立即报告安全管理人员或安全责任人，安全责任人接到报告后，应按规定立即向上级主管部门及当地政府报告。对特别重大突发事件，其上报时间最迟不得超过 4 小时。对突发事件的信息发布应做到及时、准确、客观、全面。

（3）应急处置：养老机构需按照《国家突发公共事件总体应急预案》的分类分级规定，依级启动预案。重大级别以下突发事件应急处置工作可由本机构安全管理部门负责组织实施。超出本级应急处置能力时，要及时报请上级安全管理部门提供指导和支持。事态平息且经组织专家论证后，安全管理部门应根据处置情况终止预案。

（4）评估与改进：养老机构需在应急处置结束后，根据实际情况不断完善原有应急预案，并将修订后的预案报主管部门备案。

综上，养老机构应建立从组织、制度、设备到措施的一整套安全管理体系。养老机构应健全组织管理机构，加强组织领导，从组织上保障安全管理；应建立健全安全防范与管理制度，加强培训与评估，从制度上保障安全；应配备完善的设施、设备，加强防护，从硬件上保障安全；应有针对性地采取防范与管理措施，加强专项监管，以有效开展和应对安全事故的发生，保障养老机构的全面安全运行。

第四节　养老机构意外伤害事件的处理

由于养老机构服务对象的特殊性，导致了养老机构意外伤害事件发生频率高，且因事故种类多样、责任难以认定，加之影响力大，时常给养老机构带来高额赔偿和严重社会影响，影响养老机构的运营乃至养老事业的发展。因此，养老机构需正确认识、科学有效地处理意外伤害事件。

一、意外伤害事件应对的基本原则

根据养老机构意外伤害事件的特点和演化机制，养老机构需坚持以下基本原则（图 6-4）。

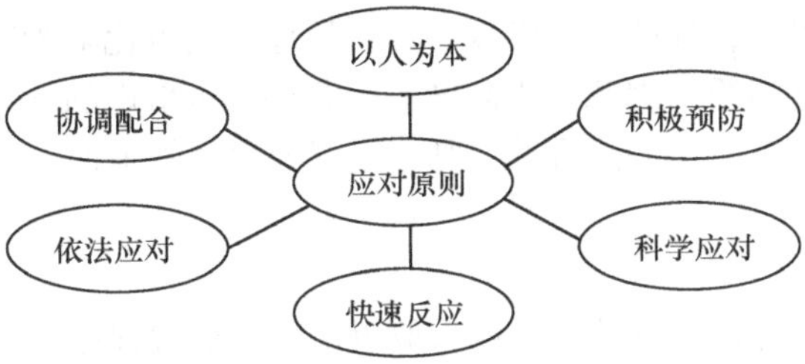

图 6-4 意外伤害事件应对基本原则

（一）以人为本原则

养老机构具有生活照料、康复护理、心理疏导、紧急救援等职能，其中，维护老年人的生命与财产安全是其最基本的职责和使命。因此，养老机构所有的工作重点应该紧紧围绕老年人来开展，特别是要有效保障其人身安全。这是以人为本原则的客观要求。

（二）积极预防原则

意外伤害重在预防。养老机构应通过完善相关制度，加强管理与监督；通过完善硬件建设，提高安全防范和消除安全隐患的能力；通过教育与培训，增强员工及老年人的防范意识；通过强化与老年人及其家属的沟通，来群策群力防范意外伤害的发生；理性看待伤害事故风险，营造健康和谐的舆论氛围。

（三）科学应对原则

养老机构在意外事件的监测、预警、决策、执行等诸多系统和环节中都应采取科学有效的方法应对，建立常见事故处理预案和应急处理流程，一旦发生事故应有组织、有步骤、有计划地积极应对。

（四）快速反应原则

养老机构由于其入住人员的特殊性，决定其意外事件具有突发、高发、复杂等特点，也决定其在事件发生后必须快速反应、及时处理。否则，很可能会使事态恶化，矛盾升级，给老年人和养老机构乃至社会带来难以估量的损失。

（五）依法应对原则

在养老机构意外事件的应对处置过程中，必须严格遵守国家的相关法律法规和制度，形成合情、合理、合规、合法的应对机制。既要维护养老机构自身的利益，又要不损害老年人及其家属的合法权益，更要促进养老事业的可持续发展。

（六）协调配合原则

意外事件的预防和应对涉及方方面面，需要养老机构内部人员（包括负责人、医护人员、后勤保障人员等）、入住的老年人及其家属和社会公众的共同参与，更需要社会各部门、各单位充分发挥职能作用来积极配合与促进，才能妥善处理好意外事件的预防和应对，特别是善后等相关工作。

二、意外伤害事件的处理

意外伤害事件的处理往往涉及养老院内部人员、事件当事人及其家属、政府部门、社会公众、媒体等，事件可轻可重，如能及时发现，妥善处理，则可化险为夷；若处理不善，即便小事也可能激化矛盾，引起纠纷。因此，需高度重视意外伤害事件的处理，坚持科学应对、及时高效、实事求是、依法应对、协调配合的原则，妥善处理意外事件。

（一）处理程序

养老机构一旦发生意外伤害事件，一般采取以下主要处置程序（图 6-5）。

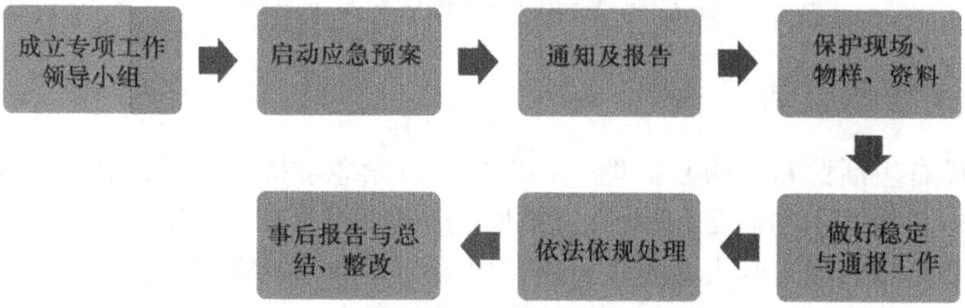

图 6-5　意外伤害事件处理流程图

1. 成立专项工作领导小组　应立即成立专项工作小组，及时认真地做好事件调查与调解工作，不擅自为事件定性，并科学准确地进行调查，撰写调查报告。

2. 启动应急预案　按规定启动应急预案，进一步确立指导思想，明确职责分工、处置原则、工作要求，并及时有效开展工作。

3. 通知及报告

（1）第一时间将情况通知当事人亲属或原单位，要实事求是。

（2）按照事件报告制度的要求，及时上报上级部门及地方政府。在应急处置过程中，要及时续报有关情况。忌迟报、谎报、瞒报。

4. 保护现场、物样、资料

（1）无论发生何种事件，妥善保护现场，及时收集、存留导致事件发生的所有物品，特别是可能导致老年人致伤、致残、致死的物品和资料，对残留的药液、血液、呕吐排泄液等更需要留样备查。

（2）对涉及生命安全的问题，应在第一时间内组织人员进行现场抢救或及时送医；对确认无救治可能的当事人，应切实保护好现场，不随便移动当事人，待公安部门勘查现场。

（3）对抢救当事人的现场、死亡后的尸体，如条件允许应尽量让其亲属目睹现场，由有关人员做好现场整理和记录后，将尸体移送殡仪馆保存。

（4）妥善保管第一手资料。保管好档案资料、各种记录及相关原始资料，可移交指定部门封存保管，以避免丢失、抢夺、涂改、伪造、销毁事件发生。家属如需要复印相关资料时，应该按正规程序办理复印手续。

5. 做好稳定与通报工作

（1）事故发生后，应及时妥善与家属沟通，以实事求是的态度，理解、关心和帮助家属，避免激化矛盾。

（2）召开入住老年人及相关人员会议，通报事件经过，并进行安全再教育，稳定他们的情绪，做好事故后稳定和秩序维护工作。

（3）召开内部工作人员会议，要求工作人员坚守岗位，安心工作，不乱传和乱猜测，更不得擅自发布误导信息，共同做好维护稳定工作。

（4）及时向社会通报事态的进展情况。专人负责，统一口径，及时陈述客观事实，避免社会公众猜疑与不利报道，避免扩大事态。在事故尚未得出定论前，原则上不接受采访，以免影响正常调查。对新闻媒体要求采访者，须按正规途径履行相关手续。

6. 依法依规处理

（1）事故现场处理告一段落后，应依法依规进行责任认定。

（2）对可以通过协商方式处理的事故，养老机构应坚持以人为本原则，正确对待，深入沟通，不回避、不推诿责任。

（3）对协商无效，需要走法律程序的，养老机构应主动配合，同时还要主动继续做好当事人及其家属的服务工作，争取在法律法规的框架下，妥善处理该事故，并赢得当事人及其家属的信赖、社会公众的认可。

7. 事后报告与总结、整改

（1）事故处理结束后要及时报告。养老机构应将事故的调查处理结果书面报告地方主管部门；对涉及重大伤亡事故者，还应按要求上报相关行政部门（如同级人民政府和上一级民政部门）。

（2）养老机构还需认真做好总结与整改工作。要仔细分析事故发生的原因、责任及所产生的后果，对照目前养老机构的基本情况，进行必要的整改与宣传教育，避免类似事件的再次发生。

（二）其他需注意的问题

1. 及时更新与完善老年人的入住协议和补充协议 老年人入住后，随着时间的推移，其健康状况会发生变化，为进一步做好服务工作，确保老年人的人身安全，养老机构需定期或不定期对老年人的状况进行再评估，根据评估结果，在与老年人及其家属深入沟通的前提下，及时更新与完善服务项目和服务等级等内容，可以重新签订入住协议或以签署补充协议的形式进行。这些协议将进一步明确老年人入住期间可能发生的意外、处理方法及免责条款，是处理意外事故纠纷的有力依据。

2. 注意风险转移 意外伤害事故发生后，事故老年人及其家属与养老机构往往因为事故赔偿问题产生纠纷。而养老机构往往会因为利润低、成本高，无法承受高额赔偿，从而给养老机构的运营带来困难。因此，养老机构事故的赔偿需要通过社会化的机制，借助和利用保险资源，构建养老服务业风险分担机制，来降低运营风险，促进养老机构健康发展。例如，养老机构意外伤害保险属于商业保险范畴，是分担养老机构意外伤害事件经济赔偿责任的险种。

自2014年民政部、中国保监会、全国老龄办下发《关于推进养老机构责任保险工作的指导意见》（民发〔2014〕47 号）以来，各省市也高度重视养老机构责任保险工作，并出台了相关文件，建立了养老机构责任保险制度。各养老机构可通过多方式为养老机构入住老年人购买意外伤害保险，来有效降低养老机构风险成本。

（1）建立养老机构意外伤害事故赔付基金，用于养老机构事故的责任赔付，基金可以通过财政、福利彩票公益金、社会募捐、养老机构出资等方式解决。

（2）民政部门或行业协会组织为其责任投保，组织辖区内养老机构参加保险。

（3）鼓励入住老年人参加养老机构意外伤害保险，以解决老年人意外伤害事故的赔偿金问题。

【拓展案例 6-9】

2018 年 6 月 5 日，云南省召开了养老机构综合责任保险投保培训会。会议期间，云南省的 480 多家养老机构 2 万余人集中投保了养老机构综合责任保险。全省确定了中国平安财产保险股份有限公司云南分公司等 3 家保险公司承保。主要内容如下：

一、保障范围

一旦养老机构的老人在养老机构发生意外，意外伤残或身故责任、意外医疗责任、法律费用、第三者责任、住院津贴、施救费用等均由保险公司按合同约定负责赔偿。

二、参保经费

养老机构综合责任保险投保标准为：养老机构责任险每床每年 160 元，养老机构雇主责任险每人每年 160 元。该项目由政府引导，保费补贴力度大。云南省福彩公益金每年专项拨款 500 万元用于机构保费补贴，周期为 3 年。养老机构责任保险方面，对民政部门兜底供养的特困人员和优抚对象中的老年人给予全额补贴；对其他入住养老机构的老年人，按投保标准的 80%给予补贴。养老机构雇主责任保险方面，对公办养老机构工作人员给予全额补贴；对社会力量兴办的养老机构工作人员，按投保标准的 80%给予补贴。

本案焦点：养老机构投保综合责任保险意义何在？

案例点评：该项目的实施有效提高了养老机构抗御风险的能力，减轻了行业主管部门的调解或信访压力，促进了养老行业健康发展和社会稳定。

小　结

老年人的安全问题牵动全社会。老年人客观存在的生理、心理特点与疾病特征，决定其属于“高危人群”。在国家高度重视养老机构安全管理问题的背景下，作为养老机构的管理者必须了解养老机构内部安全事故的共性特点，掌握安全管理的原则，把握好安全管理的原则手段与技巧，切实落实好安全管理工作，为老年人营造一个平安、祥和的幸福养老环境，促进老年人实现“六个老有”。

（钱珍珠）

拓展阅读（第六章）

第七章　医养结合养老模式

学习目标

识记：医养结合养老模式的内涵；医养结合的定义、背景、服务模式、服务对象；医养结合的必要性；我国医养结合四大经营模式及相关政策支持；国外医养结合的经验借鉴；医养结合养老模式发展前景的展望。

理解：医养结合养老模式与传统养老模式的区别及特点；医养结合养老模式发展的制约因素；长期医疗护理保险制度对医养结合养老模式的意义。

运用：根据医养结合养老产业生态圈找准市场靶点。

【导言】

《国务院关于加快发展养老服务业的若干意见》（国发〔2013〕35 号）、《国务院关于促进健康服务业发展的若干意见》（国发〔2013〕40 号）和国务院办公厅转发卫生计生委等部门《关于推进医疗卫生与养老服务相结合指导意见的通知》（国办发〔2015〕84 号）均提出要“积极推进医疗卫生与养老服务相结合”，探索医疗机构与养老机构合作新模式，从此“医养结合”这一颇具中国特色的概念被引入养老服务中。《“健康中国 2030”规划纲要》和国务院《“十三五”国家老龄事业发展和养老体系建设规划》（国发〔2017〕13 号）提出了“居家为基础、社区为依托、机构为补充、医养相结合的养老服务体系更加健全”，以及习近平总书记在十九大报告中再次明确：在实施健康中国战略的框架下，“积极应对人口老龄化，构建养老、孝老、敬老政策体系和社会环境，推进医养结合，加快老龄事业和产业发展”等。将“医养结合”纳入到健康中国、国家老龄事业发展、医药卫生体制改革、健康老龄化等国家战略和重要规划，已经成为我国未来养老服务的创新模式和积极应对人口老龄化的长久之计，也是备受社会普遍关注的重大民生焦点。

近年来，在国家政策的引导和扶持下，医养结合广泛试点，形成了一批可持续、可复制的政策措施和创新成果。为此，2019 年 10 月 23 日，国家卫生健康委、民政部、全国老龄办等 12 部门联合印发《关于深入推进医养结合发展的若干意见》（国卫老龄发〔2019〕60 号），该意见根据近年来各方反映较多的一些堵点、难点，按照 2019 年政府工作报告“改革完善医养结合政策”部署，立足医养结合发展实际，坚持问题导向，提出 5 个方面 15 项政策措施，对医养结合工作进行全面的部署与推进。但是，医养结合作为一个新生事物，在全球化、多元化、市场化的背景下，需要不断探索与实践，才能更符合我国国情、更有效地推动老龄事业和产业的健康发展，更有益于老年群体。

与此同时，医养结合在满足人民群众日益增长的多层次、多样化健康养老服务需求的同时，还是我国经济发展新常态下重要的经济增长点，有利于扩大内需、拉动消费、增加就业，有利于推动经济持续健康发展和社会和谐稳定，对稳增长、促改革、调结构、惠民生和全面建成小康社会具有重要意义。

本章将从医养结合的概念及其内涵、医养结合提出的背景、国外医养结合养老模式与特征、我国医养结合养老模式存在的问题与对策等方面进行阐述，旨在提高对医养结合养老模式的理解与实践，促进医养结合养老模式在我国的实际运用。

第一节　医养结合的概念及其内涵

2013 年 9 月 6 日，国务院颁布《国务院关于加快发展养老服务业的若干意见》，将“积极推进医疗卫生与养老服务相结合”列为加快发展我国养老服务业的六大任务之一，强调“推动医养融合发展，探索医疗机构与养老机构合作新模式”，这是国家层面第一次提出医养结合养老模式。2013 年被称为医养结合养老模式的元年。随着医养结合养老模式的探索和实践，人们对医养结合养老模式的概念和内涵有了更深层次的认识。

一、医养结合的概念

目前对于“医养结合”的理论研究还在不断深入推进中，专家、学者们分别提出各自的理解。如佘瑞芳研究认为：医养结合是对传统养老服务概念的延伸和拓展，是在政府统筹规划下，调动各方力量参与，整合现有资源，由受过专业训练的人员对半失能、失能、慢性病、肿瘤晚期等老年人提供医疗、康复、生活照料、心理疏导、临终关怀等一体化服务。又如吴宏洛提出：“医养结合”是一种有病治病、无病疗养，医疗和养老相结合的新型养老模式，其优势在于整合养老和医疗两方面的资源，提供持续性老人照顾服务。再如李杰认为：所谓“医养结合”，就是强调老年人照顾中的医疗护理和生活照料两方面，既包括对老年人提供的医疗保健、疾病诊治、健康检查、康复护理、临终关怀等医疗保健服务，也包括日常起居、文化娱乐、心理关怀等生活服务。由此可见，对“医养结合”的研究，离不开“医”和“养”两方面，医养结合就是指医疗与养老服务资源及功能的整合。医养结合养老模式并不是“养+医”的简单重叠，而是两者资源和服务功能的有机融合；就是利用“医养一体化”的发展模式，集医疗、康复、养生、养老等为一体，把老年人健康医疗服务放在首要位置，把养老机构和医院的功能相结合，将生活照料和康复关怀融为一体，实现有病治病，无病疗养的新型养老模式。需要说明的是，医养结合的概念是一个动态发展的过程，其概念内涵的丰富和发展取决于医疗与养老结合或融合的程度，而这两个领域的结合绝非一朝一夕之功，需要结合社会发展、国情实际和老年人的需求，从卫生决策和政策研究、管理实践及调研分析等方面不断进行探讨。

二、医养结合的内涵

（一）医养结合的目标

医养结合旨在通过医疗与养老资源和功能的整合，为老年人提供专业、可持续性的“医、护、康、养、宁”服务，真正让老年人实现“六个老有”，以全面提高老年人的晚年生活质量。

（二）医养结合的服务主体

医养结合的服务主体主要是老年人，即所有年满 60 周岁的老年人。按照民政部发布的中华人民共和国行业标准——《老年人社会福利机构基本规范》（MZ008—2001）中的分类，老年人可分为自理老年人（指日常生活完全自理，不依赖他人护理的老年人）、介助老年人（指日常生活依赖扶手、拐杖、轮椅和升降等设施帮助的老年人）和介护老年人（指日常生活行为依赖他人护理的老年人）。根据目前国家推行的适度普惠型“医养结合”养老服务模式来看，其服务主体应当包括以上有医疗服务需求的所有老年人。但就目前现状来说，仍以介护类型老年人为主，即处于大病康复期、罹患慢性病但不需要连续治疗，无法在传统养老模式中得到良好照料的失能、半失能老年人。

（三）医养结合的参与主体

医养结合的参与主体不仅包括家庭、医院和各类养老机构，还包括社区、政府和社会等多元化主体的共同参与。

近年来，我国养老服务的提供主体逐渐由单一部门转化为以政府为轴心的多元供给主体，即逐渐形成了社区、家庭、政府、市场和民间组织共同发挥作用的养老方式，以满足老年人在生活照顾、医疗护理、文化教育、休闲娱乐、社会参与、心理慰藉等方面的多层次需求。

（四）医养结合的内容

医养结合主要包括“医”和“养”两部分。“医”是大医疗卫生概念，是要建立健全医疗卫生领域和养老服务领域的全面合作机制，既包括老年人疾病诊治的医疗服务，也包括康复保健、健康咨询、健康检查、护理、临终关怀等服务；“养”则包括老年人生活照料、精神心理慰藉、文体娱乐活动、经济社会参与等服务和支持。通过现代医疗技术的介入，为老年人提供更加专业、可持续的健康养老服务，有效提高老年人的晚年生活质量。

“医养结合”养老服务主要是通过整合医疗服务资源和养老服务资源为老年人提供集医疗、护理、康复、生活照料、无障碍活动于一体的及时、便利、权威的医疗服务和生活照料等服务。这里所说的“医疗服务”，不是简单的吃药、打针服务，而是由达到一级医院医疗水平，由受过专业训练的医师、护士，具备健全医疗服务设施和医疗器械的医疗机构提供的服务。对于传统的养老模式来说，“医养结合”无疑是一个巨大的理念创新。“医养结合”养老模式必须包含三个层次，即“医”“养”“护”：“医”指老年人的生病就医服务，“养”指老年人的日常生活照料服务，“护”指老年人的慢性病或康复期间的护理服务。

（五）医养结合的模式

目前我国有以下几种主要医养结合模式。

1. “养中有医”模式 指在养老机构内部设立医疗服务机构，进行医养结合服务。

2. “医中有养”模式 指医院转型为老年康复医院、老年护理院或者直接在医院内开设老年病房。

3. “医联结合”模式 指医院与社会办“医养结合”型医疗机构，与养老机构建立医联体。为医联体内部的养老机构提供优质的医疗资源，从而提高医疗资源有效利用的整体效率。

4. “养医签约”模式 指由没有条件在机构内部设立医疗服务机构的养老机构与附近医院签订医疗合作协议。建立养老医疗服务绿色通道，并由医院每天派医护人员到养老机构承担养老机构内部老年人的基本医疗工作。

5. “两院一体”模式 指养老机构兼具养老和医疗双重功能。具体是指将医疗机构与养老机构同时规划建设，形成一体管理模式。这种模式虽类似于“养中有医”，但是有规划的一体建设。

6. “居家巡诊”模式 指将医疗服务延伸至周边社区的居家老年人。具体是指有能力的“医养结合”机构（包括各级医院、社区卫生服务中心等）在满足自己机构发展的基础上，将其医疗服务辐射至周边社区及居家老年人。

（六）资金来源

目前我国养老资金的来源主要是个人缴纳费用、政府资金补贴、慈善资金和个人捐助等。结合国外的具体做法，要确保可持续的资金来源，必须引导社会资本进入“医养结合”养老服务领域，就是建立长期医疗护理保险制度。我国在青岛、西安、广州等地已开展长期医疗护理保险试点工作，效果良好。假以时日，该制度也将以法律的形式在全国推行。同时，应从顶层设计、政策等方面进一步拓宽慈善资金和个人捐助等进入养老资金的途径。

（七）医养结合的作用

1. 医养结合新型养老模式不仅是中国传统“孝”文化和社会主义保障理论内涵的具体体现，也是西方福利多元理论、积极老龄化和国外先进经验做法与中国传统养老保障相结合的理念创新，是新时代“健康中国”思想的重要内涵和必然趋势。

2. 医养结合实现了养老资源和医疗资源有机融合，既符合现代老年人多层次“医养共需”的健康需求，也提高了当下医疗和养老资源的有效利用，减轻了社会养老保障体系的压力。

3. 医养结合为老年人晚年健康生活提供坚实保障。医疗和养老资源的共同介入，不但减轻了老年人家庭及其子女的负担，在很大程度上缓解了传统养老模式下的养老压力，而且为老年人尤其是患病、失能、半失能老年人提供了专业、可持续的医疗和健康管理服务，为老年人晚年的健康生活奠定了坚实的基础。

（八）退出与衔接机制

应当建立健全老年人接受“医养结合”养老服务的退出与衔接机制，促进养老服务机构同社区照料中心和家庭之间的顺利衔接，保障“医养结合”养老服务顺利进行。也就是说，应该建立按老年人实际需要接受不同层次“医养结合”养老服务的机制，参照国外的一些具体做法，对已渡过疾病急性期、进入一般护理、康复服务的老年人，应该离开医院，送到具备一定“医养结合”服务能力的机构、社区或家庭，使其继续享受其他合适的养老服务，从而减轻“医养结合”专业机构的压力；避免目前普遍存在的身体好转老年人不愿离开医院，或医院因担心床位闲置影响收入而接受老年人继续滞留，进而造成医院床位周转率低、医养资源浪费的情况。由于“医养结合”养老服务需要更多的医疗康复和护理资源，其相应的费用也必然会高一些。如果没有建立“医养结合”养老服务的退出与衔接机制，将使“医养结合”养老服务机构面临两种选择：一是继续提供优质的医养服务，就算出现床位空闲现象也不降低服务标准，这会影响到医养结合事业的良性发展；二是机构为挣得更多的利润，减少医养服务供给或者提供劣质的医养服务，这会使“医养结合”特征弱化，容易造成“医养结合”机构养老服务模式发展偏离正确方向，甚至再度退回到传统的机构养老服务模式上。

三、医养结合养老模式与传统养老模式的比较

一切将医疗服务与养老服务相结合的养老服务供给方式实践，都可以被界定为医养结合的范畴。因此，医养结合可以理解为“医养融合”，即超越传统养老理念中只强调单一性的住养服务，而更加注重养老服务与医疗服务的兼得性，注重老年生活保障需求中“养”与“医”的结合，其优势在于整合医疗和养老两方面的资源，提供持续性的老年照顾服务，能够满足高龄、失能、空巢、患病老人的多重生活料理需求，具体比较内容见表 7-1。

表 7-1 两种养老模式的比较

	传统养老模式	医养结合养老模式
保障目标	为老年人提供老年生活服务，以使老年人安度晚年	有病治病，无病疗养的养老保障

续表

	传统养老模式	医养结合养老模式
服务主体	传统养老院、家庭、社区养老机构等无医疗配置的传统养老机构	多元化主体，兼具医疗卫生和养老服务资质和能力的医疗机构或养老机构（医养结合机构）。具体有老年病医院、康复医院、护理院、临终关怀机构、各级医院老年科、养老院、社区卫生服务中心、社区居家养老服务中心、社区日照中心等
服务客体	健康、基本健康不需要康复保健、健康咨询、健康检查、护理、临终关怀等服务的老人	重点面向生活不能自理的老年人，主要包括残障老年人、病情复发老年人、大病恢复期老年人和绝症晚期老年人等
主要服务内容	包括社会参与、生活照料、精神慰藉等简易形式的服务	包括老年人生活照料、精神心理、文化娱乐等服务需求，突出老年医疗、健康咨询、健康检查、疾病诊治和护理、大病康复及临终关怀等服务
主要服务方式	以提供生活照料为主的传统养老机构	原有养老机构增设医疗服务资质，原有医疗机构开展养老服务，医疗机构与养老机构协议合作，医养结合进社区、进家庭
服务人才	“四多一少”现象：文化程度低、外来务工人员多；流动频繁、年龄偏大的多；持证上岗及持初级证书的多；中高级护理人员少；工作任务多	医养结合机构中“医”的人才严格按照国家医疗机构人才的要求，需取得医疗执业资质，文化程度高，人员稳定，医疗服务专业能力强

第二节　医养结合提出的背景

党的十九大报告特别指出：医养结合是养老服务最核心的内容，也是最基础的服务模式，医疗是养老的基础。在健康中国发展战略下，医养结合将是养老服务业发展最大的机遇。积极应对人口老龄化，医养结合的提出不仅符合国家发展的必然趋势，也是满足老年人日益多样化卫生服务需求的根本所在。

一、人口老龄化形势严峻

我国是老年人口最多的国家，也是人口老龄化速度最快的国家之一。中国老龄科学研究中心副主任党俊武预测：2050年前后，中国将达到人口老龄化的高峰——有4.87亿、接近5亿老年人；国家卫生计生委家庭发展司司长王海东预计：到2050年，老年人口占总人口的比例将达到33%；意味着那时，每3个中国人当中就有1位老年人。与此同时，老年人患病率明显高于普通人群，对医疗服务依赖性也更强，而且不同阶段的老年群体对“医”和“养”的需求也不尽相同，如此严峻的人口老龄化形势，对养老产业的发展提出了新要求，也促进了医养结合模式的不断完善。

二、传统的家庭照料功能大幅度削弱

受计划生育、人口迁移流动和老少分居等因素的影响，自1982年以来我国平均家庭规模持续小型化，从1982年平均每个家庭4.41人减少到2010年的3.10人。这意味着家庭中能够承担老年人照料服务的成员减少，家庭整体的照料负担增加。家庭规模缩小的同时，结构也进一步简化。与2000年相比，2010年一代户和二代户组成的家庭超过了80%。老年人与成人子女居住在一起的比例降低，这意味着很多老年人难以得到家庭的及时照料。即使老年人与子女居住在一起，但由于子女需要应付众多来自学习和工作等方面的社会性压力和抚养下一代的教育压

力，也无暇顾及老年人的生活照料、情感交流和社会参与等方面的需求，尤其对残障老年人、患慢性病老年人、患易发病老年人和绝症晚期老年人的医疗、护理、康复和临终关怀等特殊需求更是无能为力。在家庭照料功能大幅度削弱的背景下，如何承接家庭溢出的养老功能，是目前亟待解决的养老难题。

三、养老机构难以满足入住老年人的医护需求

目前，大多数养老机构主要以提供简单的生活照料服务为主，医疗服务较少，能够提供规范医疗服务的养老机构为数不多。如北京市约40%的养老机构未能提供规范的医疗、护理、康复等服务。瘫痪卧床或患痴呆等老年人是最需要养老服务的群体，但由于养老机构的风险规避和难以提供专业的医疗护理服务，导致养老机构的覆盖人群出现结构性缺陷，即基本生活能够自理的老年人受到欢迎而拒绝失能、失智老年人。目前我国人均养老床位拥有率不仅低于发达国家 5%～7%的平均水平，也低于发展中国家 2%～3%的水平。从理论上讲养老床位应该是供不应求的，但实际是养老机构的床位闲置率在 50%～60%。如合肥市民办老年公寓普遍有 50%的床位闲置，而老年护理院的床位使用率却在 95%以上，甚至达到 100%。这说明融入长期照护理念的“医养结合”型养老床位比较缺乏。与此同时，尽管目前放宽了对养老机构设立医疗机构的准入门槛，也给予许多便利和政策支持，但对于目前仍处于微利甚至是不营利的养老机构而言，无论是自己建设，还是寻求合作都是难题。另外，医养结合对一些硬件设置标准的要求较高，比如养老机构内设护理院者，要求设置放射科。虽然这些设备的实际使用率可能并不会太高，但巨大的投入无疑将导致养老机构的设备、场所、人员成本大幅上升，在一定程度上影响医养结合的开展。

四、大型医院难以提供细致的养老服务

大型医院主要关注急性病症的救治，对那些大病恢复期、后期康复治疗、慢性病、残障和绝症晚期的老年人无法提供细致的生活护理，但本应出院的老年人趋于风险最小化的行为选择，坚持留在医院，频繁“押床”。这加剧了大型医院医疗资源紧缺，使得许多老年人的真正需求得不到满足，同时养老机构中医护人员缺乏，医疗服务难享经费补贴这样的问题又加重了医疗资源的供给负担。对养老机构内设医疗机构聘用的医护人员，由于在科研立项、继续教育、在职培训、职称评定等方面无法享受与医院医护人员同等的待遇，导致许多医护人员不愿意到养老机构工作，导致机构无法发挥应有的功能。由于医院应有的治疗功能没有得到充分发挥，医疗资源也未得到有效利用；许多大型医院迫切需要“医养结合”型养老机构来承担这些老年人的常规护理工作，以实现治疗、康复与护理的无缝衔接。

五、中小型医疗机构资源闲置

在大型医院病床紧张的同时，一些二级以下的中小型医疗机构的床位使用率偏低，大部分医疗资源闲置。如何充分利用闲置的医疗资源是中小型医疗机构和民办医院发展面临的普遍问题。

六、医保过度支出，增加财政负担

有数据显示，我国从 1999 年进入人口老龄化社会到 2019 年的 20 年间，老年人口净增 1.22

亿。同时，我国的老龄化还出现“未富先老”的局面，并在持续加快。由于老年人口患病率增加，进而导致老年人口对医疗的需求不断增加，将直接导致我国医疗费用的增长，这将会加剧我国医保财政支出压力。

第三节 国外医养结合养老模式与特征

医养结合的概念虽是我国提出的，但其养老模式却并非我国首创。由于历史发展进程和经济发展水平的不同，西方发达国家比我国更早进入老龄化社会，经过长期的实践和发展，构建了较为完善的老年长期照护模式，实现了“医”与“养”的结合。西方发达国家的“医养结合”主要是服务整合的子概念，尤其以英国等欧洲发达国家为代表，是“整合照料”的典型实践者。他们将老年人的整合照料定义为包含急性医疗照护、长期照料、社会照顾、老有所居、交通食宿等服务的可持续、综合性照料，并且从个人服务、机构、体系三大层面进行相应的服务策略、结构和职能调整，通过一系列资源整合，取得了良好的制度绩效和社会效益。下面以美国、日本、澳大利亚、德国等国家为代表，介绍其“医养结合”养老模式。

一、国外医养结合养老模式

（一）美国

美国最主要的养老模式是老年人全包服务项目（program of all inclusive care for the elderly，PACE）和老年人居家养老（home and community-based services for the elderly，HCBS）。

PACE 模式是美国政府为老年人提供全面医疗照顾，尤其是为体弱多病的老年人提供长期照顾的一个创新项目，在美国长期照料体系中最实用，适合失能程度较为严重、患有重大疾病的老年人。PACE 计划的服务质量受到美国医疗保险和医疗救助及各州管理署的监督管理。根据协议，需要通过建立内部质量保证委员会来确保 PACE 计划的运营和提供的服务具有稳定性和一致性。

而 HCBS 模式是一种可以让老年人在家中享受到便捷生活和医疗照护服务的老年人长期照护制度，并且其在失能及半失能老年人的身体功能恢复上也有显著效果，适合较年轻的、失能程度较轻的老年人。主要特点是将长期照护作为一项产业，同时注重医护人员的作用。

美国居家养老资金主要来源于医疗保险，其他部分来源于个人储蓄、社会捐助和机构救助，并由资源中心在各州设立照护管理组织（care management organization，CMO），负责管理照护补助资金的使用及长期照护服务，包括家庭照护、社区合居设施和机构照护等，提供不同的服务供参加者选择。

在提供服务方面，美国采用个案管理的方法，委托机构对需要全方位照护的老年人采取评估，根据现有的资源进行协调和整合，提供有针对性的服务。美国设有疗养院，对老年患者进行治疗，病情稳定后，对需要继续进行康复疗养的老年人入住疗养院进行疗养康复。

（二）日本

日本是世界上老龄化最严重的国家之一，其法律制度比较完备，1963 年通过的《社会福利法》，设立了老年人长期照护机构。

1982 年日本颁布了《老人保健法》，老年人的养老重心逐步向“居家养老、护理照料”转移；1989 年颁布了号称“黄金计划”的《高龄老人保健福利推进 10 年战略计划》，各种老年公寓、老年人活动室、老年人医院相继建立。2000 年正式实施的《护理保险法》，开始了长期照护保险制，主张居家式的家庭养老服务，主要养老模式包括日间照顾中心、养老院、老年福利中心和老年公寓，每一种模式都针对不同的人群，分别为需要进行日常生活照顾的失能老年人提供服务，为福利中心辖区内的老年人提供健康教育、体检和家庭指导等服务，以及为生活能够自理的老年人提供照护服务。其突出特点是根据老年人的不同身体状况、需求和经济负担状况划分护理分级。

日本在养老资金方面实行长期照护保险，为强制性医疗保险，大部分费用由医疗保险基金支付。老年照护的费用主要来源于保险费用和公费，承担 90%，老年人只承担剩余的 10%。

在提供服务方面，日本养老机构都设有专门的老年病房，配有专业医师和全职护士，老年人在经医生诊断同意后就可在病房内接受专门的、长期的治疗和照料。有专门的医护人员“介护士”提供照料和护理等服务。

（三）澳大利亚

澳大利亚的主要养老模式是居住式和居家式照护服务。

居住式养老模式的服务对象是经过评估无法在家生活的老年人，将他们集中在养老院、老年公寓或康复中心等，并提供相关服务。居家式养老模式的服务包括提供居家养老和社区养老的服务，以及对相关服务的延伸照护和护理。

1997 年，《老年保健法案》的通过，不仅为老年人的保健提供了法律保障，同时还明确了政府职责。其最主要的特点是形成了良好的社会竞争机制，使服务提供者通过竞争提高服务质量，降低政府支出。

澳大利亚拥有较为健全的养老保险制度，由全面养老金制度、职业年金制度和个人储蓄性商业保险制度三种保险制度维系养老保险体系的正常运行，医疗经费主要来源于政府拨款。

在提供服务方面，澳大利亚的老年护理院采取分等级的护理方式，设立了老年照护评估组，对老年人的医疗需求和心理需求进行评估，找到最适合老年人的照护方式。在养老机构内还配有专业营养师，老年人入住养老院以后，有专门的物理治疗师根据老年人各自不同的身体状况制订康复计划。

（四）德国

德国的主要养老模式有居家养老、机构养老、专家照料院和老年照护院。居家养老包括上门护理、日间照料和监护式公寓；机构养老是指提供一般医疗、护理和照顾的养老院；专家照料院是由专业人员为失能、半失能老年人提供服务；老年照护院为 65 周岁需要进行康复治疗的老年人提供服务。其主要特点是鼓励居家养老，形成了“以居家养老为主体，依托社会服务，机构养老为支撑”的长期照护模式。

德国的养老金由法定养老保险、企业养老保险和私人养老保险分别按照大约 70%、20%和 10%的比例进行支付，采用直接由保险机构支付的模式，并定期或不定期组织养老、医疗、卫生、管理等相关领域的人员进行跨学科讨论、学习、评估与资源整合，保证合理分配。

在提供服务方面，德国设有专门的老年护理培训学校，为失能老年人培养专门的医护人员，形成老年护理专科。养老机构里的一般助理护士只协助专业医护人员对老年人进行护理，不能单独执业；院长更是要由受过高等护理教育和管理专业训练的人担任。此外，为了缓解德国医疗人员的短缺，德国政府开始实施“储存时间政策”，规定凡年满 18 周岁的公民可以通过培训申请对老年人提供无偿的照料服务，照料服务时间由社区及相关机构进行记录，可以在自己年老后接受他人等长时间的照料服务。

以上各国医养结合模式汇总如下（表 7-2）。

表 7-2 国外医养结合养老模式

国家	主张	主要养老模式	居家养老资金来源	提供服务	养老方面
美国	以社区养老为主的养老模式	老年人全包服务项目（PACE）和老年人居家养老（HCBS）	主要来源于医疗保险，其余部分来源于个人储蓄、社会捐助和机构救助	通过个案管理	推行集中性养老
日本	主张居家式的家庭养老服务	日间照顾中心、养老院、老年福利中心和老年公寓	主要来源于医疗保险基金	设有专门的老年病房	设有社区型集中性养老区域
澳大利亚	家庭和社区照料	居住式和居家式照护服务	主要来源于政府拨款	采取分等级的护理方式	采用家庭医生负责制
德国	以居家养老为主体，依托社会服务，机构养老为支撑	居家养老、机构养老、专家照料院和老年照护院	来源于法定养老保险、企业养老保险和私人养老保险	设有专门的老年护理培训学校	通常为社区型养老

二、国外医养结合养老模式的特征

国外医养结合养老模式已形成一定的规模和特点，其成熟的经验对于我国正在发展中的医养结合具有十分重要的意义。

（一）相对完善的法律体系支撑

对老年人的养老和健康等权益在法律上给予了明确的保障。如德国是最早建立现代社会保障制度的国家，非常注重法律法规对规范社会保障事业和养老健康产业的作用，出台了一系列法律法规，如 1911 年的《帝国保险法》；1975 年的《社会法典》，是德国当今社会保险制度的法律基础。1995 年德国设立长期护理保险并纳入《社会法典》。2005 年德国颁布了《老年收入法》，把传统的养老保险“三支柱模式”转变为“三层次模式”。总体而言，多数西方发达国家医养结合养老模式均带有“法律先行”的特点，通过法律的健全、体系的完备、种类的丰富来保障社会医养结合养老体系的良好运行。

（二）以居家为主的多种服务模式共存

无论是专业养老院、护理院的建设还是老年医院、服务的拓展，越来越多的西方发达国家趋向于发展以居家社区养老为主的医养结合养老模式，并实现了医养资源的介入。以日本为例，无论是日间照顾中心（站），还是老人福利中心，所提供的服务都是围绕居家老人展开，为老年人提供健康教育、健康体检、家庭指导等保健服务。日本还针对不同需求，增设了夜间应对型上门护理、痴呆症应对型日托护理、小规模多功能型居家护理等社区服务，为居家养老的老人和家庭带去便利。

（三）专业化的养老护理人才培养

完善的医养结合服务体系离不开专业化的养老护理服务队伍。在人口老龄化日趋严重的大背景下，西方发达国家已形成多层次的人才培养体系。以美国为例，美国已形成学士、硕士、博士等多层次的养老护理人才梯度，其中注册护士必须具备硕士及以上学历和熟练的专业知识技能。在日本，护理已成为一门独立的学科，在临床护理工作人员中，24～35 岁青壮年占绝大多数，护理员文化素养高，服务理念强。同时，养老护理服务人员开展工作并非“单打独斗”，医疗服务往往是由不同领域的专业人士构成，包括专业的康复师、护士、全科医生、物理治疗师、营养师、心理专科医生、社工等。

（四）相对完善的服务标准和评估体系

多数西方发达国家医养结合养老模式不仅有完善的服务项目体系，还有完善的服务标准，不仅如此，定期的评估机制也为高质量的医养服务提供保障。以澳大利亚为例，澳大利亚采取家庭医生负责制，家庭医生每周对签约老人进行评估，并根据实际需求开展相应诊疗工作。同时机构配有专业的营养师，对老人的营养状况和吞咽功能进行评估后制订饮食计划。专业物理治疗师会对老人的肢体功能、生活能力等各方面进行评估，根据评估结果制订康复计划，康复计划融入老人生活的各个环节。老年照护标准和评估公司每年至少进行一次不预先通知的评估，评估时需要查看机构的各种照护文件，老人的营养状况、饮食、皮肤清洁、卫生状况，家属的满意度等。完善的服务标准和定期评估制度为老年人提供了精准、优质的医养服务，也让医养资源得以发挥最佳效能。

（五）政府主导的多方筹资机制

养老产业是一个投入多、周期长，又带有一定公益性质的产业，其发展离不开政府为主导的多方筹资机制及多元化医养产业的繁荣和发展。以日本为例，护理保险费由使用者承担 10%，其余部分由公费和保险费各负担 50%，公费负担的比例为国家 25%，都道府县 12.5%，市町村 12.5%。这样就建立了政府和个人共付的筹资模式，强调医疗保险或护理险体系的建立，保障养老的可支付性、可持续性和公平性。

（六）养老产业，尤其是智能养老产业的繁荣发展

养老产业也是一个涉及范围广、需求多元化的产业，西方发达国家特别注重发挥“市场”在资源配置中的作用，大力培育多元化、多层次养老健康市场。以日本为例，日本大力开发、培育老年人的消费市场，注重老年人的现实需求和潜在需求。日本的交通运输、服装设计、房屋建设、饮食服务、医疗保健、科教文卫、休闲娱乐、美容美发等都融入了老年人的需求因素，直接或间接地带动了养老健康产业的繁荣和发展。同时，现代信息、通信、新媒体和智能家庭、智慧城市的建设为医养结合养老模式注入新动力。日本智能养老健康产业实现了智能家居与生活辅助、安全检测与定位服务、机器人与辅助技术、远程医疗与健康管理、社会联系、心理关爱的结合，形成了计算机科学、医学、心理学、老年学等学科共同合作推进的局面。

（七）全民意识高、社会参与强

西方发达国家较早进入老龄化社会，民众敬老、助老意识普遍较高。经过多年的产业化发展，不仅培养了一大批具有专业知识的照护人员队伍，而且社会各类营利、非营利组织也积极介入、共同参与老龄化社会的建设与服务，极大弥补了政府力量的不足。

第四节　我国医养结合养老模式存在的问题与对策

一、我国医养结合养老模式存在的问题

尽管我国医养结合养老模式基本符合老年人的需求和预期，但在具体的实施上还存在一系列问题，需要在实践中不断加以改善。

（一）制度壁垒

医养结合体系的建设涉及多部门，包括民政、卫生健康、人社、财政、教育、司法等各部门之间的医养服务职责界定有待加强，沟通协调联动机制有待提高。同时，各部门制定的政策、标准不统一，拉高了办事门槛，使得医养结合申办机构不得不游走于各个部门的各项繁杂程序之中，医养结合的实施困难较多，项目进展缓慢。

（二）定位不清

部分养老机构的运营者看中了医疗服务产生的巨大利益，在对医养结合缺乏全面认识的情况下就盲目建立医疗中心，但因为需求不足，入不敷出，最后都只能草草地关门大吉。北京大学研究老龄产业的博士后郑志刚用"'医'不积极，'养'很火热"来形容"医""养"两方的状态：由于医疗资源紧缺，综合能力强的大医院本身已经忙不过来，根本无暇介入并不赚钱的老年医疗需求；但养老机构对"医"的热度却愈演愈烈。在这样"一厢情愿"的情况下，许多养老机构内设医务室或医疗机构。但巨大的成本投入之后，往往因为需求不足而陷入困境。

（三）人才缺乏

随着老年人口的快速增长和多元化医养需求的增加，医养结合人才不足主要体现在如下几方面：

1. 从业人员数量不足　根据北京师范大学中国公益研究院发布的《2017年中国养老服务人才培养情况报告》显示，目前全国失能、半失能老人约有4063万，若按照国际标准失能老人与护理员3∶1的配置标准推算，我国至少需要1300万护理员；按照不能自理老人与专业护理人员1∶3的配置标准推算，我国至少需要20万专业护理人员。而目前各类养老服务设施服务人员不足50万人，持证人员不足2万人，全国养老服务人才需求缺口巨大，供需失衡现象突出。

2. 从业人员素质不高　一方面，在一般养老机构中养老护理员大多是没有经过专业培训、年龄结构偏大、知识水平不高的人，甚至大部分从来就没有过护理经验。另一方面，机构中具有专业医护知识，又了解老年人各方面情况的医护人员也是少之又少。

3. 从业人员队伍不稳定　由于社会地位、工资待遇、工作强度等问题，愿意从事老年医护服务的人员不多，人员外流情况严重，从业人员队伍缺乏稳定性。

（四）投入不足

一方面，"医养结合"养老机构的建成和运营成本比单纯的养老机构或医疗机构要大得多，不仅包括基础设施建设，还要培训专门的服务人才，导致社会资本投入很少，大部分主要来源于政府资金划拨、财政补贴。但仅靠政府的投资力度也无法达到全覆盖的建设需求。另一方面，

随着老年慢性病患者和失能老人的增加，老年长期护理费用成为老人家庭的沉重负担。老年长期护理费用是否纳入医保，如何制定出医养结合长效筹资机制是推进医养结合的关注重点和第一要务。

（五）标准不明

一方面由于缺乏明确可参照的医、养诊疗标准，医养结合机构为“牟利”，对老人“过度医疗”现象较普遍。另一方面，由于缺乏系统的管理标准、服务流程和规范，医养结合机构的设施建设、服务质量与对外宣传和实际需求有一定差距。

（六）监管缺失

由于缺乏制度上详细的区分标准和监管规定，处于医院和普通养老院之间模糊地带的医养结合养老机构，为了弥补在前期医疗投入上的巨大亏空，打着医养结合的旗帜，利用老年人的医保报销，暗箱操作、套保骗保等情况时有发生。同时，由于管理部门职能的交叉，使监督部门疏于对医养结合机构人员配置、准入资质、设施建设标准、机构运营情况的监管，各项评估反馈制度亦不及时、不健全。

（七）立法滞后

2011 年，我国第一部社会保险法才开始正式实施。目前关于医疗和养老相结合的法律法规仍处于空白期，各地区也仅仅是根据本地区实际制定相关文件来规范本地区医养行为。随着医养结合的发展，专门的法规和条例的出台势在必行。

二、医养结合养老模式的建议

（一）强化政府职责、多部门协同推进医养结合服务发展

医养结合不仅是改善民生的重要手段，也是政府治理的制度创新。政府在推进医养结合进程中需要不断强化职责，同时做到不越位、不缺位。

1. 加强政府顶层设计，科学制订医养结合发展规划 医养结合既立足于传统“医”、“养”，也是对传统“医”、“养”服务的拓展和延伸。政府应坚持科学、民主、协同发展的理念，充分发挥政府政策引导的重要性，加强顶层设计和统筹规划，并要明确各种类型“医养结合”养老机构的主要管辖部门。在充分利用和整合现有医、养资源的基础上，结合人口发展和需求特点，制订长远规划，确保医养结合有序、有效、持续性发展。

2. 完善政府引导的多部门协同机制 医养结合建设涉及多个部门，包括民政、卫健、人社、财政、教育、司法等，在实践中，应不断探索建立适应不同需求、形式多样的各部门协同机制，突破条块分割和制度壁垒；要加强各个部门之间的协调合作，实现制度、资金资源的跨部门统筹分配和整合，改变“职责不清、管办分割、效率低下”的现状。同时，应不断明确各方责任，加强政府部门在服务和监管中的职责权限，完善政策、制度和流程体系，促进医养结合行业和市场的良性发展。

3. 严格监管责任，实现全环节监管 各级政府部门应建立健全相关制度体系，设立监管机制，开展针对医养服务内容、规范标准、服务质量等要素的检查和专题教育，严肃监管责任的落实。同时，在发挥自身监管主体责任的情况下，鼓励社会各界对标准和规划实施进行监督，完善全环节公开、公平、公正的监督机制。

（二）加大投入，不断拓宽“医养结合”供给渠道

1. 加大政府投入　通过政府的资金投入和政策倾斜，吸引社会力量共同参与老年医养。增加政府对医养结合主体的资金支持，提供有力度的医养补贴、供地保障、税收优惠、费用减免等优惠政策。鼓励社会力量参与老年医养，通过设立专项基金或养老基金会，鼓励银行提供医养信贷、采用服务外包、委托管理等方式，提高医养结合机构的服务质量和抵御风险的能力。

2. 建立长效筹资机制　①加强老年人长期护理保险制度政策研究，提出适合我国国情的长期护理保险制度，以减轻老年人和医养结合机构负担。探索在规范医保资金监管的基础上，将养老护理费用适度纳入医保范围；探索城乡基本医疗保险制度创新。②建立医养结合救助性基金。通过整合现有保险制度或者救助制度，借鉴现有制度经验，注入部分资金，探索医养结合救助性基金模式，为建立长期护理保险制度奠定制度和组织基础。③划拨部分医保资金作为医养结合持续发展的重要资金保障。将部分医保基金用于医养结合，主要用于支付医养结合相关服务。④开发医养商业保险。利用商业保险经办和管理精算等优势，发挥市场机制在资源配置中的决定性作用。

3. 不断拓宽“医养结合”服务供给渠道　鼓励多元化医养结合参与主体结合自身实际和优势条件，有针对性地开展医养结合服务。如鼓励经营状况不良的一、二级医院，校办、厂办医院等基层医疗单位发挥专业技术优势，向“医养结合”型养老服务机构转型。鼓励实力较强的三级医院，在满足现有医疗资源供给的基础上，结合自身优势拓宽业务范围，设立养老服务机构。鼓励规模较大、老年服务需求缺口较大的养老机构通过委托经营、联合经营等方式，吸纳有经营资质的医疗机构参与运营管理，开展医养结合服务。发挥城市社区卫生服务机构的作用，针对社区老年群体开展家庭出诊、家庭护理、特需服务等延伸性医疗服务，并与大型医院建立定点双向转诊机制，发挥基层卫生服务机构的分级诊疗功能，推进医养结合服务的全覆盖。

（三）多措并举，加强医养结合人才队伍建设

1. 构建养老服务从业人员专业教育体系　加快推进养老职业教育体系、本科教育体系和研究生教育体系建设，鼓励院校加强护理学、心理学、社会工作、康复治疗学等老年相关应用与服务的课程和专业建设。通过学费贷款、奖助学金、社会捐助等资金扶持方式，吸引学生就读相关专业。引导和鼓励院校通过实行单独招生、增加招生计划等，逐步扩大养老服务专业人才的培养规模。

2. 加强养老服务从业人员继续教育体系　依托专业教育体系，开展多样化的学历和非学历继续教育，积极开展养老机构从业人员、社区养老服务人员和社区工作者培训，提高从业人员专业能力和服务水平。同时，加快信息化学习资源和平台建设，积极发展现代远程教育，探索建立面向养老服务从业人员的教学及支持服务模式。

3. 完善养老服务从业人员素质教育体系　面对养老服务劳动力市场普遍存在的门槛较低、专业素质不高、人员流动性强的特点，除了完善养老服务从业人员专业教育和继续教育外，还应加强通识教育。通过提高从业人员在哲学社会科学素养、人文素养、自然科学与技术素养、美学艺术素养、实践能力素养等方面的培养，促进从业人员在生活、工作、道德、情感和理智上的和谐发展，在实践工作中真正理解并有能力为老年人的生理、心理和服务需求提供关怀和服务（表 7-3）。

表 7-3　部分人才培养要求

人才分类	素质要求	岗位要求	其他要求
管理人才	较强的沟通能力、协调能力、统筹规划能力、决策执行能力等	主持和统筹机构的行政、医疗、经营管理工作，对上级主管部门和机构全面负责	具有一定的医疗教育背景，具备一定年限的岗位工作经验，具有良好的管理水平
医疗人才	具备国家规定的执业资格，具备老年人常见疾病的医疗水平和开展危重患者抢救的能力	为老年人提供医疗、救治、康复等服务，保障老年人的健康	具备一定年限的岗位工作经验，具有良好的职业能力
护理人才	具备国家规定的执业资格，具备老年人日常护理和参加并指导危重老人的抢救护理的能力	为老年人提供日常护理、紧急抢救、查房、护理评估、健康宣传、护送外出就医等	具备一定年限的岗位工作经验，具有良好的职业能力
其他医技人才	具备国家规定的执业资格	老年人房间消毒、预防院内感染、药剂管理、急救物品管理、老年人健康评估、健康教育、心理咨询等	具备一定年限的岗位工作经验，具有良好的职业能力

4. 稳定养老服务从业人员职业体系　提高全社会人口老龄化危机意识，不断提高老年服务从业人员的社会地位和认同感。加强从业人员职业规划和就业指导与服务，积极改善从业人员工作条件，加强职业保护，打通职业晋升通道，不断提升工资福利待遇，增强从业人员的职业获得感，从而稳定养老服务人才队伍。

（四）明晰医养结合的诊疗和服务标准

成立“医养结合”工作标准化技术委员会，参考国际标准，借鉴发达国家经验，对有关术语、服务宗旨、服务内容、服务形式、服务流程、服务管理、人员要求和服务保障等进行统一规范，制定“医养结合”服务行业标准，严格监管服务过程，正确引导“医养结合”服务工作的发展方向，提高服务质量。随着精准服务的开展，建立并完善老年服务对象健康能力评估及医养服务需求评估标准体系，有利于准确划分医疗服务需求和养老服务需求类型；在提供精准化服务的同时，建立科学合理的价格形成机制、规范的服务收费项目和标准、明晰的养老服务清单及资金报销支付范围。

（五）加快相关法律法规的制定

在现阶段，国家医养结合的发展有赖于政府部门规章和政策的积极作为，但法律才是真正保障医养结合可持续发展的基础。国家和各级地方政府应根据老年医养发展的需要和实际，有计划、有重点、有步骤地出台相关法律及配套法规，不断完善国家医养结合法律体系。如建立和完善长期照护法律制度；构建老年人的“精神赡养”法律制度；以法律形式将医养结合保险纳入社会保障体系，保障我国医养结合保险制度的顺利实施和医养结合保险市场的规范运行等。同时，值得注意的是，医养结合本身就是一个制度创新，其法律规范的出台也不是一蹴而就的。这就要求相关部门在法律制定和完善过程中，根据医养结合的发展实际和存在的困难问题，及时调整、补充、修订相关条文，以增强医养结合立法的针对性、可操作性和现实适应性。

小　结

医疗卫生与养老服务相结合，是社会各界普遍关注的重大民生问题，是积极应对人口老龄化的长久之计，是我国经济发展新常态下重要的经济增长点。加快推进医疗卫生与养老服务相结合，有利于满足人民群众日益增长的多层次、多样化健康养老服务需求，有利于扩大内需、拉动消费、增加就业，有利于推动经济持续健康发展和社会和谐稳定，对稳增长、促改革、调结构、惠民生和全面建成小康社会具有重要意义。

（罗志明）

拓展阅读（第七章）

第八章　健康与活动管理

学习目标

识记：老年活动的概念及其特殊性；老年活动策划的概念和原则，以及要素与程序；策划书包含的要素；老年活动组织的原则；老年活动的评估方法与维度；老年人的营养需求及营养配餐；中医养生的概念、分类及影响因素。

理解：老年活动的社会背景和科学依据；老年活动的类型与作用；老年活动组织的技巧；各组织环节的注意事项；食物消化与吸收过程、食物类型与营养特点；营养与营养素相关概念。

运用：老年活动策划基本流程、执行管理和评估的运用；如何辨识中医体质；如何科学配餐；如何针对不同老年人的体质与需求制订营养方案。

【导言】

人到老年会因种种客观存在的问题而发生一系列的变化，如身体虚弱、疾病缠身、社会角色改变、生存目的模糊等。这些变化促使老年人不得不重新调整自我，去面对、适应社会的一系列问题，如适应身体状况带来的不便、适应新的社会家庭变化、适应消极生活事件的困扰及日常生活的充实与快乐等。因此，作为老年服务工作者，除要尽可能满足老年人的实际需求、有效排解其存在的实际困难外，更需要通过“动”与“养”两种方式来安排老年人的晚年生活，以重建老年主体与社会环境的平衡，满足老年人在生理、精神和社会等方面的众多需求，提高老年群体的生活品质，使他们安享晚年。

【引导案例 8-1】

美国亚利桑那州的“太阳城”养老社区建设于 20 世纪 60 年代。经过几十年的发展与完善，该社区拥有 350 多家俱乐部、7 个娱乐中心、2 个保龄球场、8 个高尔夫球场、3 个乡村俱乐部、1 间美术馆和 1 个交响乐演奏厅。目前，该养老社区已发展成为美国最大的老年社区之一，在全世界享有盛名。

问题：为什么老年人喜爱并选择“太阳城”作为自己的晚年生活社区？

第一节　养老机构老年活动策划

一、老年活动概述

一个成功的老年活动对于老年人具有积极的作用，能够促进老年人身心健康，保障老年人晚年的健康幸福。因此，老年服务工作者要对老年活动有一个全面的认识，便于更好地开展活动。

（一）老年活动的定义及特点

1. 活动及老年活动的定义和内涵　目前学术界比较统一地认为，活动是指由共同目的联合起来并完成一定社会职能的动作的总和，由目的、动机和动作构成，具有完整的结构系统。通俗地说，活动就是为了达到某个目的而采取的集体行动。

老年活动是活动的一个分支，是指以老年人生活为内容形成的活动体系。由于老年人客观存在个体生理和心理的特殊性，其活动的开展通常需要专业人员的帮助和指导。因此，本文将老年活动定义为：针对老年人的心理、生理特点，在老年工作者的协助和辅导下，通过一定范围的团体、社区、组织等开展的语言交流、肢体活动、兴趣活动、文娱活动、公益活动、大型组织活动等各类活动，以满足老年人身心健康的需要，推进老年人自我实现、社会参与，提高他们的生活质量，促进他们的积极老龄化。

老年活动至少包括以下四个方面的内涵。

一是老年活动的主体是老年人，与其他年龄阶段有必然区别。

二是老年活动的特点是围绕老年人的心理、生理和社会特征展开，这不仅使老年活动的形式、内容、功能与老年日常活动相区别，也是开展老年活动策划需要特别关注的重点。

三是老年活动的形式以文体、趣味活动为主，尽量避免竞争性、高强度、激烈活动。

四是老年活动的目的是通过开展各类活动，丰富老年人的生活，满足老年人的身心健康需要，使其老有所乐。

2. 老年活动的特殊性 老年人随着身体机能、心理状态的变化，老年活动具有一定的特殊性，主要体现在以下几个方面。

（1）活动的频率：退休后老年人各项活动的频率会发生明显的变化。如快跑或激烈运动类型的活动频率会相应降低，而其他一些节奏相对缓慢、平和类型的活动频率则会相对明显提高，以休闲、怡情为主。

（2）活动的时间：由于老年人退休后能够更加自由地支配自己的活动时间，因此，老年人的活动时间会表现出更多的随意性。

（3）活动的场地：老年人由于生理、心理、生活习惯等方面与其他群体差异明显，因而在对休闲娱乐等活动场所的选择上会表现出自己独特的规律性，特别强调安全和适老化。

（4）活动的方式：老年人个性的差异、兴趣的不同及物质生活条件和文化素养的层次都会影响老年人对活动方式的选择，要求有更多适合老年人需求的活动方式供其选择。

（二）老年活动的类型与作用

1. 老年活动的类型 依据研究的侧重点和目的不同，老年活动研究者对其分类存在不同的划定标准。但综合来看，主要都是根据活动内容、适合人群、健康状况、开展形式、活动功效等来进行分类。本文将老年活动大致分为以下几个类型。

（1）按照活动内容划分：主要有文娱、体育、学习、旅游、游戏和其他活动等几类。①文娱活动：如书画展览、音乐鉴赏、摄影、剪纸、篆刻等。②体育活动：如太极拳表演、游泳、健身、桌球等。③学习活动：如老年大学、电脑学习等。④旅游活动：如登山、郊游等。⑤游戏活动：如堆积木、传皮球等活动。⑥其他活动：如各类讲座、知识竞赛等。

（2）按照年龄划分：分为高龄、中龄、低龄三个层次。①高龄老年人活动：一般针对 75 周岁以上、年老体迈的老年人，以活动量较少的游戏、交谈、静养、文化创作等活动形式为主。②中龄老年人活动：一般针对 65～75 周岁、活动能力尚可、无肢体功能障碍的老年人。这类活动的活动量稍大，范围也更广，大多为户外或室内的安全系数高的综合性活动。③低龄老年人活动：主要针对 60～64 周岁，体力、精力仍然很充沛的老年人，可以开展除强体力活动之外的各类活动。

（3）按照健康状况划分：依据老年人群的健康程度来划分。如健康老年人活动，主要根据老年人的年龄、体力、能力、兴趣爱好等实际情况来选择开展各类活动；又如失能老年人活动，可以有针对性地开展功能补偿的康复运动或心理安抚活动，这类活动需要护理员或专业人员在旁进行辅助和指导。

（4）按照活动的专业性划分：①专业活动：组织者主要以社会工作者、康复治疗师等为主，运用专业方法和专业技能开展团体治疗性、发展性活动，起到治疗、社会支持、娱乐、促进社会交往等作用。如开展缅怀往事、现实辨识、动机激发等活动。②业余活动：组织者可以是任何一位老年人或者社团、单位，活动人员本着共同的兴趣、爱好、目标，共同参与活动的策划和组织，主要体现娱乐性、自我满足感、再创造原则。如老年人养花养鸟、集邮等活动。

（5）按照活动的目的划分：①康乐类活动：主要以帮助老年人保持和恢复身心健康为目的，表现为开展文体娱乐活动。②互助支持类活动：主要以帮助老年人实现自我价值、积极参与社会为目的，表现为参加志愿者、义工、社工等活动。③兴趣培训类：主要以帮助老年人实现自我发展为目的，表现为进入老年大学等。

（6）按照活动的功能划分：①治疗型活动：主要是通过工作人员组织一系列的活动，对老年人在认知和行为上存在的问题进行矫正和治疗，帮助他们改变不良的或功能失调的行为形态。②发展型活动：主要让老年人通过参加活动习得一定的处理问题的能力，以更好地适应环境变化。③支持型活动：主要通过鼓励老年人讲出自己的故事，披露自己的生活来获得社会支持，增强老年人面对生活困难和挑战的能力。

（7）按照活动的形式划分：包括学习类活动、竞技类活动、观赏类活动、展示类活动、茶话会活动、外出类活动等。

2. 老年活动的作用

（1）促进身心健康：人到老年，普遍会出现诸如肺活量下降、血压升高、消化道的蠕动和分泌功能减弱、免疫能力降低等问题，容易导致冠心病、高血压、糖尿病、关节炎等疾病发生。有关研究发现，适当的活动可以提高机体新陈代谢的能力，使机体器官功能和肌力增强。因此，适当的活动是预防疾病、延年益寿的重要条件。鼓励老年人适当参与各类活动，不仅能促进老年人防病治病的作用，还能促使老年人在参与活动的同时，通过思考、想象、记忆等思维活动，使大脑得到锻炼，加强思维能力，延缓脑细胞的衰老。

（2）促进积极情绪：老年人普遍容易产生孤独、多疑、烦躁易怒、固执、刻板、保守、自闭等心理问题。若遇不良环境和刺激因素，易诱发多种精神和心理疾病，且患病后较难恢复。因此，应鼓励老年人适当参与老年活动，让老年人在轻松愉快的活动中，振奋精神，调节内分泌及新陈代谢功能，使之感到舒服、轻松、乐观，在生理和心理上形成良性循环，促进其身心健康。

（3）促进自我实现：成功的老年活动不仅可以激发老年人对新事物的兴趣，协助老年人获得支持，发挥所长，将过去的兴趣物化为今天的现实。通过活动过程，来体验“创造–满足–再创造–再满足”的过程；通过活动结果，来实现老年人社会角色的再创造，再现自我价值。

（4）建立社会支持网络：老年人在退出主流社会后如何通过社会交往，形成新的信息和情感交流社会网络渠道，以调整自身的思想和行为，保持良好的精神状态，是整个社会需要关注的问题。构建包括伴侣、家庭成员、邻居、同质人群和其他渠道认识的朋友等在内的社会支持网络，可以对老年人及其家庭提供经济上的支持、生活上的照顾、精神上的交流，从而为老年人解决问题、克服冲突开辟新的路径。老年活动的开展，恰恰很好地为老年人拓宽了朋友圈，提供了情感和信息交流平台，成为构建社会支持网络的重要途径。

（三）养老机构活动组织的意义与愿景

1. 组织策划老年活动的意义

（1）老年活动的丰富与否，标志着一个社会物质水平的高低和社会文明的进步程度。和谐社会包括促进老年活动在内的老年事业的发展，这既是促进社会公平、正义，建设社会主义和谐文明，完善社会管理，以及推动经济建设、政治建设、文化建设、社会建设的重要体现，也是实现这些社会行动目标的重要途径。

（2）老年活动在促进老年人身心健康的同时，也可以促进养老机构品质提升。养老机构组织策划老年活动既可以提高老年人体质，让快乐情绪常伴老年人，对老年人的身心健康、防病治病有着重要作用，同时也可以形成较好的机构养老文化，提高机构养老服务的整体品质。

（3）老年活动能发挥老年人余热。老年活动可以挖掘和弘扬老年人积累多年的宝贵经验、技能、专长，通过老年人积极参与志愿服务或通过自助、互助等方式，从事其他有利于社会和自身的活动，使老年人实现自我价值，促进积极老龄化、成功老龄化。

2. 老年活动的愿景

（1）政府应成为老年活动的主导者、倡导者。政府作为社会资源和公共福利的主控部门，除了应尽快完善包括社会养老保险在内的社会保障体系和适时调整分配政策外，还可以在发展计划、福利政策等方面推动老年活动的开展，包括场所、设施、资金等的提供和优惠。另外，还可以通过法律形式或社会氛围营造、意识导向等手段，对社会公共设施的设计、建设与管理提出要求和标准，形成有利于老年人的友好社区，进而将老年活动开展情况作为建设和评估的主要指标，来更好地促进老年活动的开展，让老年人的生活更加丰富和富有意义。

（2）全社会支持老年活动的开展。老年生活质量的提高，离不开老年活动的开展。可以说，老年活动已成为老年生活中不可或缺的重要组成部分。随着老龄化的日趋严重，老年人对老年活动的需求将更为广泛和强烈，因此，更需要整个社会对老年活动的支持、关心和宽容。特别要引导企业或社会团体，自觉承担起一定的社会责任，为老年活动的开展提供一些设施、资金或人力上的资助。当然，作为养老机构，更应将其作为企业发展的主体内容，从专业化、多样化、定制化等方面努力解决老年活动的需求。

【引导案例 8-1 分析】

老年活动是老年人精神生活的重要内容，纵观目前最受欢迎的养老社区和养老机构，无不是把老年活动场所的建设、组织活动的安排作为自己发展的主要内容。让老年人始终保持身体机能、心理机能的正常，始终以乐观、积极、入世的状态生活，是每一个养老机构或是老年服务者努力的方向。该老年社区在设计和建设期间，就将老年人的特点和需求与老年活动紧密结合，设计出符合老年人特点及满足老年人生活、交往、活动等需求的设施，因此，受到老年人的青睐。

二、老年活动的策划

高质量的老年活动，无论是对老年人还是老年服务提供者，都具有十分重要的意义。要组织好一个老年活动，不仅需要了解老年人的真正需求，激发老年人的参与性，还要围绕活动的预期目标，做好活动的策划工作，让参与活动的各方实现“共赢”。

（一）活动策划的定义与原则

开展老年活动，必须要针对老年人的特点，才能进行有效的活动策划、组织和实施工作。下面简要讲述活动策划的基本概念及其应具备的内容和要点。

1. 老年活动策划的定义 老年活动策划是活动策划人员在对现状和条件的调研后，设计活动主题，策划活动的时间、地点，组织市场调研，制订活动预算方案、宣传方案、活动实施方案等，最后实施开展活动的现场管理的全过程。可见，活动策划是一个分析情况、研究策略、制订方案、组织实施的行为系统，它以有效了解老年问题为起点，以解决问题的实施方案为终点，以提高老年人社会质量为目的。

2. 老年活动策划的原则 老年活动策划具有以下几个主要原则。

（1）适度性原则。老年活动的设计和实施需要从老年人的生理、心理和社会需求出发，制订合理、适度的活动方案。一般应以修身养性、娱乐休闲为目的，选择较平缓、轻松、休闲的项目，尽量避免剧烈的运动或竞技项目，减少成败输赢给老年人带来的心理压力和精神刺激。

（2）差异性原则。老年活动的选择、参与形式和程度会因老年人的性别、年龄、个体生理、心理、文化及经济状况的不同而不同。如男性老年人倾向于选择太极拳、下棋、跑步、钓鱼等活动；而女性老年人更倾向于选择舞蹈、手工制作等活动。

（3）应急性原则。由于老年群体的特殊性，决定了对活动的安排应细致谨慎，考虑周全，特别要做好相关意外事件发生的应急预案和配套物品准备，确保活动的安全性。

（4）系统性原则。任何一个老年活动均需要多部门、多群体的共同参与，特别是举办一些外出的大型活动，可能会涉及交通、住宿、餐饮、通信、贸易等问题，所以，在策划中要从整体出发，考虑各部门、各要素之间的关系，有机统筹，注重协调，从而使活动策划有重点、有次序，使活动的各环节、各部分、各层次能相辅相成，形成系统并有序进行，以保证活动的顺利开展。

（5）可行性原则。即活动策划要从实际情况出发，尽量使活动的经济效益、社会效益、环境效益等达到最大化，使实施方案切实可行，其内容和形式要有足够的吸引力。对需要收取一定费用的活动，要考虑是否符合参与老年人的消费能力和市场消费水平，必须避免活动脱离实际或超过老年人的经济承担能力。

（6）持续发展原则。在策划老年活动时，要充分考虑活动是否能持续，是否能通过不断的改进和完善，将活动做成长久的、品牌的、影响力大的、能让老年人坚持参加的活动，来真正实现丰富老年人的晚年生活，提高他们的生活品质，促进他们的健康。

（二）老年活动策划的要素和程序

1. 老年活动策划的要素 总体来说，一份完整的活动方案策划应当具备“5W、2H、1E”（图 8-1）。

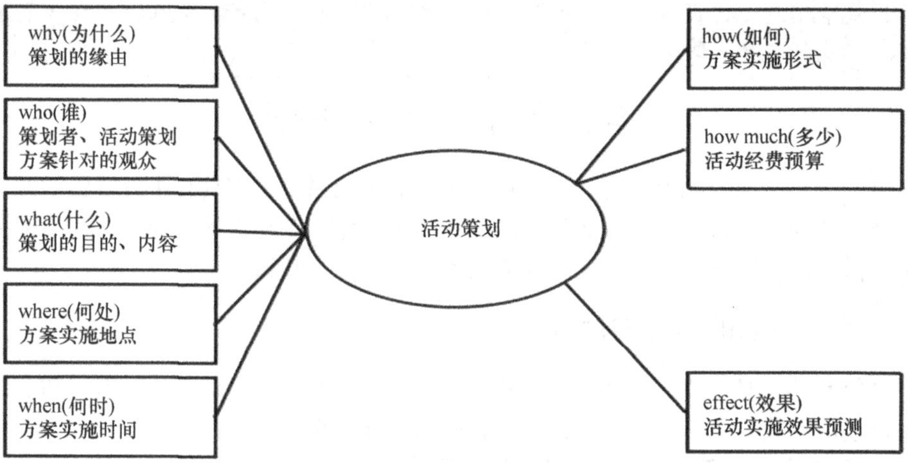

图 8-1 活动策划的要素

任何活动都应按上述几个要素来策划。通过对不同要素的丰富和完善，不同的组合与搭配，可以创造出不同的活动个性与风格。

2. 老年活动策划的程序 老年活动策划的程序大致可以分为以下六个阶段。

（1）明确活动策划的五个关键性问题（“5W”）。

why——为什么举办这个活动，确定本次活动的目的、意义、宗旨和方向。

who——谁是活动的参与者，明确活动参与者、赞助人、组织者、发起者、承办者、媒体、管理部门等。

when——判断活动什么时候举行比较合适，要考虑活动的季节气候、具体时间和活动频率等问题。

where——在哪里举行，需要分析活动所处区域的具体情况。

what——明确该活动的定位及活动规模。

在以上几个活动要素中，最主要的是活动时间、地点和主题的策划（表 8-1）。活动策划者考虑得越详尽、越具体，活动组织起来就越顺利。

表 8-1　老年活动策划的核心内容及原则

核心内容	策划关键	策划原则
主题策划	主题物品的选定，吉祥物的征集与设计，主题文化内涵的挖掘，仪式设计	有特色、主线清楚、内容丰富、突出共性、以人为本
时间策划	日期选定，活动进度管理（编排和执行活动进度表）	谨慎周全、留有余地
地点策划	确保活动地点与活动类型相匹配，考虑活动地点的文化、交通、季节性、容量、场所配备	便利性、适宜性、安全性

（2）调查和分析：是指活动策划前，要根据前面提出的问题进行调查和分析。调研工作做得越好，越能达到预期效应。活动调研是有计划、有组织的策划活动，必须有一定的工作程序。一般来说，包括确定调研专题、制订调研计划、实施调研计划、提出调研报告四个阶段。在调研中要充分考虑调研的渠道拓展（包括相关管理部门、各类老年社团和机构、相关企业及各类媒体和平台等）、调查方法的选取（如抽样调查、个案调查、重点调查等）及计划的制订，然后根据调研提纲，设计必要的调查表或问卷。最后，要以调查报告、资料摘编、数据图表等形式把获得的信息整理出来，进行分析，并形成报告材料。

（3）老年活动的具体设计：根据调查与分析结果，对活动的各项内容进行设计，活动内容应包括时间、地点、规模、类型、主题、宗旨、目的、名称、协办单位、赞助单位、主体内容、配套活动、邀请名单、参加者、形象定位、活动模式、宣传计划、新闻发布会、海报（或通知、道具）、开幕式、组织机构和人员分工、实施计划（财务计划、安全计划、接待计划）、现场布置、紧急事件处理、新闻传播和报道、闭幕式、效果评价等。

（4）撰写老年活动策划书：活动策划书是对活动进行具体策划，并展现给工作人员的文本，可以为整个活动提供有力的指导。策划书的详尽、周全与否直接影响着活动的成败。

撰写策划书一般包括以下七个步骤：①撰写策划书大纲；②列出各部分内容；③检查各章节内容是否平衡；④调整后确定各部分具体内容；⑤写出第一稿策划书；⑥正式撰写策划书；⑦制作策划书封面。

在撰写策划书时，要特别注意以下几个要素的规范性。

1）策划书名称：必须清晰明确，一目了然，置于正文中央。主要采取以下几种形式。

A.“组织活动主体+事由+文种”或“事由+文种”：如《××公司××养老院开业庆典活动策划书》。其中“××公司”是组织活动主体，“××养老院开业庆典”是事由，文种是“策划书”。

B.“主标题+副标题”：如“牵手感悟生命美，同心温暖夕阳红”暨 2015 年某学院国旗护卫队服务队暑期三下乡社会实践策划书。主标题为“牵手感悟生命美，同心温暖夕阳红”，副标题为“2015 年某学院国旗护卫队服务队暑期三下乡社会实践策划书”。

C.“基本部分+限定部分+行业标识”：如“第三届中国老年用品博览会”。“博览会”是基本部分，“第三届”是限定部分，“老年用品”就是行业标识。活动的名称确定了展会的基本内容和基本取向。

2）活动背景：具体介绍活动的基本情况，如活动的发起依据、社会影响，可能产生的经济效益、社会利益、媒体效应等。要用简洁明了的文字进行清晰表述。

3）活动主题：明确活动的主题、目标观众、目的定位等信息。也就是说，要清晰地告诉大家这个活动是什么和有什么。

4）活动举办的时间：明确举办活动的具体日期和筹备时期。如××活动的筹备时间：3月19日至6月19日；举办日期：7月20日至30日。

5）活动举办的地点：具体选择活动地点时，要根据活动的题材和定位、特点和目的，同时结合活动的成本综合考虑。同时，要考虑老年人参与活动的便捷程度，以免影响老年人的参与度。

6）活动举办机构：举办机构是指负责活动的组织、策划、服务和营销等事宜的相关单位。一般有主办单位、承办单位、协办单位、支持单位等。

7）活动规模：规模的大小直接影响着活动的整体规划、所需的经费和产生效果。比如在养老院内部的活动和在大型体育馆内举行的活动，其参与活动的人数、单位数，以及预算、活动组织等都有很大区别。老年活动建议规模不宜过大。

8）活动预算：根据实际情况，遵循“优地优价”的原则，清晰列出活动所需的人力、物资等，并进行费用评估、预算编制和成本控制。

9）活动分工和相关计划：根据活动的安排和要求，对人员和工作进行统筹安排，做好分组分工，并制订相应的工作计划。如设置节目表演组、宣传推广组、后勤保障组等。其中，确保老年安全和应急处理是主要因素。

10）活动内容和进度：要将活动的具体内容、负责人、完成时间等用时间表的形式明确下来，确保各项工作能有条不紊地进行。

11）活动中应注意的问题及细节：内外环境的变化，不可避免会给策划书的执行带来一些不确定性因素。同时，由于老年活动主体的特殊性，在制订活动策划书时，应充分考虑活动细节，制订相应的应急措施。

（5）老年活动审批：将策划书及方案交由机构管理部门或上级管理部门审批，获取相关的认可和经费支持。

（6）活动评估：见本章第二节。

第二节　养老机构老年活动的组织与评估

考虑到老年人活动的特殊性，不仅在活动策划环节上要注意贴近老年人的实际需求，在老年活动的组织实施过程中，也必须遵循一定的组织原则，注意对活动细节的推敲和把握，在确保安全的基础上，让老年人全身心参与其中，感受快乐。

一、养老机构老年活动的组织原则与技巧

（一）老年活动组织的原则

1. 安全性原则　一定要把老年人的健康与安全放在重要的地位。因为老年人的身体反应和心理接受能力相对较弱，活动组织过程中要注意周边安保和环境的安全问题，采取有效措施多方关注老年人的情况，并做到及时、快速反应。

2. 自愿性原则 在有效提高活动对老年人的贴合度，争取更多老年人参与的前提下，充分尊重老年人的自由意愿和选择观，给予老年人拒绝参加活动的权利。哪怕有时老年人在活动过程中做出放弃的决定或提出自己制定活动规则时，组织者都应给予尊重。

3. 渐进性原则 各类活动的开展一定要遵守循序渐进的原则，按照“预热–活动–放松”的流程进行。特别对一些定期开展的活动，更要根据老年人的实际情况来决定运动量和难度，由慢到快、由易到难，时间由短到长，以避免意外事故的发生。

（二）老年活动组织的技巧

活动的成功组织离不开组织过程中对一些细节的把握。总的来说，老年活动的组织者要注意运用以下技巧，以达到事半功倍的效果。

1. 建立相互依赖的关系 在老年活动过程中，应努力建立彼此相互信赖的关系，营造一种让老年人主动参与活动的氛围。可以通过诸如聆听、提问、目光接触、赞许性的点头等语言和非语言沟通技能，让老年人从中得到尊重和安慰，从而产生信赖；也可以通过一些亲昵称呼，唤起老年人的亲情回忆，增进感情；或通过一些小型团队热身游戏，营造温暖愉快的活动氛围，拉近与老年人的距离。

2. 充分运用同理心 同理心就是要做到“感同身受”。它是公共服务人员应该掌握的基本技能，也是老年活动组织者必须拥有的态度和品格。在活动组织中，要通过老年人的言谈举止来体验他们内心的感受，设身处地地为他们着想，并提供到位、贴心的服务，让他们力所能及地、全身心地投入到活动中。

3. 主动接触和积极回应 在活动组织过程中，要主动去了解和关注老年人的反应，及时回应他们存在的问题，及时给予鼓励和表扬，以增强他们参与活动的动力，提高他们的信心与勇气。

4. 灵活设置暖场活动 在老年活动开始时，为较快地让老年人进入活动状态，营造愉快、温暖的活动氛围，可以针对老年人的具体情况和喜好，设计 1～2 个团体游戏或热身活动（一般指一些简单、易玩的游戏或老年人喜闻乐见的歌曲、健身操等），来引发老年人的兴趣。

二、养老机构老年活动的组织过程

细节决定成败。老年活动过程中的每一个关键点、每一个细节都会直接影响老年活动的开展和成效。老年活动组织者必须掌握开展老年活动的基本组织环节和各类活动的注意事项。

（一）老年活动的组织环节

老年活动的组织过程一般包括活动筹备、活动开展与活动结束三个环节。

1. 活动筹备环节 这是确保老年活动顺利开展的关键环节。举行老年活动之前，必须全面审视和落实老年活动策划书的内容和要求，有必要召开各部门协调会，将各项工作做细做好。特别要关注的关键点有活动的内外部环境是否有变化（如天气、活动场地和交通、邀请的嘉宾、参与老年人的身体和意愿等），是否需要调整活动方案；是否有足够的措施来确保参与活动老年人的安全（如人员、物资、保险等），应急预案是否全面和落实到位等；另外，为扩大活动的影响和参与面，可以撰写老年人活动公告、海报，发出邀请函。

2. 活动开展环节 原则上必须按照策划书的流程进行，但必须要做好可能因客观原因需要进行调整的工作预案、现场意外和安全应急预案。特别要关注的关键点有人员（特别是各小组负责人、具体参加活动的人员、陪护老年人的陪护者等）和物资（开展活动必须的物品、急救物品等）是否到位，各种设备设施运作是否正常，活动场地是否存在妨碍老年人活动的问题等。

3. 活动结束环节 要及时将老年人安全送回，并及时进行总结和评估，及时听取老年人的意见和建议，为今后开展活动积累好的经验和做法。特别要关注的关键点是要及时将老年人参与活动的录像、照片制成视频或手册，赠送给老年人及其家属，以留下温馨、美好的记忆。

（二）老年娱乐活动的组织与注意事项

老年娱乐活动是老年人精神追求的重要组成部分，有助于丰富老年人的生活，帮助老年人树立积极健康的生活，促进老年人的身心健康。适合老年人，并受老年人青睐的娱乐活动有跳舞、歌咏、戏剧、琴棋、书画和游戏等，其组织形式、效果及注意事项见表 8-2。

表 8-2 老年娱乐活动的组织形式、效果及注意事项

活动项目	活动方法	活动效果及注意事项
跳舞	1. 组织专业舞蹈队或业余舞蹈队 2. 组织广场舞活动或比赛	效果：舒筋活血，延缓衰老，有助于睡眠，减缓神经衰弱、改善消化不良、肥胖、高血压等 注意事项：舞蹈动作不宜强烈，应选择简单易学、群众性强的舞蹈
歌咏	1. 组织欣赏活动：可播放音像制品或请专业人员给参与活动的老年人表演 2. 组织表演活动：选出一些有此爱好的老年人进行配乐朗诵或歌唱等	效果：调息聚气，排泄情绪 注意事项：选择适宜老年人的歌曲或配乐，要选择合适的场地
戏剧	1.观看表演：可播放音像制品或请专业人员、志愿者进行表演 2. 老年人才艺展示	效果：愉悦心情，扩大戏友圈 注意事项：注意适度原则
琴棋	1. 组织培训活动 2. 举行竞赛活动 3. 展示和表演活动	效果：延缓衰老，调气养神 注意事项：合理安排时间，培训时要注意学习差异性，发挥老年人特长
书画	1. 组织观赏书画作品 2. 组织观摩他人书画过程 3. 老年书画比赛、义卖活动 4. 书画培训	效果：提高老年人鉴赏水平和艺术修养，增强社会自信心 注意事项：组织外出时要注意安全
游戏	1. 游园闯关活动：设计多个游戏，个人选择参与游戏，获得奖品 2. 团队协助活动：老年人互相协助一起完成一个游戏，如击鼓传球等	效果：解除烦闷，促进人际沟通，发挥团队功能，增进语言和智力发展 注意事项：游戏不宜太难，也不能太幼稚、太刺激，操作性要强，道具尽量简单，易于寻找。游戏活动时间不宜超过 1 小时

（三）老年体育活动的组织与注意事项

老年体育活动可以分为普通类体育活动和趣味类体育活动。

1. 普通类体育活动 主要是指适合老年人运动的一般体育活动，通常是竞技要求不高、较为缓和的有氧运动，如游泳、打太极拳、徒步、登山、钓鱼等，其组织形式、效果及注意事项见表 8-3。开展这些体育活动应注意以下几个方面。①必须适合老年人的身体状况；②要保持活动的持续性，一般一周安排 3 次左右为宜；③活动开展前要注意热身活动，活动时间不宜过长，应在老年人的承受强度之内；④活动结束后，要密切监测老年人的身体状况，为下一次活动安排积累资料。

表 8-3 老年体育活动的组织形式、效果及注意事项

活动项目	活动意义	注意事项
游泳	1. 促使血管扩张，促进血液循环，增强人体对气温变化的适应能力 2. 增强老年人呼吸功能，有利于保持旺盛精力 3. 有利于皮肤健康	1. 务必做好下水前的热身活动 2. 颈部关节有问题的老年人应避免过度仰头换气的游泳方式 3. 避免老年人在疲劳、过饱、过饿的情况下参加运动 4. 发现老年人不适，马上停止
打太极拳	1. 改善神经系统功能，提高注意力 2. 改善血液循环，增强肝脏功能 3. 提高呼吸系统功能，增强肌肉、骨骼、关节和韧带的活动能力 4. 适宜高龄老年人的健身活动	1. 不必追求动作的完美，只要老年人能集中精神去做即可 2. 动作要求缓慢，量力而行
徒步	1. 有益于身心健康，锻炼下肢肌肉和关节，促进身体新陈代谢和血液循环 2. 预防心脑血管疾病 3. 放松身心，怡情养性，有利于心理健康 4. 是适宜糖尿病患者的最理想运动项目之一	1. 注意老年人穿着，特别是鞋 2. 尽量选择平坦和空旷无车的场地进行活动 3. 活动开始前安排 5 分钟全身热身 4. 注意活动频率和活动时间，不宜走得太快，时间以 20 ~ 60 分钟为宜
登山	1. 提升心肺能力 2. 陶怡情操，放松身心	1. 准备合适的登山鞋 2. 速度不宜过快，多关注老年人活动过程中的状况 3. 脊椎或下肢关节肌肉有问题的老年人不宜参加活动
钓鱼	1. 增强体力，提高脑、手及肢体动作的灵活性和协调性 2. 锻炼耐心，减缓或避免某些不良情绪导致的身心疾病的发生及加重的可能性	1. 控制钓鱼的次数和每次钓鱼的时间，不要过于疲劳 2. 钓鱼时学会闭目养神 3. 选用适合老年人的钓具，宜轻、短，漂头宜大

2. 趣味类体育活动 是指将体育活动趣味化，以简单有趣的组织形式，减低竞争性，增强娱乐性的各项活动。诸如大众广播体操、健身操、呼啦圈、掷镖、桌球、门球等。它以增强老年人体能、提高老年人全身协调性、培养他们协作精神为目的，特别适合于较高龄的老年人。举办活动时，要注意老年人的承受力和适应性，要注意选择活动适宜的场地，维持现场秩序，确保老年人的安全。

（四）老年学习活动的组织与注意事项

活到老，学到老。“老有所学”是积极老龄化的一个重要组成部分，也是老年活动的重要内容。老年学习活动大体有颐养型、知识型、实用型三种类型。常见的活动形式有阅读书报、举办讲座、课程学习、知识竞赛等。其组织形式、效果及注意事项见表 8-4。

表 8-4 老年学习活动的组织形式、效果及注意事项

活动项目	活动方法	活动效果及注意事项
阅读书报	1. 组织老年人自己阅读 2. 组织专人读报活动	效果：让老年人了解社会动态，紧跟社会形势，丰富文化生活，加强老年人注意力和专心度的训练 注意事项：阅读时间不宜过长，尽量固定读报时间，养成习惯
举办讲座	聘请专家进行老年知识，特别是健康养生类知识讲座，如四季养生、老年跌倒预防、老年常见病防治等	效果：增加保健知识，提高健康意识 注意事项：保健知识的宣传要适合老年人，注意难度和可操作性
课程学习	1. 开设老年大学专业课程 2. 专题学习培训	效果：让老年人接触新事物，培养爱好，提高学习能力 注意事项：课程设置要适合老年人，有吸引力，要让老年人觉得学有所成
知识竞赛	通过分组进行必答、抢答、操作等形式的竞赛活动	效果：提高生活认识能力，激励老年人竞争意识，提高生活的自信心 注意事项：以趣味为主，扩大奖励面，淡化输赢观念

（五）老年康复活动的组织与注意事项

老年康复活动的主体主要是失能和半失能或失智的老年人，旨在有效促进失能和半失能老年人的身体康复和心理压力，以及延缓失智老年人的进程。其活动组织的技巧性和专业性有较高的要求，通常需要专业人士的帮助和介入。因此，不少学者将这类活动与娱乐、体育、学习活动区分开来，将其划分入专业性老年活动。其主要活动的组织形式、效果及注意事项见表 8-5。

表 8-5　老年康复活动的组织形式、效果及注意事项

活动项目	活动目的	组织过程	技巧
缅怀往事	通过回忆愉快、幸福的往事，帮助老年人缓解抑郁或平息焦虑，改善老年人的情绪状态	以小组形式开展，每组 7～9 人，活动可分为 6～12 节，每一节选择合适的主题，如盘点每个人在儿童期、青少年期、青年期、中年期、老年期最快乐的时光和事件，或以人生“第一次”为主题。活动时间控制在 1 小时之内	1. 挑选话题时要考虑小组成员的性别、经历、地区和文化特性，尽量避免引发痛苦的感受 2. 可让小组成员带一些与过去生活有关的物品来参加活动，也可以选择和提供一些道具来激发老年人的记忆 3. 活动要以改善老年人情绪为目的
生命回顾	通过对一生成功与失败的回顾，让老年人重建完整的自我，体味人生的价值与意义	以小组或个人形式开展，分 6～12 节，按时间顺序展开个人人生的回顾和分享，详细记录老年人的生命历程，并以影集、生命日志等形式作为成果，最后形成老年人对自己一生的看法	1. 尽可能不要让老年人停留在对陈年往事的回忆，要帮助他们从中感悟，获得对现实生活的满足感 2. 揭开记忆和往事时，要帮助老年人处理和化解强烈的情绪反应 3. 要掌控好节奏，对需要深入或空白的时间段，要放缓节奏，积极应对
现实辨识	活动主体是轻、中度认知障碍的老年人，帮助他们确认时间、方位或者人物，有助于延缓他们的病情	以小组形式开展，5～7 人为一组，每天活动 1～2 次，每次 30 分钟左右。可通过导向板、活动挂图、公示板等列出时间、季节、天气、节日、活动等，来增强其辨识能力；也可筹划一些如听音乐、制作艺术品、做智力游戏等活动，刺激他们的感觉系统，协助他们与现实重新对接	1. 活动组织者既要扮演支持者角色，也要做好指导者角色，要鼓励和支持老年人完成每项活动，但不宜催促或指责，以免激化老年人的焦虑情绪 2. 尽量将认知能力相对一致的老年人归为一组，避免活动中由于认知能力差异导致情绪失控 3. 要充分利用身边的事、物、活动等，来精心选择活动内容
动机激发	活动主体是那些对眼前或将来不再感兴趣的老年人，通过刺激来拉近老年人对现实生活的感知，提升其对未来或某些新事物、新领域的兴趣	以小组形式开展，10～15 人为一组，每周活动一次，分 6～12 节开展。以让人愉悦的主题活动为主，让其有机会建立新的友谊，接触到新的和自己感兴趣的领域，找到新的兴趣点，激发老年人的自我价值建立	1. 挑选相互了解或有共同兴趣的人作为一个活动小组的成员 2. 引导老年人避开让他们烦恼的关系、健康问题或无望的事等负面的话题 3. 着重调动老年人可以拓展的能力，帮助老年人享受活动，激发其参加活动的动机

三、养老机构老年活动的评估

老年活动的组织管理过程是一个循环的、螺旋式改进的过程。活动评估阶段既是整个活动组织管理程序中最后一个环节，也是下一个活动策划与组织的开始。所以说，活动评估就是为了促进活动的进一步完善，为下一次活动做前期准备的过程。

（一）老年活动评估的含义及作用

老年活动评估是指运用科学的研究方法和技术，对活动的开展情况与效果、活动对象的满意度及活动目标的实现度进行评估和总结，以其达到巩固活动成果、发现活动存在的问题及可能需要改进的地方，进一步完善老年活动的管理体系和管理水平。

（二）老年活动评估的维度

老年活动评估主要包括以下几个关键维度。

1. 准备工作评估 主要对活动前期准备工作是否可达到方案预定目标进行评价和估测，包括对活动参与人员（活动负责人、执行人、监控人）、活动准备事项（活动地点、现场布置、活动宣传、活动设施、活动奖品）、信息发布情况等的评估。

2. 活动过程评估 就是对活动的执行情况进行评估，包括人员安排、物品配送、活动流程、活动交接等方面的评估。过程评估是对整个活动过程的每一个步骤、阶段进行监测，着重关注执行过程对结果的影响。

3. 活动费用评估 按照活动预算清单，对活动实际使用费用进行核准，并对超支或节支情况进行总结和原因分析，列出实际活动开支一览表。

4. 活动效果评估 这既是对活动成效的评估，也是对活动策划与组织执行能力的考核。内容一般包括取得的成绩（影响人数、影响面、品牌提升、知名度扩大、参加活动老年群体的满意度）、活动不足（方案是否完善、宣传是否到位、执行力如何、参与对象是否配合等）、存在问题的原因（如执行人员经验不足，细节考虑不全；各部门配合不够，影响效率等）。最常采用的评估方式是满意度调查。

评估小组应结合以上几个维度的情况，通过活动评估报告的形式，对活动提出可行性的建议，为今后此类活动开展积累经验。

（三）老年活动的评估方法

1. 调查法 可获得定量、定性的数据。通常采取问卷调查、访谈等方法。

2. 总结或述职报告 即在活动结束后，老年活动组织者（或各负责人）以书面形式或口头形式总结汇报活动情况，从而对活动进行评价。

（四）老年活动评估人员

老年活动评估人员一般根据评估的性质（内部评估还是外部评估）来定。内部评估是依据机构管理者的要求，选择一定的评估方式，让活动组织者、所有工作人员、参与活动的老年人及赞助商来进行评价；外部评估通常由评估方邀请专业的第三方评估机构进行评估。

（杨海云）

第三节 膳食营养

一、老年人营养与各类食物的营养特点

（一）营养与营养素

营养是指人体为了满足生长、发育和维持生命等生命活动而摄取和利用所需营养物质的生物学过程。营养物质是食物中能营养身体的化学物质。一般来说，营养物质可分为宏量营养素

和微量营养素。宏量营养素包括蛋白质、脂肪、碳水化合物和一些矿物质（如钙、磷、氯、钾、镁等），每天需要量很大，它们构成食物的绝大部分，提供人体生长、代谢和运动所需的能量和物质。微量营养素包括维生素和微量元素，需量很少，但它们能催化宏量营养素的利用。

营养素在体内的功能概括起来主要有以下三个方面：一是为人体生理活动和体力活动提供能量支持；二是作为构成和修补机体组织的材料；三是在体内物质代谢中起调节作用。人体需要的营养素约有 50 种，主要分为蛋白质、脂类、碳水化合物、矿物质、维生素、水和被誉为第七类营养素的膳食纤维。由于自然界中没有一种食物含有机体所需的全部营养素，所以，在为老年人安排营养膳食时，必须根据各种食物所含营养成分的不同恰当地调配膳食，尽量做到食物多样化和营养均衡。

1. 蛋白质 是一切生命的物质基础，没有蛋白质就没有生命。机体的组织细胞成分主要是蛋白质，因而它不可或缺。老年人体内蛋白质分解代谢往往高于合成代谢，因此蛋白质的需求量更多，尤其是对蛋氨酸、赖氨酸的需求量大。我国营养学会推荐老年人按每天每公斤体重 1.0～1.2g 蛋白质来补充，到 70 岁以后可适当减少。对老年人来说，因胃肠道吸收能力较差，所以膳食蛋白质中应有一半为优质蛋白质，即动物蛋白质和豆类蛋白质，如禽肉、鱼、瘦肉及豆类；又由于老年人咀嚼功能低下，宜多食豆制品，如豆腐、豆浆等。同时，蛋白质代谢后会产生一些有毒物质，而老年人的肝、肾功能和清除毒物的能力普遍降低，不宜进食过多蛋白质，避免因其代谢后的有毒产物不能及时排出，而影响身体健康。一般来说，老年人蛋白质的摄入量应占饮食总热量的 10%～15%。

2. 脂肪 是重要的营养素之一，能提供较高能量，是机体能量的重要来源。对老年人来说，脂肪容易消化，富含必需脂肪酸，还能有效促进脂溶性维生素的吸收，促进合成内分泌激素等物质。但由于脂肪摄入过多与老年性疾病密切相关，因此，对脂肪的摄入量要加以限制，建议老年人脂肪摄入量占全日食物总量的 20%为宜，且不饱和脂肪酸、多不饱和脂肪酸、饱和脂肪酸比例最好为 1∶1∶1，胆固醇＜300mg/d。植物油、鱼油含有较多的不饱和脂肪酸和维生素，老年人宜经常食用。

3. 碳水化合物 主要是指糖类物质，是人体生命活动的主要热能物质，为人体正常生命活动提供热能。同时它还是机体某些结构的重要组成部分。但由于老年人糖耐量低，过多的淀粉和蔗糖摄入容易导致高血糖，且多余的糖易转化为脂肪，增加心脑血管疾病的发生率，故不宜摄入过多。果糖容易被老年人利用，转化脂肪能力小，故宜多食水果等含果糖的食物。通常情况下，人们每天摄入热量的 50%~60%应来自碳水化合物，老年人的碳水化合物日摄入量应控制在 300g 左右。另外，为促进碳水化合物的吸收，老年人还应多食用一些纤维素。

4. 矿物质 不仅是构成骨骼、牙齿的重要成分，还可调节体内酸碱平衡，维持组织细胞的渗透压，维持神经肌肉的兴奋性。矿物质参与构成体内一些重要的生理活性物质，如血红蛋白、甲状腺素等。

（1）钙：老年人对钙的吸收率一般在 20%以下。钙摄入不足易使老年人出现钙的负平衡，体力活动减少又可降低钙在骨骼中沉积，容易导致骨质疏松症，易发骨折。因此，老年人钙的充足供应十分重要，我国营养学会推荐老年人日膳食钙的供给量为 800mg（以下涉及的推荐日供给量均为我国营养学会推荐）。如为预防骨质疏松症，建议每天应供给 2000mg 以上的钙。

（2）铁：在血红蛋白合成中有协同作用。老年人造血功能减退和对铁的吸收与利用能力低下，如果铁摄入量不足，易出现缺铁性贫血。铁的吸收与利用通常与维生素 B_{12} 和叶酸的摄入相关。因此，在治疗老年人缺铁性贫血时，应同时补充维生素 B_{12} 和叶酸；若要提高对非血红蛋白铁的吸收，食物中应补足维生素 C。推荐老年人日膳食铁的供给量为 12mg。此外，其他如锌、铜、铬等微量元素，也需要在每日膳食中有一定的供给量，以满足机体需要。

5. 维生素　是维持身体健康、促进生长发育和调节生理功能所必需的一类营养素，人体对其生理需要量虽然很少，但由于大多数维生素不能在体内合成或不能大量在组织中储存，因此，必须由食物供给。同时，老年人由于体内代谢和免疫功能降低，需要较充足的维生素摄入量，以保持机体代谢平衡及提高抗病能力。

（1）维生素A：老年人由于食量减少，生理功能减退，易出现维生素A缺乏。推荐老年人日膳食维生素A的供给量为800μg。

（2）维生素C：有促使胆固醇排出体外，降低血清胆固醇，防止动脉粥样硬化，增强机体抗病能力及抗衰老的功能。老年人血中维生素C水平降低，因此，需要每天多食用新鲜的蔬菜和水果，以保证维生素C的供给。青椒、菜花、猕猴桃、鲜枣、草莓、枇杷、橙、橘、柿子等维生素C含量尤为丰富。推荐日膳食维生素C的供给量约60mg。

（3）维生素D：老年人因户外活动减少，由皮肤形成的维生素D量降低，加之肝、肾功能衰退致使通过肝、肾转化为1,25-$(OH)_2$-D_3的活性形式减少，易出现维生素D缺乏。推荐日膳食维生素D的摄入量应达到10μg（400IU）。

（4）维生素E：有较强的抗氧化功能，并且和脂质代谢的关系非常密切，能减少动脉硬化的形成及血脂含量。因此，维生素E可用于防治老年人常见的冠心病、动脉粥样硬化等病症。推荐日维生素E的摄入量为12mg，其日最大摄入量以不超过400mg为宜；推荐硫胺素、核黄素的日膳食量为1.3mg；推荐抗坏血酸的日膳食量为100mg。

6. 水　在各类营养素中居于首位，既是人体内含量最多的物质，也是人体内主要介质、运输工具、维持生命必备的物质，具有调节体温、润滑的功能。人体失水达20%会引发死亡，所以水被称作“生命的源泉”。老年人应养成定时饮水的习惯，水温不宜过热、过冷，每天通过汤类食品或饮用白开水补充2000ml左右的水量为宜，能起到优化肾脏排毒功能，提高睡眠质量的作用。

7. 膳食纤维　能增加肠蠕动，起到预防老年性便秘的作用；能改善肠道菌群，使食物容易被消化吸收；其中可溶性纤维能改善血糖、血脂代谢，对老年人健康特别有益。同时，膳食纤维还有利于心脑血管疾病、糖尿病、癌症等疾病的预防与保健。粗杂粮及新鲜蔬菜均含有大量的膳食纤维，老年人宜适量选择；但大量的膳食纤维会降低某些营养素的吸收，故不宜过多摄入。推荐日膳食量为8g左右。

（二）各类食物的营养特点

1. 谷类食物　禾本科植物的种子主要有小麦、稻米、玉米、高粱及小米等。谷类食品在中国膳食中占有重要位置。它提供每日膳食73%的热能和65%的蛋白质，也是无机盐和B族维生素的主要来源。和普通粳米饭相比，糙米、小米中含有更多的B族维生素、无机盐和膳食纤维，可补充老年人日常摄入量的不足，其中膳食纤维可预防老年人便秘且具有降血糖的作用。

2. 豆类食品　包括大豆及其他杂豆。大豆蛋白质含量为35%～40%，除蛋氨酸外，其余必需氨基酸的组成和比例与动物蛋白相似，而且富含谷类蛋白缺乏的赖氨酸，是与谷类蛋白质互补的天然理想食品。大豆油中必需脂肪酸——亚油酸含量达50%，是优质食用油。此外，大豆还含有较多的钙、硫胺素和丰富的磷、铁及B族维生素，并含有一定量的胡萝卜素和丰富的维生素E。用大豆代替动物性肉制品，能帮助老年人减少患心血管病和癌症的风险，还能补钙。

3. 蔬菜、水果　主要特点是水分含量高，蛋白质和脂肪含量低，其中富含的维生素C、胡萝卜素、无机盐及膳食纤维，是人们膳食中营养素的主要来源。此外，蔬菜、水果还含有各种有机酸、芳香物质、色素等成分，这些物质虽非营养素，但对增进食欲、帮助消化、丰富膳食等具有重要意义。蔬菜是微量营养素、膳食纤维和天然抗氧化物的重要来源，也是胡萝卜素、

维生素 B_2、维生素 C、叶酸、钙、磷、钾、铁的良好来源，可有效预防老年人骨骼问题、血压增高、代谢综合征、中风和心血管疾病等。

4. 动物性食品 包括肉、蛋、奶、禽、鱼等。这类食物蛋白质消化率高，其氨基酸组成较为适合人体营养需要，故营养价值高，又是维生素 A、维生素 B_2、维生素 B_{12} 的良好来源。奶制品含钙量丰富。肉、禽及水产动物的铁和锌极易为人体吸收利用。

奶类是一种营养成分齐全、组成比例适宜、易消化吸收、营养价值高的天然食品，可提供优质蛋白质、维生素 A、B 族维生素和钙。牛奶中的蛋白质含量平均为 3%，消化率高达 90% 以上，其必需氨基酸比例也符合人体需要；其脂肪含量为 3%～4%，并以微脂肪球的形式存在，有利于消化吸收；其碳水化合物含量约为 5%，主要以乳酸形式存在，有调节胃酸、促进胃肠蠕动和促进消化液分泌的作用，并可促进钙、铁、锌等无机盐的吸收，有助于肠道乳酸杆菌繁殖，抑制腐败菌生长。牛奶中富含的钙、磷、钾容易被人体吸收，是膳食中钙的最佳来源。

鱼类蛋白质含量为 15%～22%，其蛋白质的氨基酸组成较为平衡，与人体需要接近，利用率高；不同的鱼脂肪含量有较大的差异，其脂肪含量为 1%～10%；其糖类的含量低，约为 1.5%，主要存在形式为糖原。鱼类还有一定数量的维生素 A、维生素 D、维生素 E、维生素 B_2，烟酸的含量也很高。鱼油和鱼肝油是维生素 A 和维生素 D 的主要来源。鱼类矿物质含量为 1%～2%，其中硒和锌的含量丰富，钙、钠、钾、镁等含量也较多。其他水产动物，如虾、蟹、扇贝、牡蛎、章鱼等甲壳类和软体动物类，其蛋白质含量多数为 15%左右，脂肪和糖类含量较低，无机盐含量为 1%～1.5%，其中钙、钾、钠、铁、锌、碘、硒、铜等含量丰富，微量元素硒的含量最为丰富。

禽类蛋白质含量为 16%～20%，其中鸡肉和鹌鹑肉的蛋白质含量较高，其氨基酸组成与鱼类相似，与人体需要接近，利用率高。禽类能提供多种维生素，主要以维生素 A 和 B 族维生素为主，还含有多种矿物质，其在内脏中的含量比肌肉多。维生素在肝脏中含量最多，鸭肝中的含量最为丰富。矿物质中的铁主要以血红素形式存在，消化吸收率高。

畜肉类富含蛋白质、脂类、维生素 A、B 族维生素及铁、锌等矿物质。因畜类动物的种类、年龄、肥瘦程度及部位不同，其营养成分差别很大。畜肉的蛋白质含量一般为 10%～20%，其氨基酸组成与人体需要较接近，营养价值较高。牛肉、羊肉蛋白质含量高于猪肉。畜肉中猪肉脂肪含量最高，羊肉次之，牛肉最低。畜类肝脏除富含蛋白质和脂类外，维生素 A、B 族维生素及铁的含量也很高。畜类的内脏都含有较高水平的胆固醇，以脑为最高。畜肉中铁主要以血红素形式存在，有较高的生物利用率。

二、老年人消化系统的改变及其营养评定

（一）老年人消化系统的改变

消化是人体通过消化管的运动和消化腺分泌物的酶解作用，使难吸收的物质分解为容易吸收的化学物质的过程。主要通过口腔、胃、肠等一步步的机械性和化学性消化作用来完成。吸收是一个较为复杂的过程，包括物理作用和生理作用两个过程。物理作用有滤过、扩散、渗透等。生理作用主要是小肠壁上皮细胞膜的运输作用。小肠是最主要的食物消化和吸收器官。

随着年龄的增长，老年人的消化系统无论在结构上、功能上均发生一定的改变，主要表现为以下几个方面。

1. 运动功能的改变 主要表现为牙齿部分或全部缺失，以及口腔肌肉及颌骨的结构和功能逐渐弱化，导致咀嚼功能减退，吞咽功能欠佳。另外，老年人食管、胃的蠕动及输送食物的功能，以及胃张力、排空速度均减弱；小肠、大肠的肌层变薄，收缩力降低，蠕动减退；直肠对

内容物的压力感觉亦减退。因此，对老年人提供的营养膳食要求做到易吞咽、易消化、易通便，最好少食多餐。

2. 吸收功能的改变 主要与老年人胃酸及各种消化酶的分泌减少、肠壁供血欠佳（常与患有肠道血管粥样硬化或心脏疾患有关）、肠壁黏膜萎缩、小肠上皮细胞数量减少等因素有关，从而导致老年人吸收功能减退。因此，建议老年人除按时就餐、少食多餐、每餐只吃七分饱外，要做到早上吃好、中午吃饱、晚上吃少，坐着吃饭，细嚼慢咽，忌暴饮暴食。

3. 分泌机能的改变 主要表现为胃酸、各种消化酶的分泌量减少，其活性亦减低，从而导致老年人对食物的消化能力减弱。

4. 肝脏功能的改变 主要表现为老年人肝内结缔组织增生，肝细胞中的细胞色素 P450 系列等有关药物代谢酶减少，导致肝功能减退，肝脏合成代谢、解毒能力下降，药物及毒素排泄减慢；胆囊不易排空，胆汁黏稠。所以，老年人戒吃辛辣、油炸、烟熏（如烧烤）等食物，不吃过酸、过冷等刺激性食物，不饮酒，少饮浓茶和咖啡等；多吃素菜和粗纤维（如芹菜、香菇）等食物。

（二）老年人营养评定

由于每个老年人均可能存在一定的营养问题和共患一定基础疾病，因此，为保证更精准地促进老年人健康和防病治病能力，必须对老年人进行营养评定，并制定出适合其自身实际和需求的营养方案。

目前临床上提倡应用系统评估法，结合多项营养指标评价老年人的营养状况。系统评估法包括营养风险筛查（NRS2002）、简易营养评价法（MNA）等。NRS2002 多应用于住院老年患者；MNA 是一种专门评价老年人营养状况的方法，已在国外广泛应用，但 MNA 的项目多，调查较烦琐；现普遍采用相关性好、灵敏度较高、特异度及指标容易测量的微型营养评定法（MNA-sf），作为老年人营养不良的初筛工具。该评定法于 2013 年被中国老年患者肠外肠内营养支持专家推荐使用于中国老年人。使用该评定法时，应注意要优先选测体质指数；对无法测得体质指数者，可用小腿围代替。但对营养不良风险高的老年人如需深入评估，仍需要完成完整版的 MNA。MNA-sf 测量的具体内容如下：

（1）过去 3 个月内有没有食欲减退、消化不良、咀嚼或吞咽困难而减少食量?

0=食量严重减少，1=食量中度减少，2=食量没有改变。

（2）过去 3 个月内体重下降的情况。

0=体重下降大于 3kg，1=不知道，2=体重下降 1~3kg，3=体重没有下降。

（3）活动能力

0=长期卧床或坐轮椅，1=可以下床或离开轮椅但不能外出，2=可以外出。

（4）应激或急性疾病情况（过去 3 个月有没有受到心理创伤或患急性疾病）

0=有，2=没有。

（5）精神心理问题

0=严重痴呆或抑郁，1=轻度痴呆，2=没有精神心理问题。

（6）体质指数（BMI）

0=BMI<19kg/m^2，1=BMI 19~21 kg/m^2，2=BMI 21~23 kg/m^2，3=BMI ≥23 kg/m^2。当不能获取 BMI 时，可以用 CC（小腿围）替代，CC<31cm 为 0 分，CC≥31cm 为 3 分。

注：BMI=体重/身高的平方（国际单位 kg/m^2），测量 CC（小腿围）需老年人卷起裤腿，露出小腿，被测部分要充分裸露，膝弯曲 90°测最宽的部位，记录值需精确到 0.1cm。

总分 14 分：0 ~ 7 分表示营养不良，8 ~ 11 分表示有营养不良风险，12 ~ 14 分表示正常营养状况。

三、正常老年人与老年患者的营养膳食要点

（一）正常老年人的营养膳食要点

老年人由于基础代谢降低、活动量减少，所需要的总热量比成年人减少，其营养需求呈现一定的特点；同时，每一个老年人对营养的需求，会因生活环境、生活习惯、工作性质及个体差异（体重、疾病、性别等）的不同而不同。因此，正常老年人总的营养膳食要点是全面而均衡，充足而合理，讲究科学营养搭配，并基本符合自身标准体重的需求。其要点具体包括以下几个方面。

1. 种类多样化 多样化的饮食能够保证充足全面的营养，实现营养均衡。

2. 饮食规律化 倡导定时定量进食，以避免进食不规律或食用过多过杂的食物，而加重消化系统的负担，引起脾胃功能紊乱。

3. 营养优质化 倡导多食用奶制品、豆制品。奶制品中富含的钙、磷、钾等可预防骨质疏松症和骨折。豆制品中富含的生物活性物质（如大豆异黄酮和大豆皂苷）可抑制体内脂质过氧化、减少骨丢失，增加冠状动脉和脑血流量，预防和治疗心脑血管疾病和骨质疏松症。

4. 粗细结合 老年人是便秘和一些常见病的高发人群，应倡导食物粗细搭配，烹制宜松细软，以便于消化和吸收；粗粮、蔬菜和水果中含有丰富的膳食纤维，能够促进胃肠道蠕动，加快食物通过胃肠道，以有效缓解老年人常见的便秘，以及降低高血压、血脂异常、心脏病、糖尿病等疾病的危险性。

5. 清淡少盐 老年人是高血压、糖尿病的高发人群，在饮食中尤其要注意清淡，少食肥腻、煎烙、油炸、坚硬、生冷及不易消化的食物。

（二）老年患者的膳食营养要点

良好的营养状况是基石。老年患者比正常老年人更需要合理的营养补充，以控制疾病的发展和防止并发症。老年患者营养方案必须根据老年患者的营养评定结果，结合其膳食需求与习惯来制定，下面讲述老年患者的膳食营养要点。

1. 高血压老年患者的膳食营养要点 应特别注意控制热量和钠摄入。控制膳食中饱和脂肪酸和高胆固醇食物摄入量；控制包括食盐在内的其他钠来源（如腌制食品及本身含有钠盐的食品）的摄入量，钠摄入量应不超过 3g/d；多进食富含钙和维生素的食物，有研究发现长期缺钙对血压的影响远远超过食盐摄入过量对血压的影响；适当增加海产品摄入；限制饮酒，乙醇是发生高血压和脑卒中的独立危险因素。

2. 糖尿病老年患者的膳食营养要点 应尽可能限制糖的摄入。根据自身活动量来确定每天的总能量摄入，活动量分轻度、中度、重度三个档次。三大营养物质在总能量中所占比例应为糖类占 50% ~ 60%，蛋白质占 15% ~ 20%，脂肪占 25% ~ 30%。蛋白质摄入以植物蛋白为主；脂肪摄入量应不超过 300mg/d；膳食纤维以不少于 35g/d 为宜；食盐不超过 6g/d 为宜；多进食富含维生素 B 的食物，如粗粮、干豆类、蛋和绿叶蔬菜等，可以降低周围神经损害，改善神经症状。此外，多进食富含铬的食物，如酵母、牛肉、肝和蘑菇等，能够改善糖耐量，降低血清胆固醇和血脂。除此之外，最好根据老年患者的疾病与实际情况，制订适合的食谱。

3. 痛风老年患者的膳食营养要点 应注意摄入充足的液体，每日应饮水 2000ml 以上，液

体摄入将有利于尿酸排出，预防尿酸、肾结石；多食用碱性食物，如新鲜蔬菜、水果、牛奶、坚果和海藻等，可促进尿酸的排泄，因为尿酸在尿中的溶解性随尿液 pH 升高而增加；避免摄入高嘌呤食物，如畜禽内脏、鲢鱼、白带鱼、乌鱼、牡蛎、芦笋、紫菜、香菇、肉汁、浓肉汤、鸡精和酵母粉等；禁止饮酒及含乙醇饮料，乙醇代谢会使乳酸浓度升高，乳酸可抑制肾脏对尿酸的排泄；适当选用合适的蛋白质，慎用大豆类；限制脂肪摄入量；补充维生素，特别是 B 族维生素和维生素 C，能促进淤积于组织内的尿酸盐溶解。

4. 贫血老年患者的膳食营养要点　应增加蛋白质和热量供给；巨幼细胞性贫血患者应增加富含叶酸和维生素 B 食物的摄入，如动物肝脏、肉类、奶类、豆制品类、新鲜绿叶蔬菜等。缺铁性贫血患者应增加富含铁的食物，如红色肉类、血制品、肝脏等。

四、老年人的营养配餐及药膳

（一）老年人的营养配餐

营养配餐是按老年人身体的需要及根据食物中各种营养物质的含量，设计一天、一周甚至一个月的食谱，使人体摄入的蛋白质、脂肪、碳水化合物、维生素和矿物质等几大营养素比例合理，达到均衡膳食。简单讲，就是要求膳食结构多种多样，谷、肉、果、菜品种齐全。老年人科学配餐有以下五大要求。

1. 确保膳食结构合理　各种食物所含营养素种类齐全、数量充足、比例适当，保持营养平衡。

2. 一日三餐的能量比例应与工作强度相匹配　避免早餐过少，晚餐过多的弊病；热量分配以早餐占全日总能量的 25%～30%、午餐占 40%、晚餐占 30%～35%较为适宜。

3. 保证富含优质蛋白质和脂肪食物的供给量　蛋白质除部分由粮食提供外，总量的 1/3～1/2 必须由大豆、肉类、蛋类供给。除植物油和食物本身所含的脂肪外，还应搭配部分动物脂肪，即通过食物中适量搭配肉类来解决。

4. 保证每天蔬菜、水果的供给量　蔬菜、水果每人每天需 800g 左右（其中 4/5 为蔬菜、1/5 为水果）。蔬菜中最好有一半是绿色或有色的叶菜，品种应当多样化，不仅包括根、茎、叶、花、果类蔬菜，还要搭配豆类、菌类和藻类。

5. 膳食搭配要兼顾多方面　要注意膳食的酸碱平衡；主食要做到杂与精、干与稀的平衡；副食调配要做到生熟菜搭配、荤素搭配平衡。在荤菜方面，既要有四条腿的猪、牛、羊，又要有两条腿的鸡、鸭、鹅，还要有鱼和菌类（各类任选一种）。由于烹调食物原料的品种与食用部位不同，所含营养素的种类和数量也不同，所以，要通过科学搭配，保证每道菜所含的营养更全面、合理。

根据老年人科学配餐的原则，下面推荐一些适合老年人的营养配餐。

（1）主食——糙米豆饭：有辅助降血糖，预防便秘功效；适用于容易便秘，患有高血压的老年人。食材：糙米、糯米、小米、红豆、黑豆。

（2）菜肴——炒洋葱丝：具有辅助降脂降压，活血，助消化的功效；适用于各类老年性高血压的辅助治疗，对高血压合并冠心病、消化不良的老年人较为适宜。食材：洋葱、盐、酱油、醋、白糖、味精等适量。

（3）汤类：推荐以下几种。①桑枝鸡：有祛风除湿、通经活络功效；适用于患有风湿，经络不通的老年人。②海蜇猪骨汤：海蜇头 100g，猪骨头汤 500g，黄酒、葱花、精盐等各适量。此汤味美醇厚浓郁，有平肝息风的功效。

（4）营养水果：推荐以下几种。①西瓜：能消烦、止渴、利小便、解酒毒，其含有的苷元有降低血压的作用。②龙眼：有滋补、强壮、安神、补血作用，对夜间睡眠不佳的老年人尤为适宜。③梨：性寒，能润肺、消痰止咳、治便秘。民间有用雪梨冰糖治疗咳嗽的方法，对患有慢性支气管炎的老年人较适宜。④菠萝：含有能消化肉类的酶，有帮助消化和吸收的功能，对消化不好的老年人尤为适宜。

（5）最佳补药：推荐以下几种。①红参：是人参的熟制品，除具有补元气、补脾肺、生津安神的作用外，其药性更温，具有火大、劲足、功效强的特点，更有大补元气、回阳救逆、益气摄血的功效。从保健强身角度来说，红参是气血不足且偏阳虚者的补益佳品，凡出现经常怕冷、手脚不暖、眩晕倦怠、四肢乏力、易疲劳、气短喘促、时感胃中寒冷、长期腹泻、失眠多梦、阳痿尿频等表现的老年人均可选用红参进补。②党参：性平，味甘，具有补中益气、健脾益肺、抗癌、降压、抗缺氧、抗衰老之功效，还可以增强人体免疫力，提高超氧化物歧化酶的活性，增强消除自由基的能力，具有调节胃肠运动、抗溃疡、抑制胃酸分泌、降低胃蛋白酶活性的作用。适用于脾肺虚弱，表现出气短心悸、食少便溏、溃疡、贫血、虚喘咳嗽、内热消渴等症的老年人。

（6）营养茶：推荐以下几种。①生姜茶：生姜、茶叶各等份，沸水冲泡代茶频饮。具有祛寒、除湿、止痢的效果。可治痢疾轻症。②葡萄姜蜜茶：白葡萄汁 3 杯，生姜汁半杯，蜂蜜 1 杯，茶叶 9g。具有消炎、止痢、止泻的效果。③桃花茶：桃花、茶叶各适量。可治慢性肾炎引起的小便不利。④玉米须茶：茶叶 1g，玉米须 30g。用于肾炎水肿及合并高血压的治疗。

（二）老年人的适宜药膳

药膳发源于我国传统的饮食和中医食疗文化，是在中医学、烹饪学和营养学理论指导下，严格按药膳配方，将中药与某些具有药用价值的食物相配，采用我国独特的饮食烹调技术和现代科学方法制作而成的具有一定色、香、味、形的美味食品。简言之，药膳即药材与食材相配而做成的美食。它是中国传统的医学知识与烹调经验相结合的产物，“寓医于食”，既将药物作为食物，又将食物赋以药用，药借食力，食助药威，二者相辅相成，相得益彰；既具有较高的营养价值，又可防病治病、保健强身、延年益寿。因此，药膳特别适用于老年人。

下面根据老年人的特征与各种老年病的特点，举例推荐一些现代药膳。

1. 防治高血压的药膳

（1）芹菜汁：新鲜芹菜（包括根、茎、叶）250g。将芹菜洗净，晾干，放入沸水中烫泡 3 分钟，取出切细后捣烂取汁，上下午分服。具有平肝降压的功效，适用于各种类型的高血压；对肝阳上亢型早期老年高血压患者，出现血压升高、头痛眩晕、耳鸣健忘、颈项发硬、心烦易怒、失眠多梦，或面红目赤，口苦便秘，舌红苔黄，脉弦等症的老年患者尤为适合。

（2）罗布麻叶煎剂：干罗布麻叶 15g，蜂蜜 20g。将罗布麻叶先用冷水浸泡 15 分钟，加水煎煮 20 分钟，去渣取汁 200ml，待药汁转温后调入蜂蜜即成，上下午分服。具有清火降压、强心利尿的功效，适用于各种类型的早期老年高血压患者；对肝火亢盛（出现面红目赤、心烦易怒、口苦头痛、大便干结、舌红苔黄的表现）辨证属于肝火亢盛的老年患者尤其适宜。

2. 防治动脉粥样硬化的药膳

（1）槐花茶：干槐花 10g（鲜品 20g）。将槐花放入有盖杯中，用沸水冲泡，当茶频频饮用，一般冲泡 3~5 次。具有软化血管、降脂降压、凉血止血的功效，适用于各种类型的动脉硬化症；对动脉硬化合并高血压，有脑血管破裂倾向的老年患者尤为适宜。

（2）山楂桑椹子煎：鲜山楂 30g（干品 20g），桑椹子 30g（干品 20g）。山楂、桑椹子先用温开水浸泡、冲洗干净，入锅，加水适量，文火煎煮20分钟即成，上下午分服，食果饮汤。具有补益肝肾、滋阴养血、消食降脂、软化血管的功效，适用于阴亏血虚型动脉粥样硬化，出现头晕耳鸣、目暗昏花、须发早白、口干、便秘、失眠等症的老年患者。

3. 防治老年性慢性胃炎药膳 砂仁噙嚼方：砂仁3粒。本品为夏秋季收采的干燥品，市场有售，无须再加工。将砂仁3粒一同噙于口中，口噙10分钟后，嚼碎，徐徐吞服。每日噙嚼2次。具有行气和胃的功效，适用于气郁型老年慢性胃炎，症见胃部胀满、疼痛、嗳气、恶心或呕吐，或吐酸、食欲不振，情绪郁怒时胀痛明显，苔薄白，脉细弦的老年患者。

4. 防治老年性消化性溃疡药膳

（1）木香蛋壳粉：木香120g，鸡蛋壳120g。木香研成细粉。鸡蛋壳晒干或烘干，研成细粉。将木香粉、蛋壳粉混和调匀，即成。每日2次，每次10g，温开水送服。具有疏肝行气、和胃制酸的功效。适用于肝胃不和型消化性溃疡，症见胃脘胀痛、攻窜不定、牵及胸胁背后、食后痛甚、胸闷嗳气、泛吐酸水、舌苔薄白、脉细弦的老年患者。

（2）糖渍金橘饼：鲜金橘1000g，白糖500g。先将金橘洗净，压扁，去小核。将白糖溶解于800ml温开水中，再将去核的扁金橘浸渍其中，24小时后，用文火煎至汁尽停火，冷却后将余下的白糖加入金橘饼中拌匀，风干即成，上下午分服。可当蜜饯，随意服食，但每日不宜超过30g。适用于肝胃不和型消化性溃疡，对情志不畅而诱发或加重的消化性溃疡尤为适宜。

5. 防治老年性便秘药膳

（1）蜂蜜盐水饮：蜂蜜30g，精盐1g。将蜂蜜、精盐放入杯中，用温开水冲泡，调匀即成。清晨起床后顿服。具有润肠通便，补中润肺的功效，适用于各种类型的便秘，对阴虚体弱的老年性习惯性便秘尤为适宜。

（2）生首乌蜂蜜羹：生首乌400g，蜂蜜100g。秋冬两季采挖生首乌，洗净，切成厚片，晒干或烘干，研末，调入蜂蜜即成。每晚睡前或晨起空腹服，用温开水送服20g。具有养血滋阴、润肠通便的功效，适用于老年血虚及阴虚便秘，长期卧床的老年饮食营养便秘，对便秘合并高血压、冠心病、血脂异常、动脉粥样硬化、贫血的患者尤为适宜。

6. 防治老年糖尿病药膳 日本南瓜粉：日本南瓜1000g（目前国内有引进品种，菜市场有售）。将日本南瓜洗净，去蒂、瓤及子，连皮切成薄片，晒干或烘干，研成细粉，装瓶备用。每日2次，每次20g，温开水送服。具有益气润肺，补中降糖的功效。

7. 防治老年痛风药膳

（1）百合笋片熘白菜：嫩白菜心200g，百合50g，竹笋100g。将白菜心、竹笋切成1cm宽、3cm长的条，把竹笋片加入沸水锅中，煮沸后放入洗净的百合、白菜心，再次煮沸后，一同捞出，沥干水分；炒锅置火上，放入植物油烧成七成热，加入姜丝、葱末、黄酒、酱油及清水少许，烧沸后，加入白菜心、百合、竹笋煮两沸后，加味精、精盐适量熘炒数下，用湿淀粉勾芡即成，佐餐食用。具有解热利湿、清除尿酸的功效，适用于老年痛风急性发作期。

（2）山慈姑饮：山慈姑5g，蜂蜜10g。先将山慈姑切成薄片，入锅加水，浓煎成150ml，去渣后兑入蜂蜜，调匀即成。每日2次，每次75ml。具有清热解毒、消肿止痛的功效，适用于老年痛风急性发作期，对急性痛风性关节炎尤为适宜。

（3）百合粥：百合100g，大米100g。将百合洗净，与淘净的大米同入锅中，加水适量，先用大火烧沸，再改以小火煨煮成稠粥，上下午分服，具有养心润肺、清热止痛的功效，适用于老年痛风急性发作期轻症患者，对痛风性关节炎缓解期患者也适用。

8. 防治高脂血症药膳

（1）山楂嚼食方：新鲜山楂果500g。山楂洗净，晾干，切成两瓣备用。随意嚼服，一般每次20g，每天2次。饭后1小时嚼服，尤为适宜。具有活血化瘀、消脂通脉的功效，适用于各种类型的高脂血症，对高脂血症合并肥胖症、冠心病心绞痛、心脏供血不足出现胸闷刺痛、痛有定处、舌质紫暗或有瘀斑等症，辨证属于气滞血瘀的老年患者尤为适宜。

（2）决明子茶：生决明子或炒决明子 40g。将决明子放入有盖杯中，用沸水冲泡，当茶频频饮用，一般冲泡 3 ~ 5 次。具有清肝、降脂、明目、润肠的功效，适用于高脂血症伴有眩晕、头痛、视力减退、大便干结等，辨证属于肝热偏盛、阴虚阳亢的老年患者，常用于高脂血症伴高血压者。

9. 针对老年性关节炎药膳

（1）骨碎补鹿角霜粉：骨碎补 200g，鹿角霜 100g。将骨碎补、鹿角霜共研为细末，装瓶备用。每日 2 次，每次 6g，用黄酒送服。具有补肾温阳、强筋健骨的功效，适用于肾阳虚型老年性关节炎，症见起病缓慢、腰脊酸软、关节疼痛、行走不便、上下楼或蹲下站立时腰膝疼痛加重。

（2）参归鳝鱼羹：党参 15g，当归 15g，鳝鱼 500g。将党参、当归晒干或烘干，切成片，备用。鳝鱼宰杀后，去除内脏，洗净，在沸水中过一下，去骨切丝，与党参、当归同入锅中，加水适量，煨煮至鳝丝熟烂，除去参归片，放入葱末、姜丝、黄酒、精盐、胡椒粉、味精等，改用文火煨炖成稠羹即可，当菜佐餐，随量服食。具有益气养血、除湿和血的功效，适用于气血两虚型老年性关节炎，症见病程日久、面色萎黄、头昏目眩、关节疼痛、肢体麻木。

10. 防治老年性痴呆药膳

（1）核桃仁粥：核桃仁 50g，大米 100g。将核桃仁研末，与淘净的大米同入砂锅，加水适量，先以大火烧沸，改以小火煨炖至稠粥，上下午分服。具有补肾填髓、健脑益智的功效，适用于肝肾不足、髓海空虚型老年性痴呆，症见头昏眼花、神情淡漠、精神恍惚、反应迟钝、步履蹒跚、极度健忘、苔白质淡、脉沉细弱。

（2）四仁益脑糕：核桃仁 15g，松子仁 10g，酸枣仁 10g，柏子仁 15g，糯米粉 50g，大米粉 50g。将核桃仁、松子仁、酸枣仁、柏子仁同研为细粉，与糯米粉、大米粉同入盆中，加水适量，揉和成 8 个粉团，用模具压制成方糕，蒸熟即成。每日 2 次，每次 4 块，趁热吃下。具有补肾填髓、健脑安神的功效，适用于肝肾不足，髓海空虚型老年性痴呆患者。

第四节　中医养生

一、概　　述

中医养生学是中医关于人体生命养护的理论、原则、经验和方法的知识体系，是在中医理论的指导下，探索和研究中国传统颐养身心、增强体质、预防疾病、延年益寿的理论和方法，并用这种理论和方法指导人们保健活动的实用科学。“养生”一词最早见于《庄子·内篇》。所谓生，就是生命、生存、生长之意；所谓养，即保养、调养、培养、补养、护养之意。养生是通过养精神、调饮食、练形体、慎房事、适寒温等各种方法来实现，是一种综合性的强身益寿活动。养生的理论与方法亦称为“养生之道”。《素问·上古天真论》说：“上古之人，其知道者，法于阴阳，和于术数，食饮有节，起居有常，不妄作劳，故能形与神俱，而尽终其天年，度百岁乃去。”此中所言之“道”，就是养生之道。

（一）中医养生的特点

1. 天人合一，顺应自然　“天人合一”思想是中医养生文化赖以生成的理论基础。人生于天地之间，一切生命活动皆与大自然息息相关；中医学讲究整体观，人与自然就是一个有机的整体，是“天人合一”、“天人一体”的关系，要健康长寿，就要遵循自然，顺应自然，“春生、夏长、秋收、冬藏，是气之常也”，要养生就要遵循、顺应这个规律，以自然之道，养自然之身，正如《素问·四气调神大论》曰：“阴阳四时者，万物之终始也，死生之本也，逆之则灾害生，从之则苛疾不起”，说明中医养生非常强调适应四时、顺应自然这一原则。因此，中医养生从“天人合一”思想出发，从人与自然的关系中去理解和认识人体的健康和疾病，重视自然环境的作用，并使之更好地应用于中医养生之中。

2. 饮食有节，起居有常　饮食是人类赖以生存，保持健康的重要条件之一。健康饮食就是要做到饮食有节。具体包括饮食偏嗜、饮食量和饮食时间的适度性和节律性。《素问·五脏生成》中有云：“多食咸，则脉凝泣而变色；多食苦，则皮槁而毛拔；多食辛，则筋急而爪枯；多食酸，则肉胝䐢而唇揭；多食甘，则骨痛而发落。”《素问·生气通天论》中则说：“高（膏）梁（粱）之变，足生大疔。”可见，在饮食嗜好中，不论是味道还是种类，都应当有所节制，做到饮食清淡，以防生病。从饥饱程度上说，《素问·痹论》曰：“饮食自倍，肠胃乃伤”，说明暴饮暴食会损伤脾胃，导致脾胃纳运失常。所以，饮食要饥饱适当。而从饮食时间上讲，不同的季节要吃不同的食物，才符合自然的春生夏长，秋收冬藏；古人曾说“过午不食”，主要是考虑胃肠负担。因此，只有真正做到饮食有节，充分发挥脾胃后天之本的职能，才能防止病从口入，达到中医养生增强体质，保持健康的目的。

3. 形神统一，动静相济　中医强调形神合一，养生不仅要重视形体的保养，而且要注意精神的保养，使得形体健壮、精神充沛，两者相辅相成，相得益彰。历代养生家都重视精神情志的调摄，主张守神全形，保形全神。“神明则形安”以调神为第一要义，“守神而全形”就是从调神入手，通过保护和增强心理健康而促进形体健康，达到调神和强身统一。中医养生有“动以养生，静以养神”之说，主张动静结合，形神共养，刚柔相济。生命在于运动是人所共知的保健格言，说明运动能锻炼人体组织器官的功能，促进新陈代谢，增强体质，防止早衰。“静净养神”，“恬惔虚无，真气从之，精神内守，病安从来”。所以，形神统一、动静相济就可以真气调顺、益寿延年。

（二）中医养生的分类

中医养生包含精神和物质养生两大类，根据其具体养生方式可分为以下七类。

1. 精神养生　注重的是从精神上对身体进行调养，对人的七情六欲合理地掌控，不被情欲蒙蔽心智，提高自我调节的能力，保持心情舒畅。具体有听积极向上、愉悦的音乐，画画，旅游等。

2. 饮食养生　“民以食为天。”通过饮食有节，均衡合理，注意饮食卫生和饮食习惯，克服饮食偏好，适当进行药膳保健。

3. 药物养生　主张根据自己的身体状况，在医生的指导下，服用传统方药中补益扶正、预防早衰、保健防老的药物，达到养生的目的。

4. 锻炼养生　通过适当的锻炼使气血流畅，筋骨强劲，脏腑功能正常。锻炼还可以调节人的情绪，促进身心健康。锻炼强调因人而异，适量，循序渐进，持之以恒。

5. 外术及砭石养生　选择如针灸、按摩、拔罐、推拿和砭石等传统养生方法，借助其外力作用，通过经络系统的感应传导来促进机体循环，达到祛病健身的效果。

6. 房事养生　“食色，性也。”食色是人天生就有的，饮食能养生，色也能养生。适度的性生活可以舒缓心情，缓解压力，有利于个人健康；还可以增加夫妻感情，琴瑟和鸣有利于心理健康。但不能纵欲，纵欲过度会伤肾耗精，不利于身体健康。合理的性生活才是正确的养生方式。

7. 气功养生 也属于锻炼的一种，不过更加注重的是通过练习气功来调养精神，达到养精藏神、动形怡神的养生目的。如五禽戏、八段锦是比较流行的气功功法。

随着时代的发展，在物质生活水平不断提高的情况下，人们对防病健身、养生保健越来越重视，而从生活中提炼并验证流传的中医养生尤突显其重要意义；中医防病健身特别主张人自身对养生理论、养生方法的学习，从而增强自我保健意识和保健能力，正如《遵生八笺》所说："我命在我，不在于天，昧用者夭，善用者延。"人的生老健病取决于自己的行为是否遵循自然规律，以达养生保健之目的。

二、常见中医养生特色疗法介绍

中医学源远流长，是历代先民与疾病的无数次抗争与实践积累的智慧结晶。除了单纯的开方遣药，中医学还衍生出多种不断发展创新的中医特色疗法，为人们的健康带来福音。中医传统特色疗法在未病先防、既病防变方面具有很大的优势，体现了传统医学治未病、防重于治、养生保健和健康调养的学术思想。中医传统特色疗法是最有效、最经济、最可行的保健手段，在现代养老保健中，占有越来越重要的地位。下面简要介绍几种适合老年人的中医特色疗法。

（一）中医芳香疗法

中医芳香疗法历史悠久，早在殷商甲骨文中就有关于熏燎、艾灸酿酒的记载，到周代有了沐以兰汤、腰佩香囊的习俗。在先秦文献中，《山海经》记载薰草"佩之可以已疠"。马王堆汉墓出土的一批香囊、香炉，内有辛夷、佩兰、茅香、花椒、肉桂等芳香类药物。中医芳香疗法是指将气味芳香的中药，根据实际需要，制成适当的剂型，如香囊、烟熏、喷雾、精油等，通过鼻腔、口腔或皮肤将药物渗透体内，发挥中药所具有的药效，起到调养神智、防治疾病的目的。目前常用的方法有 9 种。①香佩法：是将芳香的药末装入特制布袋中，佩挂于胸前，借药味挥发发挥作用；②香冠法：是将芳香药物制成药帽，戴在头上以防治疾病；③香枕法：是将芳香药物置于枕芯之内，或浸在枕套之中，令人在睡卧时，达到防治疾病的一种自然疗法；④香兜法：是将芳香药物研末，用棉花包裹，装入布囊缝好，兜于腹部以治疗某些慢性疾病的方法；⑤香熏法：用一些芳香气味且容易燃烧的药物制成烟熏剂，用时点燃，熏其患部或居室以防治疾病的方法；⑥香浴法：是用芳香药物浸泡洗浴，或用芳香药物煎煮之热气熏蒸的一种方法；⑦香敷法：是将芳香药物研为细末，并与各种不同的液体调制成糊状制剂，敷贴于一定的穴位或患部，使药效通过皮肤经络而产生效应；⑧香熨法：是将芳香药物炒热后，用布包裹，熨摩人体肌表某一部位，并时加移动，以收祛风、散寒、止痛、活络之功的方法；⑨搐鼻法：是将药物研成粉末，吹入人的鼻腔，或闻吸香气，以达到芳香开窍之功的方法，适用于有失眠困扰，内分泌失调导致的情绪躁郁或有消化系统与呼吸系统疾病的老年群体。

目前中医芳香疗法在老年人强身健体中的应用主要是综合以上方法，并结合现代医学方法，让老年人亲力亲为地调配和使用气味芳香的中药（或产品），来达到怡情、凝神聚气，锻炼机体细微动作和协调能力，以及训练感知感觉的效果，特别适合于神智、机体存在一定问题的老年人。在实践中，老年人对该疗法情有独钟、参与度很高，效果也很好。

（二）刮痧

以中医皮部理论为基础，用牛角、玉石等工具在皮肤相关部位刮拭，以达到疏通经络、活血化瘀之目的。刮痧可以扩张毛细血管，增加汗腺分泌，促进血液循环，对于高血压、中暑、肌肉酸痛等所致的风寒痹证都有立竿见影之效。经常刮痧，可起到调整经气、解除疲劳、增强免疫功能的作用，能改善年老高血压患者的睡眠质量，并适用于患有颈椎病、肩周炎、落枕等疾病的老年人。值得注意的是，要根据老年人的身体状况决定刮痧的强度和时间，体质过虚的老年人不适宜刮痧。

（三）中医五行音乐疗法

中医五行音乐疗法是以中医传统理论为基础，运用宫、商、角、徵、羽五种不同音调的乐曲干预疾病的一种手段。其原理是利用不同调式的音乐，调和机体的阴阳，调节脏腑和情志，而达到“阴平阳秘，精神乃治”的平衡状态。中医五行音乐的运用形式主要分为三种。第一种是接受式，又称为聆听法，是让老年人在放松的状态下聆听音乐、感受音乐、欣赏音乐，使中医五行音乐优美协调的旋律、音调和节奏通过听觉传入系统，机体感受音乐，从而调理脏腑、调畅情志、调节身心。这是国内外普遍运用的一种方法。第二种是参与式，引导老年人主动参与演唱、演奏、舞蹈、音乐创作等，通过其主动参与，充分调动身心各部分的功能，包括宣泄情绪、调畅气机、改善脏腑的功能等。第三种是综合式，将五行音乐与针刺、电疗、穴位按摩、导引、气功、运动、心理治疗等各种方法相结合，最大限度地调动脏腑的功能、调畅情志，起到调理脏腑、阴阳、气血的作用。

近期，我们对综合式进行改良和提升，根据不同老年人的需求，选择老年人耳熟能详、被定论有一定功效的中国传统乐曲，整合中医经络、穴位和运动学，结合旋律，通过运动、拍打、揉按等动作，将三者紧密结合，深受老年人的青睐，并发挥应有的功效。适用于中风康复期、肿瘤、消化系统疾病、慢性疲劳综合征和亚健康状态、高血压、焦虑症、抑郁症、睡眠问题等老年群体。

三、老年人中医养生的健康指导

对老年人的养生保健指导涉及面很广，下面除主要介绍常见养生保健方法的指导外，还提供一些老年人中医体质辨识及保健要点以供参考。

（一）常见养生保健方法的指导

应从心理调摄、饮食调养、起居调摄、运动保健等方面进行指导。

1. 心理调摄　老年人心理调摄的关键在于培养乐观情绪，保持神志安定。可以通过为老年人提供平台和经费，协助并指导他们开展欣赏音乐、习字作画、垂钓怡情等方法。

2. 饮食调养　老年人的消化系统功能减弱尤为明显，因此老年人的饮食调养应以营养丰富、清淡易消化为原则，做到饮食多样化，食宜清淡、熟软，进食宜缓，食要限量，少食多餐。

3. 起居调摄　老年人的生活起居应当谨慎，做到起居规律，睡眠充足。老年人的居住环境以安静清洁、空气流通、阳光充足、湿度适宜、生活起居方便为好。注意劳逸结合，保持良好的卫生习惯，定时大便，临睡前宜用热水泡脚。

4. 运动保健　老年人进行积极的体育锻炼可以促进气血运行，延缓衰老，并可产生一种良性心理刺激，使人精神焕发，对消除孤独垂暮、忧郁多疑、烦躁易怒等情绪有积极作用。老年人运动锻炼要遵循因人制宜、适时适量、循序渐进、持之以恒的原则。适合老年人的运动项目有太极拳、八段锦、慢跑、散步、游泳、打乒乓球等。如果身体不适可暂时停止运动，不要勉强。锻炼 3 个月以后，应进行自我健康小结，总结睡眠、二便、食欲、心率、心律是否正常，一旦发现异常情况，应及时就诊，采取措施。

（二）老年人中医体质辨识及保健要点

根据《中医体质分类与判定》可将老年人按中医体质划分为平和质、偏颇体质（包括气虚质、阳虚质、阴虚质、痰湿质、湿热质、血瘀质、气郁质、特禀质）共九种体质类型。根据不同体质采取相应的调养方法。

小　结

面对新时代老年人不断增长的对美好生活的向往和不同层次的需求，作为老年服务工作人员需要全面了解老年人的营养需求及各类食物的营养特点；同时，为保证更精准地促进每一位老年人的健康老化、积极老化，我们需要不断解放思想，创新工作思路，用爱心、细心、精心做好老年活动，不断增强老年人的幸福感与获得感。

（刘　立）

拓展阅读（第八章）

第九章 “互联网+”在养老机构中的应用

学习目标

识记：养老机构信息化系统的框架构成及内容。

理解：“互联网+”的内涵、信息化的一般特征、信息化的重要性。

运用：将互联网新技术引入养老机构日常服务工作中，提高服务质量，满足老年人的需求。

【导言】

随着我国养老事业的发展及人们生活水平的提高，老年人及其家属对养老服务的质量要求越来越高。近年来，国家为了有效提高养老服务质量和有效建立涵盖全社会养老服务资源，在标准、规划、要求等方面出台了很多政策，其中在“互联网+养老”方面尤为突出，要求几乎所有新建的养老机构都要满足信息化的建设需求，使得养老机构的建设重心逐渐从“重视设备、床位”等硬件设施转移到“重视养老服务质量、机构管理水平建设”等软件设施上。因此，养老机构信息化建设的重要性越来越突显，已成为发展的必然选择。如何使养老机构信息化建设满足现代化管理的需求，最终使入住老年人、养老服务人员真正受益，这是现代化养老机构建设特别关注的一个问题。

【引导案例】

假设在某家养老机构里，某天晚上，一位老年人向养老服务人员提出他肚子饿了，想吃碗面，养老机构该不该帮他做呢？您认为呢？

从人文关怀的角度看养老院应该帮他做的。但从信息化解决方案的角度看，这一碗面却涉及很多问题，如库存（厨房里还有没有面条？配菜、配料是否充足等）、人力（谁去做？是否有厨师在值班？这名厨师是否算加班等）、采购（今晚用了的原料，第二天是否需要再采购）、计费（这碗面该不该收费？该如何收费？），其他老年人也要怎么办？改为要一张大饼又怎么办等。

问题：养老机构信息化的发展对养老机构的管理工作有什么影响？

第一节 “互联网+养老”概述

一、相关概念及发展动态

随着信息技术的快速发展，改造传统养老产业，推动养老服务向智能化方向发展已成为可能。“互联网+”是知识社会创新2.0推动下的互联网形态演进及其催生的经济社会发展新形态，是推动经济形态不断发生演变，从而带动社会经济实体的生命力，为改革、创新、发展提供广阔的网络平台。

“互联网+”是“互联网+各个传统行业”的简化，但这并不是简单的两者相加，而是充分利用信息通信技术及互联网平台，让互联网与传统行业进行深度融合，创造新的发展生态。

具体来说，“互联网+”在养老机构的应用主要体现在信息化管理方面，即以信息化养老终端采集数据为基础，利用互联网、移动通信网、物联网等手段建立系统服务与互动信息平台，通过对数据的传递、处理、存储、分析，为老年人提供安全看护、健康管理、生活照料、休闲娱乐、亲情关爱等方面的养老服务，为老年工作提供服务及决策所需的各种信息，形成内容全面、丰富的老年人服务信息网络和管理系统，实现养老需求与社区、养老机构的有效对接，形成一套有效的养老服务体系。

影响养老机构信息化建设的最重要因素是技术和成本。信息化系统包括 Zigbee、传感网络、云计算、医疗物联网、移动物联网等先进技术，开发成本较高，系统维护和开发需要大量的成本投入；另外，智能化产品价格相对较高，老年人的接受程度相对较低，使用推广需要一定的时间。

二、老年人对“互联网+”的需求

国家《老年人权益保障法》和《“十三五”国家老龄事业发展和养老体系建设规划》中提出了“六个老有”，即老有所养、老有所医、老有所为、老有所学、老有所乐、老有所教，对老年人的生活需求做了高度概括。结合马斯洛需求层次理论，可以将老年人对于养老服务的需求归纳为生活需求、健康和安全的需求、娱乐的需求、关怀需求、自我价值实现的需求。“互联网+”时代的信息化养老服务通过运用互联网思维，依托现有的信息化技术和社会力量，对传统的养老服务进行改造升级，促进养老服务内容、模式和机制革新，可以有效满足老年人的需求，提升养老服务质量。

（一）生活需求

“老有所养、衣食无忧”是老年人需求最基本的层面。衣、食、住、行等生活需求是每个老年人生存的基本保障，相应的衣、食、住、行等信息的需求是老年人的基本信息需求。互联网技术可以整合多种资源和丰富强大的信息，快速有效地为老年人提供所需信息，来满足老年人对于日常生活信息的需求。

（二）健康和安全的需求

追求健康和安全对于每个老年人而言是最基本的生存保障。要实现“老有所医、身心健康”的目标，就需要有完善的医疗保障体系和安全稳定的社会环境。相应地，老年人由于身体衰弱、老化，对于医疗健康和安全的信息需求更加强烈。互联网技术可以为老年人提供查询、预约诊疗、健康管理等服务，老年人不出家门，便可以享受基本的医疗服务。

（三）娱乐的需求

老年人的娱乐生活是老年人精神生活的重要组成部分，也是发挥老年人“老有所为、老有所乐”的重要内容。随着老年文化产业的发展，老年人对于娱乐文化的信息需求十分强烈，当前，为了迎合老年人对于娱乐文化的需求，很多互联网产品应运而生，如手机点唱 APP、小视频 APP、在线棋牌游戏软件等。

（四）关怀需求

随着年龄的增长，老年人极易产生孤独感，希望得到更多的关注和陪伴，“老有所依、老有所伴”也成为老年人晚年生活的重要目标。情感的陪伴与交流不仅仅来源于亲属的信息沟通，也需要来自朋友的近况信息。信息化的发展，为老年人的沟通提供了便利，通过一部手机或者电脑，老年人可以与自己的亲友视频，也可以寻找有相同爱好的朋友。同时，越来越多的平台为老年人提供了婚恋、交友、聚会、兴趣爱好、社会团体等丰富的信息，让老年人可以方便快捷地与他人交流，增强老年人的归属感。

（五）自我价值实现的需求

老年人为国家建设贡献了自己的青春才华，为社会发展创造了巨大的价值，他们积累了丰富的专业知识与经验，这是宝贵的社会财富。许多老年人身心健康，生活没有压力和负担，对于受到社会尊重和自我价值的实现有更高的追求，希望自己能够“老有所为、老有所用”，继续为社会贡献自己的力量，相应的，这类老年人对于再就业也有一定的信息需求。大数据平台可以整合老年人的相关信息，进行筛选和分配，为老年人匹配合适的岗位；同时，为有需要的单位、组织进行推荐，为老年人发挥余热提供更多的机会。

三、“互联网+养老”的重要性

当前“互联网+”已经上升至国家战略，对于推动老龄事业发展具有至关重要的作用。养老与“互联网+”的结合是产业升级的必然要求，对于改善养老机构床位不足及提高养老资源利用率具有重要作用。

（一）有利于对养老服务资源进行重新分配，保证服务专业性和管理的规范化

信息化管理的一个重要特点就是规范、专业、透明。养老机构信息化系统准确掌握了大量个人数据及机构数据，通过计算机系统技术的分析处理，可以及时解决和处理服务与管理中出现的问题，从根本上改变了传统的经验式管理模式，使得机构的经营管理方式从根本上发生了质的变化。例如，机构内的老年人可以随时了解入住的健康信息、费用信息、护理信息等，每一项服务都有规范的操作内容及服务准则，一旦出现违规情况，老年人及其家属、机构管理人员及上级管理部门能及时收到反馈信息，进行规范化的整改措施和处罚处理等。

（二）有利于养老机构依托互联网的优势，提高服务效率，节约成本

通过先进的技术和数据处理方法，系统对复杂无序的海量信息进行整合和挖掘，最终转化成条理清晰和有针对性的信息结果，及时准确地反馈机构内床位使用情况、老年人基本健康情况、物资情况、老年人及其家属的需求与建议等，有利于减少请示、检查、监督等环节的人力消耗，节约人力成本，节约办公资源。

（三）有利于促进公民社会的发展

随着社会的进步，老年人的社会意识越来越强，越来越多地追求个性化、多元化的服务。机构养老引入“互联网+”改变了传统的机构养老服务模式，扩大了老年人服务产品的供给，提升了老年人安全保障的水平，更能满足老年人个性化服务的需求。推动“互联网+”机构养老发展，老年人的社会意识增强，又反过来可以推动公民社会的发展。

（四）有利于社会资源的参与，促进互联网养老服务体系的发展

“互联网+”行动计划，将政府、社会、企业、机构等各方联动，目的是逐步形成可持续的生态圈、产业链、服务网。在政府的引导下，社会资源的积极投入，不断加强养老服务综合信息平台的建设开发，完善互联网基础设施建设，整合改造社区内部的无线网络、宽带网络、广电网络、物联网等基础设施，支撑互联网养老服务体系的高效运行。

第二节 “互联网+养老机构”信息系统建设

一、“互联网+养老机构”的基本特征

（一）具有完善的通信网络

养老机构需要稳定完善的有线和无线网络，保证机构信息传输的高性能，养老机构内部工作人员、老年人及其家属等使用网络的人数众多，产生巨大的流量；同时，因工作需要医护人员经常会传输和下载一些动态和高清的医疗影像资料等，这就要求机构的网络能够稳定地、不间断地运行。

（二）具有能够确保安全的安保系统和设施设备

养老机构储存了大量的重要信息或保密数据，如老年人机体的动态检测信息、个人经济账户、医疗信息等，这些信息涉及老年人的隐私；同时一些医疗数据信息具有一定的研究价值和经济社会价值，建立高安全性的网络系统，提供安全可靠的网络服务，能够满足养老机构不断发展的安全需求。

（三）实现业务流程的信息化

养老机构信息化实现了业务过程的计算机自动化，工作流程对接及工作步骤都在计算机的帮助下协同完成，达到了提高工作效率、更好地控制过程、增强对老年人的服务、有效管理业务的目的。

（四）具有综合管理信息功能

养老机构综合信息管理系统，通过对信息的收集、处理、传输、存储等，将机构所有的业务信息、老年人的个人信息、支付信息、健康监测信息、物资信息等，全部纳入综合系统统筹管理。管理信息系统是机构信息化的关键，关系着养老机构经营的成败。

二、“互联网+养老机构”信息系统建设的基本内容

就现阶段来说，“互联网+养老机构”信息系统主要由通用系统和专业系统构成。通用系统也可认为是基础系统，不同类型、规模的养老机构均适用，一般包括养老机构综合服务门户网站、基础信息管理系统、老年人安全管理系统、对外业务管理系统、移动终端管理系统、支付系统等。专业系统是针对养老机构的专业服务和工作，如医疗、照护、评估等构建的专业系统，一般包括养老机构日常管理系统、老年人评估系统、老年人照护管理系统等。养老机构信息化管理系统架构图见图 9-1。

（一）养老机构综合服务门户网站

作为养老机构对外宣传信息门户，主要发布本养老机构内最新的养老相关信息，如养老机构设施情况介绍、机构护理人员情况、新闻政策信息管理、机构活动信息、专业技能及安全信息、养老知识网络课堂、志愿者服务申请、服务人员在线培训等栏目。养老机构综合服务门户网站具体系统架构见图 9-2。

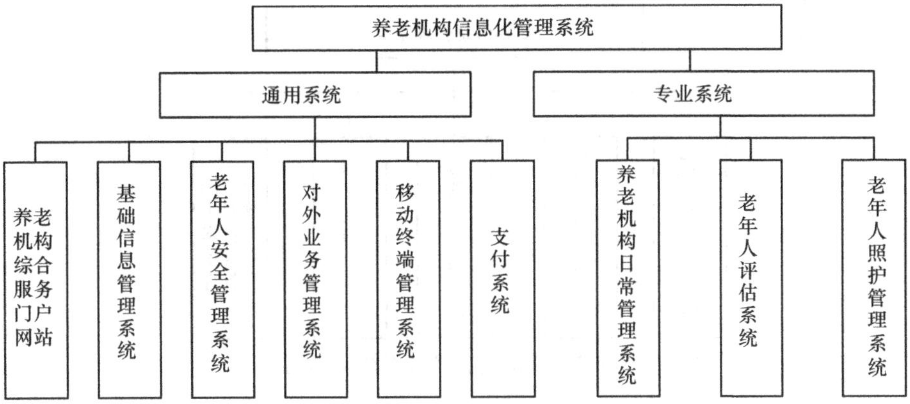

图 9-1 养老机构信息化管理系统结构图

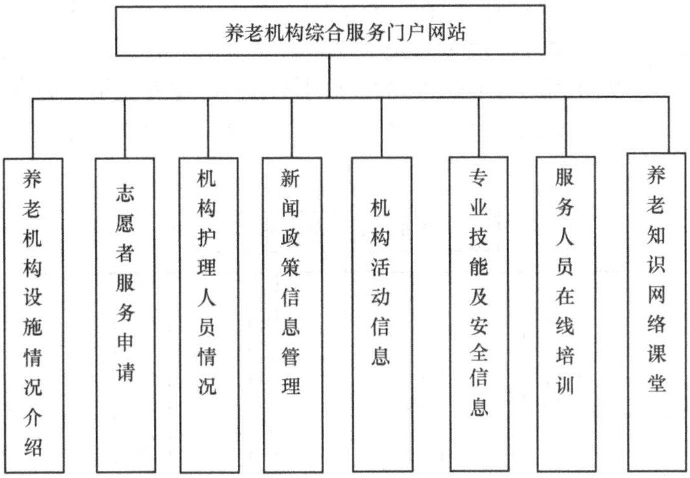

图 9-2 养老机构综合服务门户系统结构图

（二）基础信息管理系统

基础信息管理系统是养老机构信息化的基础，基础数据直接影响养老服务需求和供给的对接，直接影响机构管理的决策及相关的服务质量。只有充分掌握老年人、社工、志愿者、养老服务供应商等基本数据，才能在日常的运营管理中为老年人提供个性化、灵活性、智能化的养老服务。

基础信息管理系统主要是对养老机构中所涉及的相关信息进行日常的管理与维护，主要包括老年人信息管理、服务人员信息管理、志愿者信息管理、服务商信息管理、政策法规及护理技术标准信息管理。基础信息管理系统具体架构见图 9-3。

老年人信息管理：主要包括老年人的年龄、性别、受教育程度、住址、子女、已患常见病等。

服务人员信息管理：主要包括服务人员年龄、性别、受教育程度、技能水平、服务等级等。

志愿者信息管理：主要包括志愿者的姓名、性别、职业、特长、专业技能、可服务时间等。

服务商信息管理：主要包括服务商名称、服务类别、可提供的服务内容、联系人、联系方式等。

政策法规及护理技术标准信息管理：主要包括养老政策、养老津贴、财政补助、养老服务标准等技术信息。

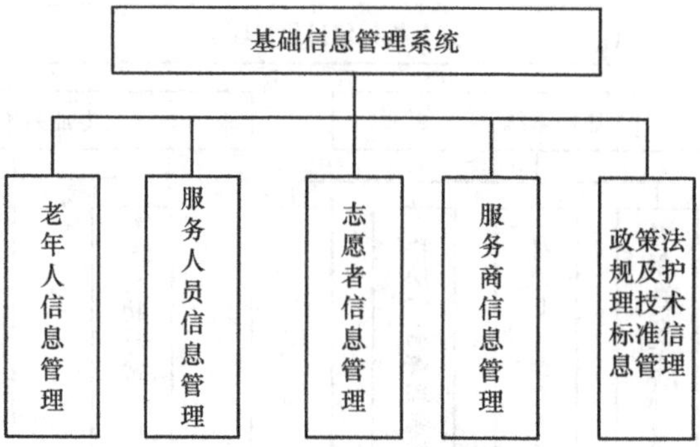

图 9-3　基础信息管理系统结构图

（三）老年人安全管理系统

目前，大部分的养老机构场所的面积比较宽阔，老年人可以自由活动和进出，服务人员无法顾及每个位置的老年人，增加了很多的安全隐患，子女也会为老人在养老机构的生活担忧。养老机构安全管理子系统可利用先进的移动互联网技术，通过为老年人提供智能可穿戴设备，为老年人提供定位、追踪、监控、报警等服务，可以有效解决和改善各类安全问题。老年人安全管理系统具体架构见图 9-4。

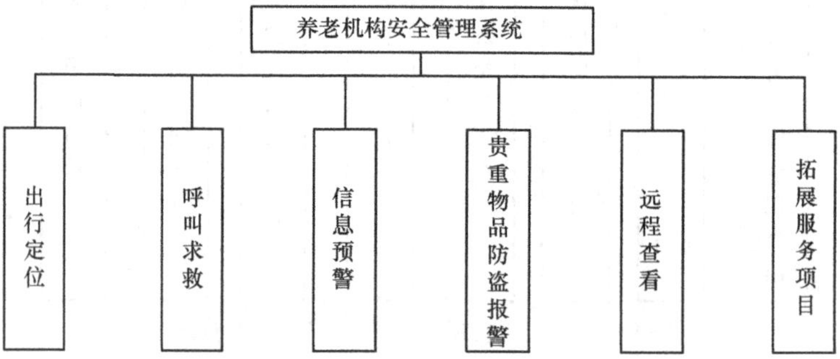

图 9-4　老年人安全管理系统结构图

出行定位：老年人出行定位系统主要是通过 GPS 精准定位，追踪老年人的行动轨迹和位置，形成安全岛，实现地图监控。通过设置地理信息围栏，为老年人设置一定的安全活动区域，一旦老年人走出安全区域或者出现在危险区域，系统会自动报警，及时追踪以防止出现意外。

呼叫求救：是针对老年人常见的跌倒或者紧急情况而设置的报警系统。该系统主要是通过佩戴电子产品或者墙上安装呼救按钮，检测老年人的心率及体温等生命体征，当老年人出现生命体征停止或不正常时就会报警，提醒周围人员采取及时有效的措施。如果老年人自身感觉不适或者需要求助时，也可通过一键呼救紧急按钮向系统发出求救信号，通知周围的管理人员采取有效的救护措施。

信息预警：是针对老年人即将或者可能出现的不良状况进行预判的系统。系统可以根据老年人阶段性的身体状况（如血压、血糖、睡眠、排泄数据等）分析可能出现的疾病或者不适，并形成报告，以便服务人员及时判断并采取预防措施，同时也可以将信息传送给其亲属，以便及时关注老年人的状况。

贵重物品防盗报警：是预防盗窃等意外事件的重要设施，一旦出现突发状况，系统会自动发出报警信号，并激活视频监控系统，控制相应区域的摄像头切换到指定的地点，监控现场画面，为管理人员提供准确可视的信息。

远程查看：主要是基于互联网和智能化的终端设备（如手机 APP），为老年人亲属提供关怀服务的系统。亲属登录访问门户可以进行信息查询，了解老年人活动轨迹、视频监控、健康咨询和机构服务监督。

拓展服务项目：主要是针对不同规模、性质、服务的养老机构进行的灵活性的系统设置，各机构可以单独设置规则和安全防控，为老年人提供个性化的服务，如某些需要特殊照顾的老年人，需要给其限定一定的活动范围或行为。

（四）对外业务管理系统

该系统主要是针对养老机构外的老年人提供生活照料服务、医疗护理服务、精神慰藉服务、紧急求助服务及临终关怀服务等。通过借助互联网技术，扩展养老机构养老服务的范围。借助于养老服务信息平台，收集和反馈社区老年人的各项养老需求，开展社区养老方面的活动，实行精准化的营销及推广。对外业务管理系统具体架构见图 9-5。

生活照料服务系统：通过互联网平台为周边社区老年人提供专业化的生活照料服务，主要集中在网上订餐、洗衣、理发、搀扶、常规体检等身体健康养老服务。针对一些有特殊要求的老年人提供专业化的定制服务，如为一些患有心脏病、高血压、糖尿病等慢性疾病的老年人进行三餐膳食的定制服务等。

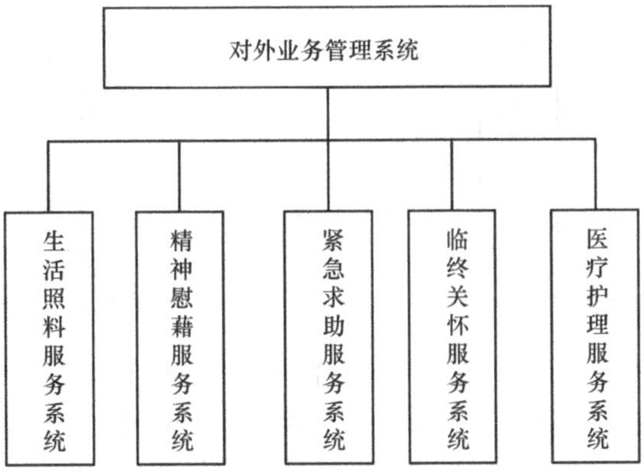

图 9-5 对外业务管理系统结构图

精神慰藉服务系统：为老年人，特别是一些鳏、寡、没有孩子的老人和子女长期不在身边的老年人提供在线精神慰藉服务，还可根据需求或通过预约，让专业人员上门对老年人进行情感关怀。

紧急求助服务系统：为老年人的突发状况提供求助保障，如老年人突然跌倒或者突发疾病时，可以第一时间通过服务平台协调救助资源，以保证老年人生命安全。

临终关怀服务系统：针对临终关怀老年人的需求，将医疗服务系统、护理服务系统、社会工作服务系统等综合对接，进行能力评估和服务计划制订，实现信息管理，以及协助提供相关资源，如法律咨询、后事处理等。

医疗护理服务系统：可以实现医疗平台预约，定期派专家去社区坐诊，为不便行动的老年人检查身体等；如果发现疾病前兆，可以早期对症处理；如遇有复杂、特殊病情等，可提供远程会诊服务，让老年人足不出户便能享受到优质的医疗服务。

（五）移动终端管理系统

移动终端管理系统主要包括用户端、养老机构管理端、第三方服务端。移动终端管理系统具体架构见图 9-6。

用户端：主要是针对老年人及其亲属子女，其设备主要包括智能手机、一键呼援设备、智能手环等，用户可以通过手机 APP 来选择服务需求，如子女通过视频查看老年人在养老院的活动情况、平常的活动轨迹，预约服务，查看老年人个人体检信息，交费，对相关服务进行服务评价等。

养老机构管理端：主要是对机构信息平台的信息进行移动化管理，相关人员可以第一时间在自己的手机端查看服务信息并对其进行反馈操作，如信息系统接收到用户端的服务需求后，根据服务类型，将信息下发到各个服务子系统中，并把服务信息下发到相关人员手机端，相关人员接收到信息后根据系统安排为老年人提供相应的服务。

第三方服务端：是指链接第三服务方的服务端口，当需要由第三方个人或机构提供服务时，系统会向第三服务方发出需求信息，第三服务方接收到信号后，会为老年人提供相应的服务。

（六）支付系统

当前养老机构服务或消费的支付类型主要是扫码支付、POS 付款和现金，机构所有业务系统的最后支付数据都要归总至养老机构信息化管理系统。支付系统具体架构见图 9-7。

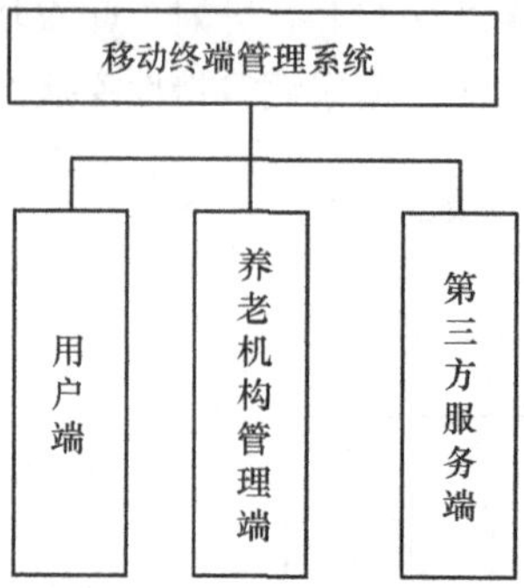

图 9-6　移动终端管理系统结构图

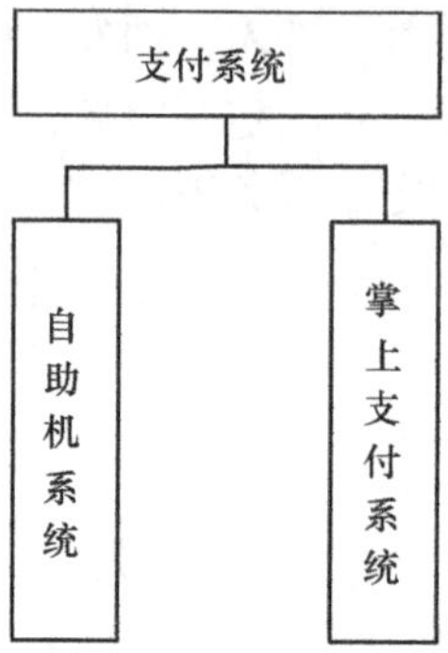

图 9-7　养老机构支付系统

自助机系统：在养老机构内网使用，提供开卡充值、账单支付、入院预缴等业务，支付功能囊括机构内部的大部分支付业务。支付类型主要是扫码支付、POS 付款。

掌上支付系统（APP、微信公众号、小程序、支付宝生活号等）：养老机构的移动手机端，提供移动端账单支付、服务预约、预缴费用等移动端便捷功能。支付类型主要是各种移动端支付。

（七）养老机构日常管理系统

养老机构日常管理系统是一个办公管理、财物管理、物资管理、接待管理、人力资源管理、后勤管理统计分析全面集成、资源共享的信息化管理系统。系统全面提高了养老经营管理水平，实现了业务信息共享，节约了成本，规范了工作流程，提高了工作效率。通过系统的实时数据统计分析，给管理人员提供了全面的、准确的、科学的决策依据。养老机构日常管理系统具体架构见图 9-8。

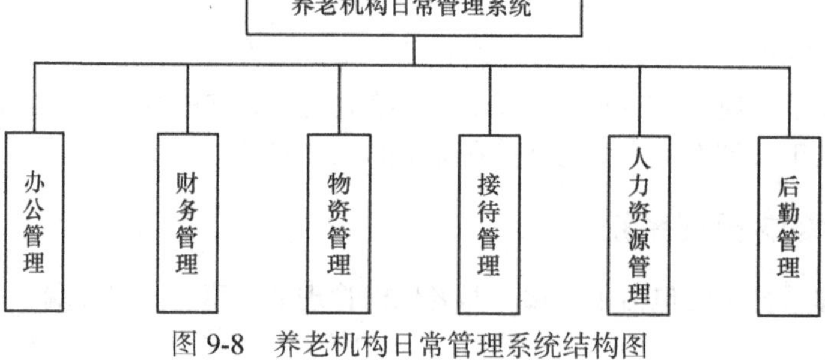

图 9-8　养老机构日常管理系统结构图

办公管理：主要是针对日常工作内容信息化，如机构公文、通知、邮件、报告、排班、查询、统计分析等。

财务管理：包括老年人的住院费用、代收费用、日常支出、费用结算、现金记账等。系统根据日常财务需求，设置财务管理规则，如每月缴费、结账、发放工资、剩余结算等，都由系统统一自动计算，节约了人力成本，简化了工作流程。

物资管理：包括机构设备、药品、卫生材料、生活用品、出入库管理等信息记录，统一调度，简化了工作内容。

接待管理：包括病房管理、病床管理、出入院管理、排队管理等。如老年人咨询入住情况，系统可以自动根据老年人实际需求和机构现有床位资源进行安置，如不能及时就住，也可以先行排队，在床位空出后及时通知老年人办理入住。

人力资源管理：包括不同编制和岗位人员的分类管理、合同管理、机构考勤管理、绩效考核管理、工资管理、培训、岗位晋升等内容。

后勤管理：是机构正常运转的重要保障，包括物资采购、车辆调度、水电管理、固定资产、基础建设、食堂管理、消防安全等内容。

（八）老年人评估系统

老年人评估系统是一个对老年人的整体状况，包括基本资料、健康史、精神状况、功能活动、社会功能、就医记录、日常生活形态及自理能力、意外状况等数据进行记录与存储的互动平台。系统具备对老年人的评估信息进行录入、查询、管理、统计分析、检测等多项功能，将详细信息进行存储与处理，作为养老机构日常管理服务的基本依据，也是养老机构运营补助和政府购买养老服务的依据。根据要求评估每年不少于一次，当老年人出现重大变化或危机状况时，要开展即时评估，这些评估记录都要纳入到老年人的健康档案中，保存期不得少于15年。

根据我国民政部发布的《老年人能力评估》行业标准规范（MZ/T039—2013）、各地方评估标准规范等，老年人评估系统在基本信息填写完成后，系统自动进行评估，各项指标评判完成后，系统自动形成能力评估报告，这些信息会保存到机构的数据库中，作为老年人入院、出院、个性化服务的依据，子女也可以从访问终端随时关怀老年人的基本状况。老年人评估系统具体架构见图9-9。

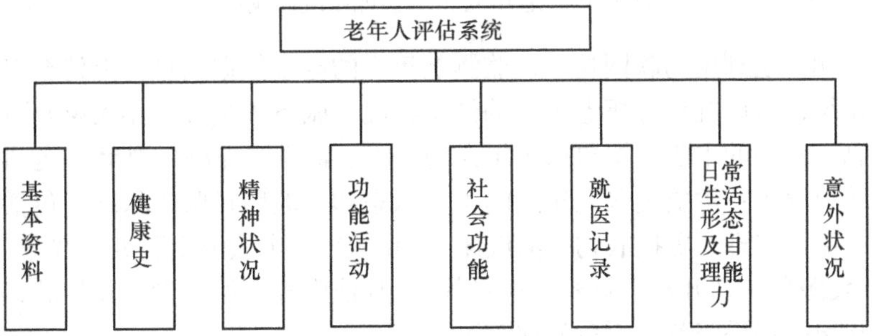

图9-9 老年人评估系统结构图

基本资料：包括姓名、年龄、性别、籍贯、民族、文化程度、婚姻状况、职业、原工作单位、家庭住址、通信地址、电话号码、家庭成员状况、经济状况来源、监护人等基本信息。

健康史：包括现病史、既往病史、手术史、用药史、家族健康史、成长发展史、目前接受的护理方案、饮食要求及其他需记录的健康情况。

精神状况：包括认知、情感和意志行为等各方面的信息，还应包括自杀、伤人等需要特别注意的心理和行为问题的信息，可以选择性地使用精神卫生评定量表进行评估。

功能活动：包括言语、视力、听力等沟通能力的信息，还应包括完成进食、个人卫生等日常功能活动的信息，应注明眼镜、助听器、拐杖等辅助器具的使用情况。

社会功能：包括社会活动的参与程度、自身感受等信息，还应包括社会支持、社会评价等信息，可以有选择地使用精神卫生评定量表。

就医记录：主要包括医院健康档案和就诊记录，如看诊、挂号、处方、药品、检查结果、手术、转诊等详细信息，便于机构了解老年人的既往病史和健康状况。

日常生活形态及自理能力：日常生活形态包括健康认知与健康维护、营养与代谢状况、休息与睡眠状况、排泄状况、活动与运动状况等内容，并按照国家规定的完全自理、部分自理、完全不能自理三个等级进行评定和记录。

意外状况：包括跌倒、坠落、交通事故、急性疾病、自杀等。

（九）老年人照护管理系统

养老机构的照护管理系统是根据老年人的实际需求来设计的，通过先进技术将照护服务进行信息化管理，一方面机构管理人员可以及时了解老年人的服务需求、护理人员服务的质量和老年人的满意度，如可以及时查询和监督老年人的饮食状况、护理效果、老年人的精神状况等；另一方面老年人家属和上级管理机构可以随时访问各项指标，及时进行监督和管理。老年人照护管理系统具体架构见图 9-10。

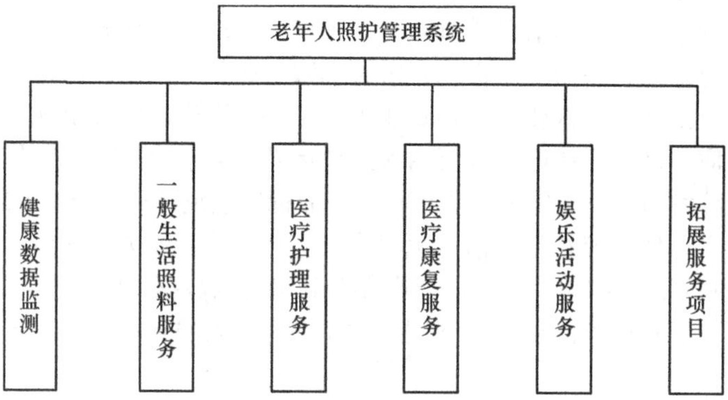

图 9-10　老年人照护管理系统结构图

健康数据监测：是利用物联网技术，监测老年人的健康数据信息并上传至养老机构健康医疗信息平台的系统，可以统计分析老年人的健康状况，服务人员和老年人家属可以根据权限登录查看相关信息。监测的主要数据包括老年人的体重、血压、血糖、血氧、运动、脉搏等。

一般生活照料服务：主要记录老年人的生活状态和一般照料服务状况，包括室内外卫生清洁（房间清扫、床铺整理、更换衣物、清洗床上用品等）、个人卫生服务（洗澡、理发、剃须、剪指甲等）、饮食服务（送开水、订餐、送餐等）、其他服务（保修设备及物品、房间巡查、观察老年人身心状况、特需服务、应急处理等）。

医疗护理服务：主要针对需要医疗护理的老年人，由具有医疗相关资质的机构或专业人员提供相关服务，并将服务过程和内容进行信息化记录。具体包括用药、打针、输液、采血、营养管理、饮食护理、清洁卫生护理、排泄护理、转移护理等基本护理工作。该系统记录的信息也为老年人健康评估提供了准确依据。

医疗康复服务：主要记录老年人接受的康复计划、实施状况、时间、次数等，通过检测老年人的生命体征变化，系统可根据数据分析老年人康复状况和及时变更康复计划。

娱乐活动服务：主要是针对机构开展的各项精神娱乐服务进行的信息化管理。该系统记录了老年人的休闲娱乐、活动运动及个人兴趣爱好等信息，为机构开展个性化服务提供了依据，老年人家属也可以及时了解老年人的精神生活状态，随时给予关怀和支持。

拓展服务项目：养老机构根据老年人的需求及机构的服务能力可拓展临终关怀、科技助老、金融助老等相关服务，并开发相关服务数据平台和信息化产品。

【知识拓展 9-1】

养老大数据就是通过涉及老年人的物联网、移动互联网、车联网、社交网、养老服务系统等各种网络平台，以及手机、可穿戴设备、平板电脑、个人计算机等各种终端，还有安装在养老机构或老年人家中的各种各样的传感器和各类监控获取的各种涉老数据，如表单记录、图片、音频、视频、地图定位、流媒体数据，用来支持对老年人的心理和行为进行分析，对涉老的产品或服务进行更好的管理和决策，使不同涉老干系人都有获得感，并且尽可能提升其满意度。具体涉及的内容见图 9-11。

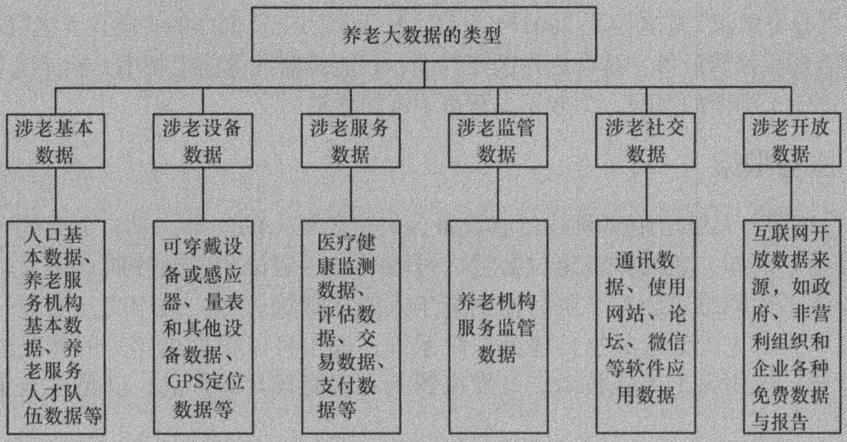

图 9-11　养老大数据的类型

三、“互联网+养老机构”信息化建设存在的难点

（一）基础薄弱，横向交流机制仍需完善

当前“互联网+”得到了长足发展，但是与养老机构的融合仍处于起步阶段，我国目前的养老服务供给仍然是以供方即养老机构资源为导向，对于服务对象的需求关注和挖掘得还不够，这是制约“互联网+养老机构”信息化发展的关键。同时，由于目前各类养老机构采用的信息化养老服务平台和服务终端多数互不兼容，且缺乏横向沟通和交流协作机制，导致各平台各自为政、功能不全，长期积累的海量数据与信息也不能对接和共享，从而影响了各类养老服务资源的有效调配和整合。

（二）缺乏相关标准和政策规范

目前，随着我国“互联网+”策略的推动，更多的服务主体和社会养老资源进入到养老服务市场，需要政府加强监管。然而，我国在这方面的立法仍基本处于空白状态，匹配政策也还未明确出台，导致信息化养老机构服务的服务标准、服务监管、质量评估、反馈机制等无法形成完整的制度体系，从而直接影响到“互联网+”与养老机构的融合。

（三）专业人才匮乏，运行效果不佳

当前，人才缺乏、人员流失率高、人员专业化程度低等是各类养老机构面临的难题。信息化养老所需的专业知识人才更是匮乏，直接导致养老机构信息化服务的质量和水平大大降低。

第三节　“互联网+养老机构”案例介绍

为更好地了解“互联网+养老机构”信息化建设的情况与作用，下面提供一些国内外典型案例，希望起到借鉴作用。

一、日本“真心香里园”养老院

（一）简介

日本“真心香里园”养老院是2001年由日本松下集团全资创办的智能化养老院，老年人居室全部采用智能化家居设备，结合远程医疗终端、智能机器人等前沿技术，给予老年人无微不至的关怀，创造了和谐的氛围，为老年人营造了家的感觉。

（二）服务框架

“真心香里园”大量运用高科技传感设备，关注老年人的一举一动，全天候守护老年人的健康与安全。例如，老人佩戴定位装置，可随时进行定位和紧急呼叫；床上、厕所、马桶圈等都安装了探测感应装置，随时监测老年人的异常状态等。应用交互装置开展远程医疗服务，老年人的生理健康数据传输到医院系统，医生可以根据老年人的状况进行对症下药和医疗指导。应用人工智能技术，开发机器人和智能玩具等产品，满足了老年人的健康和娱乐需求。

“真心香里园”具体服务架构见图9-12。

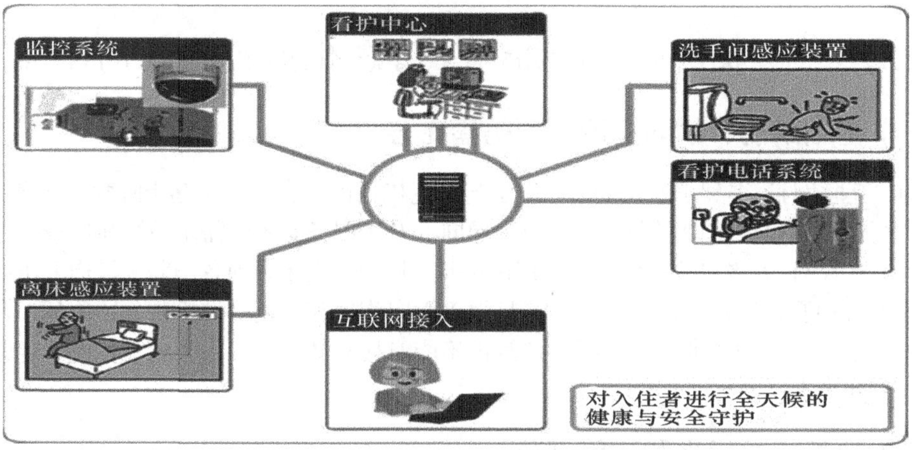

图9-12　“真心香里园”的服务框架

（三）特色

“真心香里园”注重人文关怀和细节服务，将智能化技术应用到老年人日常生活的各个环节，保证养老服务工作的细致、灵敏和快速反应。借助交互装置，完成远程医疗服务的匹配和针对

性的医疗服务，并不断开发新的产品以提高服务质量。

（四）启示

将“互联网+”应用到养老机构服务的各个环节，为老年人提供全面、精细化的服务，是养老机构运营与发展可借鉴的地方。

二、乌镇“1+2+1”模式

（一）简介

乌镇“1+2+1”模式是借助椿熙堂老年服务中心，将政府、志愿组织、为老服务商等多方参与主体整合统一而形成的。该模式充分发挥了乌镇地方特色，通过设立数据平台和管理平台，将多个主体的业务结合起来，为老年人提供更加便利、优质的服务。

（二）服务框架

乌镇智慧养老模式设计为“1+2+1”模式（图 9-13）。第一个 1 代表大数据平台，即构建一个数据中心，用于建立服务需求数据跟踪与分析体系；后面的 1 是综合管理平台，乌镇政府涉及养老的主管机构可以利用该平台完成监管、审批等功能；2 则代表常规服务和定制服务。常规服务可以通过交互系统进行多样化选择，定制服务则可以根据个性化需求来提供。通过各方力量的整合，让不同的服务主体、监管部门、志愿者等共同参与养老，形成了不同干系人协同养老的服务模式。

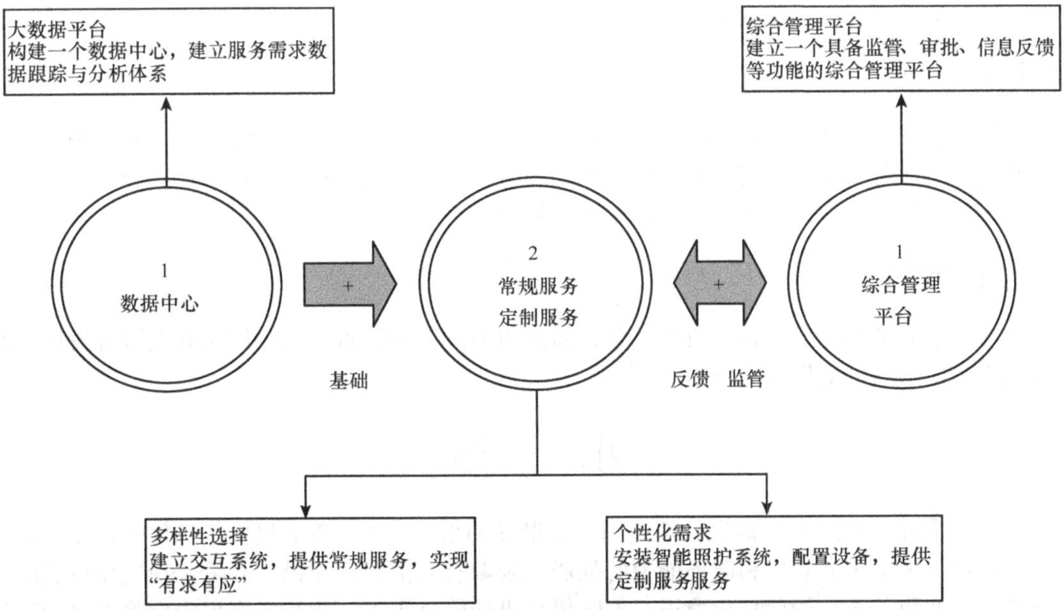

图 9-13 乌镇模式结构图

（三）特色

通过引入第三方中介，打通了多个为老服务主体间的壁垒，让多个利益主体能够统一为养老服务的目标进行协同养老。该模式同时借助大数据平台来完成服务的匹配、多样化和个性化的服务提供，借助综合管理平台来实现服务的反馈与监管。

（四）启示

构建一个数据中心是让不同干系人协同养老的基础，常规服务和定制服务的提供实现了规范性服务和差异性服务的分别满足。政府应该做好规划、规范和监管工作，平台建设则可以借助第三方运营机构来完成。

三、“浙里养”智慧养老服务平台

（一）简介

浙江省“浙里养”智慧养老服务平台是浙江省民政厅于 2019 年 7 月发布的省级养老服务数字化转型项目，取意来自浙江省养老服务宣传口号“幸福养老，浙里更好”。该平台由政府和市场共建，平台用户覆盖政府、市场主体、老年人及其家属等三类群体，政府用户贯通省、市、县、乡镇（街道）、村（社区），市场主体涵盖养老机构、养老服务组织、社会组织、志愿者组织、金融机构、从业人员等。

（二）服务框架

该平台采用“1+5+N”总体框架，构建以 1 个养老服务大数据为基石，以受理中心、评估中心、办理中心、支付中心、监管中心 5 个中心为支柱，以居家社区养老、机构养老、康养结合、医养结合、人才培养、志愿服务、老年产品租售、旅居养老等“N”类社会服务为主干的养老服务体系，实现多方式受理、统一评估、一证通办、线上支付、严格监管，依托平台强化供需对接，加速提升养老服务质量。

（三）特色

通过平台整合全社会养老资源，实现资源共享，引入“互联网+”思维，共享协同发展，突出了政府为民服务属性、兜底保障职能、严格监管责任的服务原则，坚持政府搭台、专业组织服务、老年人及其家庭自主选择的市场原则，加速提升养老服务质量。

（四）启示

政府构建服务平台，将各方资源整合，做好服务规范和监管，可为解决养老服务发展不平衡和供需对接不通畅提供新的思路。

小　结

21 世纪是信息化时代，信息技术是当前全世界的重点技术。养老机构信息化的程度代表着机构现代化管理水平的高低和服务能力的强弱。采取有力措施，建设一套符合现代化特点的信息化系统，加快养老机构信息化建设，不断提高机构管理水平，才能适应现代化养老机构科学管理的需要。

（潘聪聪）

第十章 养老机构的民事法律风险防范

学习目标

识记：养老机构对老年人权益保障的基本内容；养老机构对老年人权益的保障义务；合同责任和侵权责任；养老机构服务对象主体存在的风险；养老机构服务行为存在的合同法律风险；养老机构违反安全保障义务的侵权法律风险；养老机构服务纠纷的分类；养老机构服务纠纷的法律特点；养老服务纠纷的防范——规范养老服务合同和规范养老机构内部管理。

理解：合同责任和侵权责任的竞合；未签订书面服务合同的法律风险；免责条款的法律风险；未按合同约定或行业标准提供养老服务的法律风险；违反法定安全保障义务的侵权责任风险；如何规范养老服务合同和养老机构内部管理。

运用：如何辨识养老机构服务中的合同纠纷和侵权纠纷；如何规范养老服务合同和养老机构内部管理。

【导言】

作为我国养老服务体系中一个重要的组成部分——机构养老，其地位及服务对象决定了其在整个社会养老服务体系中，属于风险最高且最为集中的区域。在我国，与养老服务相关的民事诉讼案件中，一方主体基本都是养老机构。机构养老服务领域的民事法律风险，既有服务合同双方主体违反合同约定产生的风险，又有养老机构因违反现行法律制度产生的风险。这些风险的存在既不利于老年人权益保护，亦不利于养老服务行业健康发展。防范此类风险的措施包括完善机构养老服务的各类标准、提升养老机构的法律意识及加强养老服务人员的职业培训等。

【引导案例】

老年人甲某与养老院签订养老服务合同并入住。某天甲某起床时摔倒在地造成髋骨骨折，住院治疗数月后伴随肺部感染呼吸衰竭而死亡。甲某家属起诉要求养老院赔偿，养老院认为甲某的摔伤并非养老院所致。

问题：养老院应否赔偿？如要赔偿，应承担多大范围和程度的赔偿责任？

第一节 养老机构的老年人权益保障义务

随着我国养老服务业的不断发展、社会保障的不断完善、人口结构的转变和养老观念的更新，部分老年人最终走向机构养老是社会的大趋势。养老过程的主要法律关系将逐步从甲（老年人）乙（子女）双方转变为甲（老年人）乙（子女）丙（养老机构）三方乃至多方（监管机构）。无论是三方还是多方，养老机构和老年人都是最重要的主体。养老机构作为提供养老服务的专业机构，对入住老年人的权益保障应当承担哪些义务呢？

一、养老机构对老年人权益的保障义务

老年人权益是指老年人所应享有的各种合法的权利。我国很重视老年人的权益保障，其内容非常广泛，涉及社会生活的各个方面，除了《老年人权益保障法》这部专门性的法律外，在《中华人民共和国民法总则》①、《中华人民共和国婚姻法》②、《养老机构管理办法》及相关的司法解释和地方法规规章中均有关于老年人法律权益的专门规定，这些从上至下的法律

①②《中华人民共和国民法典》自2021年1月1日起施行。

法规构成了老年人的法律保障体系，同时给养老机构设定了相应的保障义务，主要体现在下列几个方面。

（一）服务义务

老年人入住养老机构的最大目的就是获得服务，养老机构的最大义务之一就是为老年人提供个人生活照料、康复护理、精神慰藉、文化娱乐等专业养老服务。

（二）安全保障的义务

按照马斯洛需求理论，安全需求是人类最基本的需求之一，仅次于生理需求。养老机构有保障老年人安全的义务，这里的安全包括两个方面，一是人身安全，二是财产安全。养老机构只有尽到保障安全的义务，才能符合养老机构的基本要求。

（三）救助义务

老年人因为年龄原因，相对体弱多病，养老机构作为照顾、服务老年人的机构，当老年人出现紧急情况时，在通知老年人家属或监护人的同时有及时介入、及时救助的义务，其行为包括但不限于转送医疗机构。

（四）保密义务

老年人在入住养老机构时，养老机构一般都会建立老年人个人档案，包括个人基本信息、健康信息（体检报告）、日常情况甚至在机构消费情况等，养老机构除向老年人及其监护人、委托人和其他有权部门（公安局、检察院、法院、养老服务行业主管机关因办案、监督、检查需要）提供查阅、允许复制外，不得对外透露。

（五）公示义务

养老机构在运营过程中，不可避免会制订、修改养老机构的管理制度和进行项目收费等，这些都必须进行公示。简而言之，养老机构进行对老年人有重大影响的行为时，除特别规定外，必须尽到公示的义务。

（六）提醒通知义务

养老机构提醒通知义务的对象主要是两部分：一是老年人本身，二是老年人的委托人（一般为家属）或监护人。特别涉及对老年人有重大影响的事情时，应该以书面形式尽到通知义务，比如根据老年人健康状况的变化，养老机构提出变更服务方案时，应该书面通知到位。

（七）其他义务

其他义务具体包括对老年人许可人员的探视权的保障、善良管理人的义务等。

二、养老机构对老年人权益保障的基本内容

养老机构设置的重要目的，是使老年人得到集中和专业的照顾，获得更有秩序的生活与更高品质的生活质量。为实现这样的目的，应当通过立法及建立行业规范和监督机制等方式来加以有效保障，从而使老年人及其家属越来越信任、依赖机构养老方式，促进机构养老行业的发展和成熟。

根据《老年人权益保障法》，养老机构对入住老年人的保障应当涵盖下列几个方面。

（一）保障老年人获得基本生活保障的权利

对失去全部或部分生活自理能力、需要照护的老年人，应提供长期照护和日常照料的养老服务。

（二）保障老年人的身体健康权

养老机构应保持老年人在生理、心理上的良好状态，尽其所能延长其生理期和健康期。

（三）保障老年人继续发展权

养老机构应创造一定的外界信息获取和教育培训条件，支持老年人在养老机构中不断接受教育、完善自身、参与社会事务。

（四）保障老年人的财产权

老年人的财产权不但体现在老年人在养老机构内的财产安全，还包括老年人或其家属对养老机构各项收费标准的知情权、选择权。

（五）保障老年人的人格权、隐私权

老年人的人格权、隐私权容易受到侵害，其侵害的发生往往较为隐蔽，易为人忽视，应加强这一方面的监管。

第二节　养老机构服务纠纷的类型和特点

机构养老服务涉及老年人的生活照料、医疗、康复、娱乐等诸多内容，服务过程中易发各种民事纠纷。养老机构的服务纠纷，首先应对其类型和特点进行科学分析，方能探寻有效应对的途径。

一、养老机构服务纠纷的类型

养老机构服务纠纷可根据不同标准进行分类。

（1）按纠纷产生的原因，可分为老年人摔倒、坠床、洗澡意外、健身意外、被烧烫、吃饭窒息、食物中毒、走失、突发疾病、慢性病防治不当、营养不良、自杀自残、被第三人侵害等。其中，因老年人摔倒而引发的纠纷较为普遍。可以说，要保证老年人的安全，“防摔”是养老机构的重要工作。

（2）按所涉及的内容，可分为人身类权益损害纠纷和财产类权益损害纠纷。造成老年人人身损害、限制人身自由、贬损人格尊严、侵犯隐私权等，都属于人身类纠纷；由于老年人的原因对养老机构造成财产损失，或者由于养老机构的原因造成老年人的财产损失（既包括养老机构未尽财产安全保障义务造成的损失，也包括养老机构未按合同对价提供应有的服务设施或不合理收费造成的老年人财产损失），均属于财产类纠纷。

（3）按可避免性程度，可分为有可能避免的服务纠纷和难以避免（预见）的服务纠纷。例如，注重饮食安全可防止饮食意外；提高服务人员素质、提升服务质量可大大减少日常生活照料中事故的发生；合理设计老年人无障碍生活设施、定期对老年人进行体检和健康评估及定期

对老年人进行心理疏导和人文关怀等都可在一定程度上避免纠纷的产生等，都属于有可能避免的服务纠纷。而对于一些难以避免或难以预见的服务纠纷，例如，老年人在养老机构发生摔伤的情况较为多见，这是无法完全避免的，且由于老年人年事已高，身体机能降低，体质虚弱，摔伤后果往往比较严重。再如，养老机构以外的第三者闯入机构内对老年人实施侵害行为，这与院内老年人之间的侵害行为性质不一样，院内老年人的异常情况可以通过观察而发现并采取预防措施（有可能避免），院外人员的侵害行为则无从预见。对这一问题，养老机构是否需承担责任，则要视有无适当的安保人员和设施，有无及时发现并制止侵害而定。由此，养老机构可以通过建立健全预警机制和应急预案，及时、快速地解决异常征兆，从而有效降低此类服务纠纷发生的概率。

（4）按责任类型，可分为合同责任和侵权责任。养老机构对入住老年人的保障义务，既是法定义务，又可以在养老机构服务合同中加以体现。当上述义务的履行发生争议时，就会出现纠纷。对此，养老机构应有深入认识并制定有相关的应对措施。以下就围绕合同责任和侵权责任展开讲述。

二、合同责任和侵权责任

养老机构服务纠纷案件主要有两种立案案由和裁判标准，一种是养老服务合同纠纷，其中最主要的情形是老年人一方认为养老机构的行为构成违约，要求法院判决其承担违约责任；另一种是判断养老机构的行为是否对入住老年人构成侵权而承担损害赔偿责任。

（一）合同责任

养老机构对入住老年人应予何等待遇、照顾和安全保障，是养老机构服务合同的核心内容，应受《中华人民共和国合同法》[①]（简称《合同法》）的约束。《合同法》对订立合同的适格主体、订立合同的方式、合同的主要内容、合同的效力、合同的履行、合同的变更、合同的终止、违约责任等规定，都是法院对此类纠纷进行裁判的根本依据。养老机构一旦被认定违反合同约定的义务，或是违反《合同法》规定，都应当承担相应的合同责任。《合同法》没有关于养老服务合同的特殊规定，适用于一般合同的条款。

（二）侵权责任

我国政府在意识到机构养老对于老龄化社会的重要意义后，先后颁布了多个法律文件，以规范养老机构的内部管理、确定法律义务、明晰外部责任。

民政部于2001年发布《老年人社会福利机构基本规范》（MZ008—2001），要求养老机构根据服务对象和服务类型进行名称上的规范，并对养老机构的膳食、护理、康复、心理等服务内容，以及养老机构的内部管理、设施设备等规定了行业标准。

国家质量监督检验检疫总局、国家标准化管理委员会于2017年发布《养老机构服务质量基本规范》（GB/T 35796—2017），规定了养老机构服务的基本要求、服务项目与质量要求、服务评价与改进。

国家卫生和计划生育委员会办公厅于2014年发布《养老机构医务室基本标准（试行）》和《养老机构护理站基本标准（试行）》两份部门工作文件，规定养老机构医务室、护理站“整体设计应满足无障碍设计要求”和“每室独立并符合卫生学布局及流程”等。

---

①同第178页①②

此外，各省市也纷纷出台关于养老机构管理的地方性法规或地方政府规章。例如，《上海市养老机构条例》规定“禁止在养老机构内建造威胁老年人安全的建筑物和构筑物”，要求养老机构“建立健全消防、安全值守、设施设备、食品药品等安全管理制度”；《苏州市民办养老机构管理办法》规定“护理人员与服务对象的配备比例符合要求，服务对象生活能自理的，配备比例不低于 1∶10；需要半护理的，配备比例不低于 1∶5；需要全护理的，配备比例不低于 1∶3”。

从上述法律规范可见，养老机构对入住老年人的法定义务主要体现在消防安全、卫生防疫、饮食安全、人身安全和服务质量保障等方面。如果入住老年人认为养老机构违反了安全保障义务并对其造成侵害，法院主要依据《中华人民共和国侵权责任法》[①]和上述法律规范，根据老年人受侵害的权利、损害后果、因果关系、养老机构的过错，判令养老机构承担侵权责任。《中华人民共和国侵权责任法》中对养老机构侵权并没有特殊规定，应当适用于一般侵权的规定。

（三）合同责任与侵权责任的竞合

在养老服务纠纷中，违约与侵权往往相伴而生，即养老机构的违约行为产生了侵权的后果或者其侵权行为直接构成违约的原因。我国《合同法》第一百二十二条规定：“因当事人一方的违约行为，侵害对方人身、财产权益的，受损害方有权选择依照本法要求其承担违约责任或者依照其他法律要求其承担侵权责任。”当发生合同责任和侵权责任的竞合时，入住老年人的权益受到损害事实发生后，老年人有权选择提起违约之诉或侵权之诉。

在实践中，老年人提起违约之诉或侵权之诉，案件判决结果多数没有太大的区别。违约之诉主要考虑违约行为（客观上的违约）与损害结果之间是否存在因果关系，并不考虑养老机构是否存在主观上的过错。而侵权之诉以过错责任为一般原则，必须考虑养老机构的主观过错。但在大部分案件中，入住老年人一方仍需要证明养老机构在服务过程中存在过错，这种过错在违约责任中构成了违约行为的组成部分，与侵权责任没有本质差异，只是在赔偿范围、免责事由、诉讼技巧等方面有些区别。

入住老年人选择违约还是侵权之诉，一般只在涉及第三人侵权、缔约过失责任、精神损害赔偿等案件时，才会对裁判结果产生实质影响。

【拓展案例 10-1】

1. 甲某与某养老院签订服务合同并入住，其间在公共区域与同在该养老院入住的乙某发生口角，争执中甲某被乙某推倒在地受伤。

甲某以乙某、该养老院为被告提起侵权之诉，认为养老院中的入住老人乙某造成原告甲某的人身损害，养老院违反了安全保障义务，没有有效制止乙某打人行为，乙某和养老院应共同承担侵权责任，对甲某的人身损害进行赔偿。

养老院认为，甲某身体受到伤害系因第三人侵权行为所致，并非因养老院工作人员的行为直接造成，养老院对甲某受伤这一后果不存在过错。

法院判决：乙某应向甲某承担侵权损害赔偿责任；养老院在乙某不能履行部分的范围内承担补充赔偿责任。

2. 甲某与某养老院签订养老服务合同并入住，其间在公共区域与同在该养老院入住的乙某发生口角，争执中甲某被乙某推倒在地受伤。

---

①同第 178 页①②

甲某以该养老院为被告提起养老服务合同之诉，认为养老院中的入住老人乙某造成原告甲某的人身损害，养老院违反了养老服务合同中“尽力合理地保障乙方的人格尊严和人身、财产安全”这一义务，没有有效制止乙某打人行为，应承担违约责任，对甲某的人身损害进行赔偿。

养老院认为，甲某身体受到伤害系因第三人侵权行为所致，并非仅仅因养老院的违约行为而发生，当事人承担的违约责任应当与因违约行为所造成的损失相适应，因此养老院仅承担部分赔偿责任。

法院判决：养老院构成违约，承担全部赔偿责任。

案例点评：对比以上 1 与 2 两个案例，案情虽一致，但受害老年人选择的诉讼路径不一样，其判决结果迥异。

案例 1 侵权之诉中，从因果关系上考虑，乙某的推倒行为是甲某受伤的主要原因，因此，乙某本应承担全部赔偿责任；但是，养老院未及时发现并制止伤害行为，也对甲某的人身损害负有一定责任，故根据《侵权责任法》第三十七条“因第三人的行为造成他人损害的，由第三人承担侵权责任；管理人或者组织者未尽到安全保障义务的，承担相应的补充责任”，养老院应在乙某无力赔偿的范围内承担补充赔偿责任。

案例 2 违约之诉中，养老院作为经营者和养老机构服务合同提供服务者，负有安全保障义务。在养老院范围内，因另一入住老人乙某实施侵权行为造成了甲某人身损害，养老院因此构成违约。在确定赔偿范围时，应当考虑养老院能够防止或者制止的范围。养老院对其内部居住人员的情况应当掌握，并适时采取有效防护措施避免损害发生，但养老院在事发时未采取必要措施，因此应承担全部赔偿责任。

根据对上述两个案例的分析可见，在存在第三人侵权的情况下，若当事人选择以养老机构侵权提起诉讼，其责任应由养老机构与第三人共同承担（养老机构可能视实际情况承担连带责任、补充责任或按份责任）；若当事人以违约起诉，则养老机构可能要直接承担全部责任。那么，对于后者，养老机构应当如何维护自身权益？根据案例 10-1，养老机构在承担违约赔偿责任后，有权依据《民法总则》规定或养老机构服务合同约定向实施加害行为的终局责任人乙某追偿。

三、养老机构服务纠纷的法律特点

无论是养老机构服务合同纠纷还是养老机构侵权责任纠纷，这些案件呈现出以下主要法律特点。

（一）老年人举证能力较低反而易引起对弱者的同情

养老服务纠纷有个共同的特点，就是老年人一方的举证能力低。入住养老机构的老年人，很多丧失了全部或部分生活自理能力，在认知能力方面也处于衰退状态，对于自己如何受到损害，往往无法清楚完整地表述。而且，最容易发生老人摔伤事件的地点是房间、浴室、卫生间等私密场所，发生的时间往往就是一瞬间，通常没有目击证人。对于老年人在养老机构遭受人身损害死亡的案件，老年人的家属对养老机构在日常照料、事发后的救助方面是否存在过错也难以举证。原本，按照民事诉讼中“谁主张谁举证”的规则，老年人一方作为主张自身权利受到养老机构妨害的当事人，对受到妨害的基本事实应当承担举证证明责任；如果老年人一方无法举证，应当承担证明风险。这似乎有利于养老机构。但实际上，我国民事诉讼要求对案件事实进行全面审查，正是因为许多养老服务纠纷证据不足，审判实践中在对双方责任认定上，往往由法官主观判断为多。这时养老机构就有可能面临“道义”上的风险。例如，老年人骨质疏松，走路易摔倒而发生骨折。这时，无论老年人一方能否证明养老机构未尽安全保障义务，法官往往会同情“弱势群体”，实行过错推定，将更多的证明责任分配给养老机构，例如，要求养老机构提供监控视频或证人证言以自证“无罪”，甚至或多或少承担公平责任或补充赔偿责任。即使养老机构无须承担法律责任，此类纠纷的社会影响力通常较大，对养老机构的声誉造成一定损害。因此，必须认识到，基于中华文化“敬老”传统，社会将养老机构放在很高的道德层面，养老机构应当以更严格的标准要求自己。

（二）养老机构的责任大小难以确定

在前文所举的案例中，对于养老机构的责任大小的认定，不同的案件有不同的裁判标准。在实践中，甚至会出现“同案不同判”，即对类似案件法律适用标准不统一，不同地区，甚至同一地区法院同类案件裁判结果各不相同。“同案不同判”的原因之一是不同法官对法律规定理解上的不同，二是法律原本就缺乏对新情况和新问题的具体规定，这两个原因是立法和司法的问题。第三个原因与养老机构有直接关系，就是在养老机构的行业标准不能全面覆盖和细化的情况下，养老机构服务合同的约定也不明确、不具体。在许多案件中，养老机构到底应当履行何种程度的看护义务往往没有在合同里明确约定，甚至没有书面合同；即使双方签订了养老协议，这些协议的服务标准也很模糊——只有笼统的护理等级之分，而没有具体细化的服务标准、护理方式及权益内容。第四个原因是老年人在养老机构遭受伤害，既有可能是自身疾病或身体状况的原因，也有可能是护理（照护）不当的问题存在，多因一果和多因多果的情况比较普遍，以致法院很难明确界定养老机构的服务行为与老年人受伤的因果关系，进而难以准确认定养老机构的责任大小，导致案情相近的案件在责任认定及判决结果上容易出现较大差异，很难令双方当事人都满意和信服。

（三）养老服务纠纷调解难度大

养老服务纠纷，不仅仅牵扯养老机构和老年人双方，多数案件都有老年人子女的介入，尤其是在子女众多、意见不一致的情况下会变得更为复杂。从养老机构一方来说，在较多发的安全保障相关案件中，当前最高人民法院确定的人身损害赔偿标准不低，面对老年人一方的高额索赔要求，普通的养老机构本身利润不高，难以负担；而老年人发生各类意外事件，到底是老年人自身的原因，还是养老机构护理（照护）不周的责任，双方通常各执一词，不容易达成一致。因此，养老机构与老年人及其家属很难就责任认定和赔偿金额统一意见，这使得养老服务纠纷往往难以调解结案。

（四）养老服务纠纷涉及面广

养老服务纠纷，一方面涉及自然科学和人文社会科学的诸多领域，例如，对老年人异常情况的预警监控离不开先进的科技手段，对保障老年人的身体健康需要具备一定的康复护理条件，对保障老年人的心理健康需运用心理学知识和技巧，对意外损伤应当及时进行紧急救护，对日常生活照料要求有丰富的照护服务经验，对突发事件的有效应对应建立完备的应急预案，对多种易发纠纷需要依据专业的法律知识进行合理的应对等。另一方面，养老服务纠纷往往不只涉及养老机构，公安部门、消防部门、民政部门、卫生部门、医疗机构、新闻媒体等经常会介入，这些部门的意见对于解决纠纷具有相当大的作用。因而在养老服务纠纷中，养老机构还要积极与这些相关部门保持沟通协调，尽可能争取外部有利因素。

在违约之诉中，合同明确约定具体赔偿范围的，按照合同约定；合同无约定或约定不明确的，赔偿额应当相当于因违约所造成的损失；但是，涉及精神损害问题时，法院通常不支持违约案件中的精神损害赔偿。

第三节　养老机构服务对象主体存在的风险

《老年人权益保障法》规定，年满 60 周岁的老年人有享受社会服务的权利。年满 60 周岁即满足享受养老服务、入住养老机构的基本资质；而《养老机构管理办法》中的“政府投资兴办的养老机构在满足特困人员集中供养需求的前提下，优先保障经济困难的孤寡、失能、高龄、计划生育特殊家庭等老年人的服务需求”，规定了养老服务的重点保障对象。《老年人社会福利机构基本规范》中将老年人分为自理老人、介助老人和介护老人，并对各类养老机构的服务对象进行了界定。在实践中，容易产生争议的是入住老年人患有精神障碍或传染病的情形。

民政部与原国家工商行政管理总局制定的《养老机构服务合同》(示范文本)第 8.2 条规定：“乙方或乙方监护人保证乙方不属于患有精神病、甲类或乙类传染性疾病等不符合入住养老机构疾病的老年人”。一些地方的养老机构管理办法，如《无锡市养老机构条例》中直接规定：“养老机构不得违法收住患有传染病或者严重精神障碍的老年人”。这些都是对于有严重精神障碍或传染病的老年患者享受养老机构服务的直接限制。

而另一些地方的规定则较为委婉地，给予养老机构自主决定的余地。如《太原市养老机构条例》规定：“养老机构发现老年人为疑似患有传染病或者严重精神障碍的，应当通知其代理人或者经常联系人，协助其依照传染病防治、精神卫生等相关法律法规的规定处理，并报告住所地县（市、区）民政、卫生部门”。

一、患传染病的老年人入住养老机构的相关规定和存在的风险

对于患有传染病的老年人，首先应当明确，对于“传染病”的理解，如果将其任意扩大为所有由各种病原体引起的能相互传播的疾病，则范围过大，明显不合理。我国《传染病防治法》将发病率较高、流行面较大、危害较严重的几十种急性和慢性传染病列为法定管理的传染病，分为甲、乙、丙三类，实行分类管理。前述《太原市养老机构条例》所称“传染病”，明显指的就是《传染病防治法》所规定的传染病类型。而民政部与国家工商行政管理总局制定的《养老机构服务合同》(示范文本)更是将对于传染病病人入住养老机构的限制缩小为“甲类或乙类传染性疾病”患者，对于丙类传染病（如流行性感冒、流行性腮腺炎、风疹等）不作限制。

笔者认为，根据《传染病防治法》规定，医疗机构对甲类传染病病人应当采取隔离措施，对于乙类或者丙类传染病病人应当根据病情采取必要的治疗和控制传播措施，对本单位内被传染病病原体污染的场所、物品及医疗废物，实施消毒和无害化处置。可见，《传染病防治法》对于传播性和危害程度稍弱于甲类传染病的乙类、丙类传染病，均持审慎态度，以积极治疗和尽量减少病人与外界、他人接触为原则。养老机构作为多人聚居的场所，入住人群年老体弱体质较差，一般属于传染病流行的高危群体，且养老机构一般不具备传染病的治疗条件。为避免风险，可以在养老服务合同中，对于患有《传染病防治法》规定的传染病老年人入住作出明确限制，甚至可以根据养老机构自身和当地实际情况扩展到其他危害性较大的传染病，但必须具体到疾病名称，不要笼统地使用“传染病”、“传染性疾病”之类边界并不清晰的措辞。

至于在入住期间发现患上传染病的老年人，根据《传染病防治法》规定：“任何单位和个人发现传染病病人或者疑似传染病病人时，应当及时向附近的疾病预防控制机构或者医疗机构报告”，养老机构应当在报告的同时，及时通知其监护人或近亲属领回治疗。

二、患精神障碍的老年人入住养老机构的相关规定和存在的风险

我国《精神卫生法》摒弃了“精神疾病”或“精神病”，代之以“精神障碍”作为法律术语。根据目前较权威的《中国精神障碍分类与诊断标准》，“精神障碍”对比原先常用的“精神病”范围扩大了许多。跟前述“传染病”类似，养老机构如果简单地使用“精神障碍”或“精神疾病”以拒绝老年患者入住，则范围过大，易造成对精神障碍患者的歧视，为养老机构的公益性所不容；但如果使用“精神病”，又有可能被认为仅指精神分裂症等为主的精神病性障碍，范围过小，不利于养老机构的责任风险规避和维护其他入住老年人的权益。

《养老机构服务合同》（示范文本）和一些地方立法对养老机构收住精神障碍患者持保留态度，主要原因有以下几个方面。

（1）《精神卫生法》要求，对于“已经发生危害他人安全的行为，或者有危害他人安全的危险”的严重精神障碍患者，必须强制住院治疗。养老机构并非有资质的精神障碍治疗机构，可以对此类人依法拒绝其入住。

（2）《精神卫生法》规定，对于“已经发生伤害自身的行为，或者有伤害自身的危险”的严重精神障碍患者，由监护人决定是否住院治疗，也就是说并非强制住院治疗。但此类人伤害自身的风险极高，一旦在养老机构内发生事故，事故起因是疾病还是意外所致易引发争议。

（3）患有严重精神疾病的老年人需要长期服药，即使处于疾病缓解期，复发率也很高。同时，精神病的诊疗、开药、药品管理及护理，需要专业人员、具备专业资质，一般养老机构不具备这些条件和资质。

（4）民政部《老年人社会福利机构基本规范》规定养老机构应当“对患有精神病且病情不稳定的老人有约束保护措施和处理突发事件的措施”，严重精神障碍患者肇事肇祸的可能性较大，会对其他老年人的正常生活造成影响。养老机构的责任较重，而根据我国养老产业发展现状，并非所有养老机构均具备应对手段。

因此，建议养老机构应当在养老服务合同中明确何种类型的精神障碍老年患者不得入住，何种类型的精神障碍老年患者可以入住，但应当明确告知病情并接受养老机构的免责条款。入住的限制条件可从病情严重程度、是否有伤害他人或伤害自身的行为或危险、民事行为能力是否完全、认知和社会适应能力是否严重受损、是否严重影响养老机构的秩序等方面考虑。

三、养老机构服务对象主体风险相关案件的裁判规则

对不符合入住条件的入住老年人发生人身、财产损害的案件如何处理，司法实践中尚未形成统一的裁判标准，但多数主要围绕双方的过错及因果关系展开讨论。

【拓展案例 10-2】

甲某，60 岁，患有严重精神障碍，当地残疾人联合会为甲某填发了残疾人证，认定为精神残疾人，残疾等级二级，监护人为其子乙某。

2016 年 6 月，乙某作为甲某的监护人，与养老院签订了甲某的托养入住合同。合同约定，在提供服务的过程中，甲方（养老院）要尊重乙方（入住人），保障乙方的人格尊严和人身、财产安全。

2016 年 7 月，甲某入住养老院。一个月后，甲某从居住的 12 层浴室窗户坠楼身亡。公安局对其死亡原因进行调查，出具非正常死亡的户口通知单和火化通知单。

乙某对养老院提起侵权之诉。经查，乙某与养老院签订合同时已提供甲某的残疾人证，乙某也知道养老院业务范围有康复护理、心理干预等，但并无精神疾病诊疗资质。另查明，该浴室窗户未安装护栏和窗锁。

法院判决：养老院承担侵权责任，承担比例为20%。

案例点评：法院认定养老机构和入住老年人的监护人都有过错，且监护人的过错较大。

养老院明知甲某是严重精神障碍患者，仍与其监护人签订托养入住合同，且在合同中约定保障甲某的人格尊严和人身、财产安全，自当承担安全保障义务。严重精神障碍患者的认知能力严重受损，对其的安全保障义务当然不同于一般托养老年人，显然更为严苛。养老院应针对精神障碍患者可能突发的各种情况，采取合理的预防和保护措施。甲某坠楼时，其居所的浴室窗户未安装护栏和窗锁。养老院未能提供合理必要的安全保障义务，具有过错，但养老院的过错并非导致甲某死亡的主要原因，应承担与其过错相适应的侵权责任，承担比例为20%。

乙某作为甲某的监护人，明知养老院没有精神疾病诊疗资质，仍将甲某托养，未尽到监护人义务，亦不能因托养关系而将监护责任完全推卸给养老院承担，乙某的过错较大，应自行承担80%的责任。

【拓展案例10-3】

甲某，60岁，其子乙某作为甲某的监护人，与某养老院签订养老服务合同，合同约定入住老年人应“保证无传染病、精神疾病等不适合过群体生活的疾病”，以及“入住老年人隐瞒病情的，甲方（养老院）不承担责任”。协议附件身体状况处，乙某填写“无异常”。

签约当日甲某入住。数日后，甲某在养老院人员陪护如厕时腿部被床档柜夹住扭伤，养老院人员联系乙某将甲某送往医院治疗，出院诊断为坐骨骨折、左趾骨骨折、脑梗死后遗症、器质性精神病等。乙某代理甲某诉至法院，请求判令养老院承担侵权责任。养老院认为甲某根本不符合入住条件，乙某隐瞒甲某的器质性精神病，系乙某违约在先，不应主张赔偿。

法院判决：养老院向甲某赔偿治疗骨折的全部费用。

案例点评：同样是侵权之诉，与案例10-2不同，案例10-3认定养老机构的单方责任，主要是考虑入住老年人的监护人的违约行为是否与损害发生有因果关系。

订立合同前，乙某作为甲某的监护人，未按照约定向养老院如实告知甲某患有精神病的情形，在明知其患有严重精神障碍、不适合过群体生活的情况下，仍然将其送入普通养老院养老且隐瞒病情，其确有违反合同约定的情形。但乙某的违约行为，并不直接作用于损害结果的发生。

养老院为甲某提供养老服务的过程中，因照护不慎造成骨折，本案中养老院没有提交确实充分的证据证明，甲某的骨折与其患有的器质性精神病存在直接的因果关系。故养老院以此为由认为乙某存在违约行为应当自行承担损失的理由不能成立，养老院对甲某的损害后果承担全部赔偿责任。

上述案例10-2和10-3，体现我国司法审判中对于特殊老年人入住养老机构产生纠纷的处理思路：一是考虑老年人的监护人是否履行了对养老机构的告知义务或者养老机构是否知晓该老年人的特殊状态，如果明知而接收，难以免责，根据养老机构和入住老年人双方的过错程度认定混合责任，各自承担相应部分；二是即使老年人的监护人没有履行对养老机构的告知义务，养老机构不知道该老年人的特殊状态，但如果这种特殊状态与老年人的人身损害后果并没有直接因果关系（如案例10-3，是否患有精神障碍与照护行为的实施无关），则认定是养老机构的单方责任。

总而言之，对于要求入住养老机构的传染病患者和精神障碍患者（均应明确疾病范围和程度），养老机构有超出对于一般老年人的特别注意义务，无传染病或精神障碍诊疗资质的普通养老机构有权拒绝其入住，以规避巨大的风险。养老机构在与老年人签订服务合同前，应当要求其提供有效的体检证明。

第四节　养老机构服务行为存在的风险

养老机构服务中的纠纷，较多发生于养老护理（照护）服务阶段。养老护理（照护）服务中的涉诉事由主要包括摔倒、猝死、走失、坠楼、第三人侵权、压疮、烧伤或烫伤、自杀及呛噎、误食等，主要的法律风险可分为合同法律风险、违反安全保障义务的侵权法律风险两大类。

一、合同法律风险

依据《养老机构管理办法》等相关规定，养老机构根据入住老年人提供的体检报告及养老机构对入住老年人进行护理等级的评估结果，与入住老年人或其监护人、代理人商定护理等级和服务项目，并在养老服务协议中约定双方的权利义务及违约责任。从司法实践来看，养老机构可能的合同风险包括未签订书面服务合同；未按合同约定向入住老年人提供符合服务质量标准的养老服务；提供的服务场所或服务设施不符合国家强制性标准或行业、地方标准；提供服务过程中未能合理地保障入住老年人的人格尊严和人身、财产安全；当入住老年人发生紧急情况或突发危重疾病时，未尽及时通知入住老年人的监护人或代理人，以及送医的义务；发现老年人为疑似传染病或者精神障碍患者时，未依照传染病防治、精神卫生等相关法律法规的规定处理等。

（一）未订立书面养老服务合同的法律风险

【拓展案例 10-4】

甲某、乙某系夫妻，甲某双目失明，二人一并入住某老年公寓，并缴交服务费，但双方未订立书面养老机构服务合同。某日早上，乙某出门买早餐，甲某在房间内独自行走，被床架突出部分绊倒摔伤，住院 7 天，诊断为右股骨粗隆骨折，经法医鉴定为 10 级伤残。

甲某对该老年公寓提起养老机构服务合同纠纷诉讼，要求赔偿全部人身损害。老年公寓认为，甲某、乙某入住时未签订合同，老年公寓入口处一直挂有公告，上面载明“只提供住宿和饮食服务，不提供贴身护理服务”，老年公寓没有义务派人贴身照料甲某的生活起居，甲某摔伤系自身原因所致，老年公寓不应承担责任。

法院判决：养老机构服务合同成立，老年公寓根据过错相应承担 60%的责任。

案例点评：本案有两个焦点问题。

一是甲某与该老年公寓未签订书面合同，双方是否成立合同关系？《合同法》第十条规定，“当事人订立合同，有书面形式、口头形式和其他形式”。虽然《老年人权益保障法》第四十七条规定：“养老机构应当与接受服务的老年人或者其代理人签订服务协议，明确双方的权利、义务”，但是未签订协议的过错方在于老年公寓而不在甲某。《合同法》第三十六条又规定“法律、行政法规规定或者当事人约定采用书面形式订立合同，当事人未采用书面形式但一方已经履行主要义务，对方接受的，该合同成立”。也就是说，养老机构服务合同原则上应以书面形式订立，即使没有书面订立，仍然可以成立合同关系。甲某、乙某入住该老年公寓，并按照约定支付了服务费，双方虽未签订书面养老机构服务合同，但事实上成立了口头形式的服务合同关系，该合同系双方的真实意思表示，且不违反法律行政法规的效力性强制性规定，依法成立，合法有效，双方均应当履行各自的约定和法定义务。

二是由于没有书面合同，双方权利义务可以说是约定不明，如何判断是否存在违约行为？《合同法》第六十一条规定："合同生效后，当事人就质量、价款或者报酬、履行地点等内容没有约定或者约定不明确的，可以协议补充；不能达成补充协议的，按照合同有关条款或者交易习惯确定"。对于本案服务合同中的具体服务内容双方没有书面明确，也没有协商进行书面补充，故应当根据交易习惯确定老年公寓的服务内容。该老年公寓以"老年公寓"名义经营，应当按照国家制定的行业标准《老年人社会福利机构基本规范》中的要求，为供养人员提供"专供老年人集中居住，符合老年体能心态特征的公寓式老年住宅"。据此可以认定老年公寓的服务义务不仅仅只是简单的提供大众化的居住场所和餐饮，而要符合老年人的特点和需求。双方虽然没有书面约定对甲某进行贴身特别护理，但老年公寓提供居住场所的设施设备应当符合老年人的普遍身体状况和生活起居特点。尤其是甲某入住老年公寓时是双目失明的状态，老年公寓对此情况是明知的，为其提供的起居场所室内应当无障碍、防滑倒并配备扶手等基本设施。虽然双方对此没有明确约定，但根据养老服务机构的行业特点，以上内容应当为服务合同中老年公寓的法定义务。

从本案可见，是否签订书面合同，不能成为阻碍养老机构服务合同关系成立的因素；相反，订立书面合同并在合同中明确各方当事人权利义务，才是保障双方权益的有效手段。

（二）免责条款的法律风险

养老机构为了规避风险，往往在合同中设置免责条款。民政部、原工商行政管理总局颁布的《养老机构服务合同》（示范文本）第 11.7 条"因乙方原因造成其自身损害的，由乙方、乙方监护人自行承担全部后果和责任"，这是一种免责条款。

【拓展案例 10-5】

甲某，60 岁，先天聋哑，因车祸导致颈髓过伸性损伤，四肢不全瘫。甲某随后入住某老人院，双方签订养老机构服务合同，合同确定对甲某按介护老人的标准对待，并约定"因老人自身原因导致的人身伤亡等事故概由本人负责"。甲某在老人院居住了 10 年。

某日早上，当班护工将原来暖壶中剩下的热水到在甲某的杯子里，接满热水放回到甲某床头柜上离开，护工走后甲某不想喝隔夜水，把杯子里的水倒掉，欲从桌子上拿暖水壶想自己倒水时，不慎被热水烫伤，住院 17 天。

甲某对老人院提起养老机构服务合同纠纷之诉，要求老人院赔偿因烫伤支出的各种相关费用。

老人院认为，甲某的要求对老人院是过重的义务，实际上就是要求 24 小时看护甲某寸步不离，明显是不可能的。护工已为甲某倒了热水，甲某不想喝隔夜水完全可以提出（甲某可以通过写字与人沟通），却自行将护工为其准备好的热水倒掉，非要自己取暖瓶重新倒水，这是造成损害事实的直接原因。甲某因自己的行为导致损害，已经突破老人院的义务范围，根据合同中的免责条款，甲某应自行承担全部责任。

法院判决：老人院承担甲某人身损害的全部赔偿责任。

案例点评：根据《老年人社会福利机构基本规范》2.4 的规定，介护老人是指日常生活行为依赖他人护理的老年人。法院在本案中查明，甲某确实生活不能自理，应按介护老人标准对待。老人院在了解甲某身体状况的情况下接收甲某并在合同中约定按介护标准对待，对甲某的护理风险应当已进行了充分的考虑，并负有保障甲某入住后基本人身安全的义务。老人院与甲某之间虽无直接侵权关系，但因其合同关系而应承担违反安全保障义务的违约责任。

本案中老人院提出，合同中有“因老人自身原因导致的人身伤亡等事故概由本人负责”这一免责条款。但是，《合同法》第四十条规定，采用格式条款订立合同的，合同中“提供格式条款一方免除其责任、加重对方责任、排除对方主要权利的，该条款无效”。格式条款指当事人为了重复使用而预先拟定、并在订立合同时未与对方协商的条款，养老机构服务合同由养老机构制作，往往是批量订立，主要条款不存在与入住老年人或其亲属协商的情况，很容易被认定为格式条款。因此，应当特别注意养老机构服务合同中的免责条款的效力。

本案中甲某入住老人院10年，护理人员应对其生活习惯有较多了解。老人院在本案中承认甲某有时也自己倒开水喝，但并未阻止，亦不警惕在暖壶中保存温度和数量足以导致其严重烫伤的开水。这说明老人院在日常护理活动中已有疏漏之处。对甲某而言，老人院的介护行为本身就存有漏洞，故不能因甲某自己倒开水的行为认定其有过错。养老机构服务合同中约定的“因老人自身原因导致的人身伤亡等事故概由本人负责”，根据《合同法》第四十条的规定，该约定免除了提供格式条款一方即养老机构的责任，加重了对方即入住老年人的责任，当属无效条款。老人院不能免责，而应承担全部责任。

因此，免责条款的效力，在司法实践中存在风险，如要应用免责条款，尽量避免与法定义务相抵触，或者作非常具体明确的约定，不可以笼统地一概排除对方权利或加重对方责任。

（三）未按合同约定或法定义务提供养老服务的法律风险

养老机构是否按合同约定或法律规定（此处为广义，包含法律、法规、规章及其他规范性文件，以及国家、地方政府制定的标准）提供养老服务，这往往是养老服务合同纠纷和养老机构侵权纠纷争议的焦点，也是裁判的难点。

【拓展案例 10-6】

某养老院与甲某签订了养老服务合同，约定养老院按行业规范要求向甲某提供服务并收取费用；甲某因患有腔隙性脑梗死、高血压3级（极高危）等病被确定为介护级护理。同时，甲某还按养老院要求填写了“入住老人潜在意外风险告知书”，该告知书明确列举了多项风险意外，其中包括：“由于老年人生理特点，老人存在不同程度的骨质疏松，因此在收住过程中老人可能因行走不稳而跌倒，养老院对此不承担赔偿责任”。

某日，甲某在养老院大厅座椅旁跌倒，入院诊断为左股骨骨折。甲某诉至法院，请求判决养老院承担违约责任，赔偿所有为医疗和康复支出的费用。

法院判决：养老院未向甲某提供符合服务质量标准的服务，应当承担与过错相应的违约责任即60%的赔偿责任。

案例点评：法院判断养老机构提供的服务是否符合服务质量标准的依据分为两类。一类是养老机构自己制定的服务标准；另一类是国家标准、行业标准或地方标准。本案当地民政局发布了文件对老年人社会福利机构的管理服务进行规范。针对介护护理（一级护理），该文件规定：“为行走不便的老人配备临时使用的拐杖、轮椅车和其它辅助器具”，以及“服务人员24小时值班”。但是，养老院未提交任何证据证明其为甲某提供了以上服务，故在此环节，养老院的服务没有完全达到合同约定的介护级护理的标准，存在违约。

对于养老院应承担的责任大小认定问题，甲某在养老院跌倒应属于意外，而对于这种意外的发生，养老院及甲某均有预见，故在办理甲某入住时对此在“入住老人潜在意外风险告知书”中予以了非常明确的约定。虽然格式条款中的免责规定一般无效，但鉴于老年人的生理特征，摔倒这一日常生活起居中所面临的高风险意外责任并没有转嫁给养老院，因此养老院在此环节的疏漏，并不必然导致甲某跌倒或只是导致甲某跌倒的原因之一，养老院所应承担的责任应与其违约程度相适应，承担60%的责任，另40%由甲某自行承担。

可见，对于违约责任的判定，并不局限于合同条款本身，违反法定的义务与违反约定的合同义务一样，都构成违约。

二、养老机构违反安全保障义务的侵权法律风险

养老机构的安全保障义务分为约定义务和法定义务。养老机构的法定安全保障义务的主要依据为《中华人民共和国侵权责任法》第三十七条、《中华人民共和国消费者权益保护法》第十八条及《最高人民法院关于审理人身损害赔偿案件适用法律若干问题的解释》第六条等规定。这些法律条文应用于养老服务纠纷，可以归结有以下主要意义。

（1）养老机构类似于宾馆、商场、银行、车站、娱乐场所等公共场所的管理人，应当向服务对象尽到合理限度范围内的安全保障义务，甚至由于老年人长期在养老机构内居住生活，形成更强的依附关系，从而要求养老机构承担更多的安全保障义务。养老机构未尽到安全保障义务，造成他人损害的，应当承担侵权责任。

（2）养老机构的安全保障义务，包括保证其提供的居住环境、设施设备、餐饮条件、照护服务等符合保障老年人人身、财产安全的要求。对可能危及老年人人身、财产安全的情况应有所预见，如养老机构内的生活设施、休闲娱乐设施的配备，应当符合老年人的特点，并事先以醒目的方式向老年人做出详细的使用说明和提出明确警示。

（3）因第三人侵权导致老年人受到损害的，由实施侵权行为的第三人承担赔偿责任。但如果侵权行为发生在养老机构内，而养老机构作为安全保障义务人未采取防范和制止侵害行为的措施，或者由于养老机构未尽看护义务致老年人自行外出受到第三人侵害，则养老机构也有过错，应当承担相应的补充赔偿责任，在承担补充赔偿责任后可以向第三人追偿。

由于作为合同约定的安全保障义务与法定的安全保障义务发生了责任竞合，允许当事人可以自由选择起诉。

对于未履行安全保障义务的法律责任，无论是基于合同责任，还是侵权责任，基本都围绕"过错"和"因果关系"展开，用于认定是否违约或侵权并区分责任程度。司法实践中，尽管对此尚存在很多争议，尤其是责任程度的认定不尽相同，但总体而言，应从损害发生的原因、合同约定的护理内容、合同当事人各自存在的违约情节、违约或侵权行为与损害后果之间因果关联的程度、养老机构收住老年人后所获利益与其应承担的责任的对等性等几个方面予以综合考量后确定。

以下情形可以免除或减轻养老机构的责任：一是损害结果完全由于受害老年人故意造成，则由受害老年人对其自己的行为承担责任；二是损害结果完全由第三人造成，养老机构已尽到安全保障义务，则由该第三人承担责任；三是养老机构虽有违反安全保障义务之处，但受害老年人或第三人对于损害结果的发生具有明显过错的，可以减轻养老机构的责任。

【拓展案例 10-7】

甲某，80 岁，患偏瘫，入住某福利院，双方签订福利院入院协议，约定由福利院向甲某提供养老服务。某日下午，甲某入住的 110 房间突然失火，福利院的工作人员及时进入房间救火，并将甲某送至医院就医，甲某救治无效，因大面积烧伤、呼吸循环衰竭、多器官功能衰竭而死亡。

事发后，福利院认为事发当日护工定期巡视，无引发火灾的外来原因。房间内无其他物品、线路等起火燃烧，电视机也处于播放状态，甲某烧伤部位仅为腰部以下，可能是因自身抽烟不慎引起。福利院未就本次事故向公安机关及消防部门报警备案，无法查明火灾发生原因。

甲某的亲属对此不予认可，认为福利院未尽到谨慎注意义务及安全保障义务，导致甲某死亡，诉至法院要求福利院承担侵权责任。

福利院认为，其提供的是与甲某身体状况相适应的休养服务。本次事故系因甲某吸烟不慎而引发的自燃事件，系意外事故，福利院在事发时及时发现、及时救治、及时通知家属，尽到了应尽责任，不存在任何过错，不应当承担赔偿责任。

法院判决：对于因甲某死亡所造成的经济损失，由福利院承担60%的赔偿责任。

案例点评：本案中，甲某被火烧伤是导致其死亡的直接原因。甲某在福利院入住期间发生火灾被烧伤这一事故现原因不明。根据《消防法》及公安部《火灾事故调查规定》的相关规定，火灾原因应由公安消防机构调查认定，即公安消防机构是火灾原因的法定认定机构，任何人发现火灾时，都应当立即报警。福利院在火灾发生后，应当在积极组织自行灭火的同时，立即向公安消防部门报警，但福利院并未履行这一法定的义务，导致现火灾原因无法查清，存在过错。福利院称甲某系自己吸烟时不慎引发事故，但并无充分证据予以证实，也无法排除其他原因引发火灾的可能性。

福利院认为自己已履行了入院协议中的合同义务，在很短时间内发现甲某房间起火的情况，房间内也不存在安全隐患的物品，已尽到了合同约定的安全保障义务。但其法定的安全保障义务仍不能免除。现因其在火灾后未及时报警经法定程序查明火灾原因，导致火灾原因不明，应推定福利院未尽到安全保障义务，在本案中对甲某的死亡所造成的损失承担主要责任。而甲某作为完全民事行为能力人，对自身的安全应有相当的注意义务，其在火灾初起时未及时发现并避险，对本案损害后果存在一定过错，可以减轻福利院的责任。

从本案可见，侵权责任更强调法定义务。养老机构应当注意，提供的服务场所或服务设施应符合国家强制性标准或行业、地方标准，涉及安全保障的事项在处理时应严格遵循法定程序。

第五节　养老服务民事纠纷的防范

近年来养老机构数量和床位增长较快，入住老年人增多，随之而来的是养老服务纠纷案件数量迅速增多。纠纷的频发和赔偿责任的承担使养老机构如履薄冰，但从另一方面考虑，老年人在养老机构中遭受伤害后如果其合法权益难以得到充分保障，也会失去对养老机构的整体信任，对于机构养老事业的发展同样带来极大的阻力。因此，充分认识和妥善应对养老服务民事法律纠纷，不但利于维护养老机构的正常运营，更是对于加快建设以机构养老为补充的社会养老服务体系，以及妥善应对我国日益严重的老龄化趋势具有极为重要的意义。

一、养老服务纠纷的防范——规范养老机构服务合同

养老机构服务合同是养老服务机构开展活动的重要载体，也是养老服务机构实现可持续发展的主要途径。养老服务机构了解并规避合同的风险十分必要。规范养老机构服务合同的要点有以下几个方面。

（一）服务内容约定明确

服务内容是养老机构服务合同的核心，对养老服务中涉及的各方的权利义务关系有着深远的影响，服务内容约定不明会导致纠纷不断和出现纠纷后说不清、道不明的混乱。个别养老机构，在养老机构服务合同中，甚至对直接决定养老服务范围和标准的护理等级、老年人的自理状况等内容都没有明确。可以说，服务内容约定不明、过于笼统的合同就是空头合同。因此，

明确服务内容是对养老机构和老年人最好的保护。

（二）服务标准约定清晰

服务标准约定不清是常见的养老服务纠纷之一，主要涉及人和物两个方面的内容。人是指保证从事医疗、康复、社会工作等服务的专业技术人员持有有关部门颁发的相应专业技术等级证书上岗，保证养老护理（照护）人员接受专业技能培训满足岗位职责要求。物主要指按合同约定提供各项服务设施，确保服务场所、设施符合国家强制性标准，并积极适用行业或地方服务标准。除保证“人”和提供“物”之外，养老服务机构在提供服务过程中，还应当尊重老年人，尽力合理地保障老年人的人格尊严和人身、财产安全。

（三）约定紧急救助细节

老年人因为生理和心理原因，相对来说较容易受到伤害和发生意外，往往需要紧急救助，如若缺乏对紧急救助细节的约定，往往会导致“好心得不到好报”。紧急救助的纠纷主要有两个方面，一是老年人或其监护人、代理人对紧急救助的授权；二是紧急救助产生的费用承担问题。因此，除了养老机构服务合同中约定紧急救助情形的授权外，一般还应当约定发生紧急情况产生的急救费用、治疗费用、住院押金等均由老年人及其相关获益方承担，养老机构因此事先垫付费用的，老年人或监护人应及时清偿。同时，还可以在合同中约定押金条款，该押金除可用于抵扣欠付的养老服务费用、违约金、赔偿金外，还应当可以用于出现突发情况救治时需支付给医院的押金及相关费用等。救助期间老年人去世的，养老服务机构应当及时联系合同约定的联系人，如无法联系的，应及时联系殡仪馆，妥善保存遗体，发生的费用由合同约定的人员承担。

（四）约定通知的送达

通知的送达是通知发生法律效力的必经程序。但是在实务中，养老机构往往经常忽略了对通知送达的约定，以为只要有老年人的联系方式和地址就可以了，缺乏对视为送达的约定、紧急联系人的约定、变更地址的约定等，导致通知无法有效送达，无法正常发挥法律效力。因此，在除了合同中标明各方地址和联系方式为各自有效的通信地址和联系方式外，还应当有一方变更通信地址和联络方式应及时通知其他各方的条款。同时，重视视为送达的条款。例如，以特快专递形式发送的，已经签收的，以签收日为送达日；未签收的，同城自发送之日起 2 日视为文件已经送达，异地 5 日视为送达，境外 15 日视为送达；手机短信发送的，发出之时即视为送达；电子邮件自发出进入收件方邮箱服务器视为送达；传真发送自发出对方传真机接收视为送达；因受送达人通信地址或其他相关信息错误、不详或发生变更未及时通知其他各方造成无法送达的，由受送达人自行承担相关后果等。

（五）注意格式条款的提醒

格式条款又称为标准条款，是指当事人为了重复使用而预先拟定、并在订立合同时未与对方协商的条款。养老服务机构为了提高经营管理效率，往往会制作标准合同，难免会使用格式条款，但是却常常忽视对格式条款的提示、说明，导致合同的效力大打折扣。《合同法》从维护公平、保护弱者出发，对格式条款从三个方面予以限制：第一，养老机构是提供格式条款一方，应当提醒老年人一方注意养老机构的免责条款，并按照对方的要求予以说明；第二，养老机构提供的格式条款中，免除养老机构的主要义务、排除老年人主要权利的条款无效；第三，对格式条款的理解发生争议的，应按通常理解予以解释，对格式条款有两种以上解释的，应当作出不利于提供格式条款的养老机构一方的解释。因此，格式条款的使用应该慎重，尤其是养老机构的免责条款，应当采用加粗、标红等方式进行提示、说明。

凡事预则立，不预则废，规范、完善的养老机构服务合同有助于避免产生一些不必要的纠纷。养老机构应与时俱进地补充养老机构服务合同相关内容，对养老服务标准提出更加明确的要求，在老年人入住前必须与其或其监护人、代理人签订合同，并明确老年人入住时的状态，是自理、半自理，还是不能自理，针对不同的自理状态详细约定养老机构的服务范围和标准，最终使养老服务中责任主体和权责关系的确定及各方合法权益的维护都能在法律上得到体现。合同约定越明确，对于各方利益的保护越有力。

二、养老服务纠纷的防范——规范养老机构内部管理

养老机构因为资金限制往往存在硬件不达标、服务水平较低、专业护理员数量和质量不如人意等普遍问题。在规范合同管理的同时，还应不断健全内部管理，强化内部保障，才能最大限度地规避风险和减少损失。具体体现在以下几个方面。

（一）硬件设施应符合标准

硬件设施不达标为意外事故的发生埋下了隐患。如楼梯未设置扶手、门槛过高易绊倒、卫生间地面不平整或排水不畅有积水易滑倒、意外事故多发点未设立安全告示与意外警示牌等。养老机构在建筑设计方面的重要要求就是要减少障碍，增加便利。但是现有的养老机构有一部分是租房经营，尤以民办养老机构为甚；虽然在租房之后，养老机构也会对其加以改造，使其适合老年人的需要，但因建设房屋时的设计用途并非养老机构，因此，房屋的一些设计并不完全符合养老机构所要求的建设标准。例如，养老机构三层以下建筑宜兼设坡道，坡道的长度和坡度、用材也有要求；电梯应选用速度较慢、稳定性高的医用电梯。这些要求，许多养老机构都难以做到，因而对于意外引起的老年人人身损害难以免责。除建筑设计外，日常生活、娱乐设施也应注意定期进行检查、维修和更换。有能力的养老机构可增设实时监控设备，不仅有利于开展工作，一旦有伤害事故发生，事发当时的视频资料将成为第一手证据。

（二）加强制度建设

养老机构应当加强内部的制度管理，建立有效的巡视、护理（照护）记录模式和纠纷应对机制，对典型实例进行大范围宣讲。在设施设备使用方面，应明确各种生活、娱乐设施的安全使用注意事项；在饮食服务方面，应严格遵守国家食品安全的相关法律和标准，加强对老年人的饮食安全管理；在医疗康复方面，应不断完善相应的康复护理安全管理制度，不断加强对医疗护理、康复训练等重点安全问题的监控；在照护服务方面，应加强对老年人意外伤害、交通安全、走失等重点安全问题的监控与防范，及时对养老服务中可能涉及的人身安全问题进行定期检查、自查自纠和风险评估，例如，强调清洁人员打扫房间和公共区域不能有积水；在老年人之间侵权防范方面，对入住老年人之间的冲突应及时介入制止，发现可能有暴力倾向的人员应当单独安排密切观察；在工作责任方面，对于难以完全避免的工作疏忽，应制定相应应对方案并及时处理，不可拖延推诿，避免矛盾升级。

（三）提高服务标准

许多养老机构在实际工作中能做到的就是基础护理（照护），包括老年人的饮食护理、清洁

护理、排泄护理，远远达不到由国家和地方政府服务质量标准所规定的老年专科疾病护理、老年心理护理、老年康复指导及老年期健康教育，甚至连突发事件的急救处置都做不到。养老产业的公益性决定了其不可能大幅盈利，不能一味追求效益和利润，而应当把更多的注意力放在提高社会影响、减少赔偿支出方面，“少赔”就是“多赚”。养老机构发生事故的重要原因之一是工作人员的素质和态度。为提高服务标准、规避法律风险，应当加强对养老工作人员的教育和培训。在不断提高养老机构工作人员服务技能和业务水平的基础上，应当特别加强对机构负责人、养老护理（照护）人员、安保人员、工勤人员等在服务纠纷应对方面的常识培训。如加强对服务纠纷所涉及的法律法规、规章制度、操作规范、养护服务用品的使用和维护知识、服务纠纷的防范意识、服务纠纷应对举措和自救互救知识、应急预案的实战演练等方面的学习。通过多种形式的安全教育和培训、定期检查和考核，使养老机构工作人员全面掌握机构风险监测、纠纷防控、安全管理等专业知识和技能。

当前，我国多数养老机构在应对事态紧急或关系复杂的服务纠纷时往往显得有些力不从心，常出现职责不清、行动迟缓、举措失当等问题。究其根源，就是还没能建立起一套行之有效的应对举措和制度安排。因此，建立健全养老机构服务纠纷的基本原则、运行流程、保障举措，对于有效防范服务纠纷极为必要。总而言之，科学的硬件设计、严格的管理制度、高素质的护工、内容周密的合同有助于养老机构合理避险。

【引导案例分析】

对该问题，不能简单地做出判断，而应当综合考虑以下几个方面。

（1）甲某与养老院的合同有无明确甲某的服务级别？如果明确为“介护”，其起居依赖于养老院，则养老院对甲某的摔伤负有完全责任；如果明确为“介助”，则要看国家或地方养老服务标准有无规定或养老服务合同有无约定对介助老年人起床的照护服务，来决定养老院对于甲某摔伤的责任程度；如果明确甲某为“自理”，则养老院在服务提供方面对于甲某摔伤没有责任；如果合同未明确，则要看甲某入住养老院时的身体状态应归于哪个服务级别。

（2）即使甲某为自理老人，仍应考虑养老院为甲某提供的居住房间，有没有床档、安全扶手、防护垫等符合老年人身体特点的保护措施，地面是否平整且防滑，是否有积水等。如果养老院未提供合理的保障，乃违反安全保障义务，应对甲某摔伤承担责任，但不负有主要责任。

（3）对于甲某死亡的原因，应当请甲某亲属对其进行死因鉴定，结合病历判断摔倒是否是诱发肺部疾病并直接导致死亡的根本原因。

（4）本案中甲某的亲属提出的是侵权之诉还是违约之诉？如果是违约之诉，不存在精神损害赔偿金的请求。

综上，本案有两个关键问题，一是养老院对甲某的摔伤有无过错，二是养老院对甲某的死亡有无过错，根据实际情况对这两个问题进行分析。养老服务纠纷案件的判定一般遵循以上思路。

（冯林林　蔡鑫生）

拓展阅读（第十章）

主要参考文献

艾小淞，孙红，孙西国.2016.SERVQUAL和SERVPERF方法在GPS服务质量中的应用研究[J].北京航空航天大学学报（社会科学版），23（4）：76-78.
包世荣.2018.国外医养结合养老模式及其对中国的启示[J].哈尔滨工业大学学报（社会科学版），20（2）：58-63.
蔡银香，傅晓，胡娟娟，等.2007. 老年人的膳食营养与体质健康的作用[J]. 甘肃高师学报，2：102-104.
曹侃华.2017.澳大利亚养老护理的发展概况[J].中华护理教育，14（2）：146-150.
曹荣桂，刘晓勤，王树峰.2003.医院管理学（后勤管理分册）[M].北京：人民卫生出版社.
曹艳春，王建云. 2013.老年长期照护研究综述[J].社会保障研究，3：56-65.
陈壮艳.2018."互联网+"机构养老融合发展探讨[J].新西部，9：20，67.
程承坪，吴琛.2018.健康战略下发达国家发展养老健康产业借鉴研究——以美国、德国、日本为例[J].当代经济管理，40（3）：83-88.
崔树义，田杨.2017.养老机构发展"瓶颈"及其破解——基于山东省45家养老机构的调查[J].中国人口科学，2：115-125.
寸土寸金的主城区开办养老机构这9种建设模式可借鉴[DB/OL].http：//www.sohu.com/a/319898982_773919. [2019-10-17].
邓颖，周已焰. 2013.老年病人常见病症与饮食营养[J]. 全科护理，11（34）：3242-3243.
丁华，徐永德.2014.养老机构服务质量管理[J].中国老年学杂志，34（1）：273-275.
杜鹏，李兵，李海荣.2014."整合照料"与中国老龄政策的完善[J]. 国家行政学院学报，（3）：86-91.
端传虎. 2016.老年人膳食营养指导和管理[J]. 食品安全导刊，（ 15）：80-81.
冯蔼兰. 1989.各类食物的营养特点[J].中国食品，2：4-5.
弗布克大健康研究中心. 2018.中国养老产业政策大全[M]. 北京：中国劳动社会保障出版社.
付聿成，王妮娅.2006.老年人的营养与膳食[J].中国食物与营养，3：56-58.
高明，霍达. 2017.老年人营养需求及膳食对策[J]. 食品安全导刊，15：63.
郭红艳，彭嘉琳，雷洋，等.2013.美国养老机构服务质量评价的特点及启示[J].中华护理杂志，48（7）：652-654.
国务院.国务院办公厅关于印发社会养老服务体系建设规划（2011-2015年）的通知[Z].2011-12-27.
国务院.国务院关于印发"十三五"国家老龄事业发展和养老体系建设规划的通知（国发〔2017〕13号）[Z].2017-2-28.
国务院.国务院关于印发中国老龄事业发展"十二五"规划的通知[Z].2011-9-17.
国务院.完善促进消费体制机制实施方案（2018-2020年）[Z].2018-10-11.
洪光，吴洪，乔飞，等. 2014.中医特色疗法联合应用规律的初探[J]. 环球中医药，7（S2）：25-26.
胡宁生.2008.公共部门绩效评估[M].上海：复旦大学出版社.
胡元江，陈海涛. 2007.中西方孝文化探析[J]. 南京林业大学学报（人文社会科学版），（1）：46-49.
黄海燕，刘蕾，盘雪娇.2013.跌倒坠床风险评估表在老年患者中的临床应用[J].昆明学院学报，35（6）：83-85.
霍橡杨.2018.国内养老机构音乐活动开展实况考察与分析[J].星海音乐学院学报，2：123-134.
嵇春晖.2017.养老机构人力资源管理初探[J].人力资源管理，（9）：322-324.
贾固华，王震. 2019.常见老年人精神疾患的健身气功锻练原理与方法[J]. 武术研究，4（8）：89-93.
贾素平.2015.养老机构管理与运营实务[M].天津：南开大学出版社.
金香兰，杜松，张玉辉. 2013.中医养生学的基本特征[J]. 中国中医基础医学杂志，19（9）：981-991.
康育. 2000.各类食物的营养特点[J]. 服务科技，（4）：40.
李海荣，李兵.2017.国外"整合照料"的基本模式及其政策启示[J]，新视野，（1）：81-87.
李健，石晓燕.2016.养老机构经营与管理[M].南京：南京大学出版社.
李凯.我省养老机构综合责任保险试点启动[N].贵州日报，2016-03-24.
李萍，冷伟，樊一波. 2017.浅谈中医养生[J]. 世界最新医学信息文摘，17（63）：108.
李文. 2018.全息头部刮痧改善社区老年高血压病患者睡眠质量的研究[D]. 南宁：广西中医药大学.
李小玲.2006.老年人营养与膳食[J]. 检验医学与临床，（5）：214-215.
刘佳，湛晔. 2014.中国老年人膳食营养结构及营养状况分析[J]. 食品与机械，30（6）：255-257.
刘杰.2017.机构用工实务操作与风险防范 [M].北京：法律出版社.
刘腊梅，范福玲，路丽娜，等.2017.澳大利亚老年人社区居家养老服务及启示[J].中国老年学杂志，37（20）：5181-5183.
刘利君.2012.养老机构中老人伤害纠纷的责任认定[J].社会福利，（10）：12-24.
刘瑞明，王国平.2016.管理学基础[M]. 成都：西南交通大学出版社.
刘昕，张兰兰.2013.员工关系的国际发展趋势与我国的政策选择——兼论劳资关系、劳动关系和员工关系的异同[J].中国行政管理，（11）：56-60.
刘新玲.2006.老年人的营养与膳食[J].医药产业资讯，（11）：124-125.
陆颖，冯晓丽.2011.全国养老服务机构实务管理指南[M].北京：中国社会出版社.
马凤领，邹华.2014.养老机构意外事件的应对机制分析[J].河北工业大学学报，（13）：126-128.
马振. 2018.中医健身气功防治高血压病研究[J]. 安阳师范学院学报，（5）：116-118.
孟昕，汪卫东.2017. 中医五行音乐疗法的理论和应用探析[J]. 环球中医药，10（10）：1218-1221.
牟红，杨梅. 2011. 休闲活动策划与管理案例分析[M].北京：中国财富出版社.
潘红梅. 2006.重视员工关系管理，提升员工满意度[J]. 江苏冶金，（6）：78-80.

佘瑞芳，谢宇，刘泽文，等.2016.我国医养结合服务发展现状分析与政策建议[J].中国医院管理，36（7）：7-9.
盛雅玉. 2016.中医特色护理在老年人预防保健中的应用[J]. 中医药管理杂志，24（1）：142-143.
宋艳琴，张琳，陈柏君，等. 2017.中医芳香疗法在临床护理工作中的应用浅析[J]. 云南中医中药杂志，38（6）：91-93.
苏向妮，徐莎莎，尼春萍，等. 2018.社区老年人营养状况与生活质量的相关性及其影响因素研究[J]. 护理研究，32（11）：1794-1796.
孙慕义.2008.生命 人类 伦理 爱——记南京生命伦理学暨老龄生命伦理学国际会议[J]. 国际学术动态，（3）：36-39.
孙文灿.2017.养老机构侵权责任研究[J]. 华东师范大学学报（哲学社会科学版），4：85-92.
唐东霞.2012.论老年活动策划与组织原则[J].江苏经贸职业技术学院学报，2：34-37.
唐东霞.2014.老年活动策划与组织[M].南京：南京大学出版社.
唐钧.2018.养老机构服务质量：标准、管理和评估[J].行政论坛，1：29-32.
汪敏.2018.中国机构养老服务的民事法律风险研究——基于567份裁判文书的整理与分析[J].社会保障评论，（5）：103-122.
汪生夫.2017.养老机构服务与管理务实[M].南京：东南大学出版社.
王嘉俊，李梦瑶. 2019.中医芳香疗法现代研究[J]. 新中医，51（3）：38-41.
王子颖慧，尹梅.2019.国外养老健康服务模式对我国的启示[J].中国医学伦理学，32（1）：95-98.
吴镝，徐玲春. 2012.浅谈中医养生学[J]. 内蒙古中医药，31（5）：86-87.
吴华，张韧韧.2012.老年社会工作[M].北京：北京大学出版社.
吴志华.2007.公共部门人力资源管理[M].上海：复旦大学出版社.
谢培豪，倪进东.2018.老年学[M].北京：科学出版社.
许虹，李冬梅.2015.养老机构管理[M].杭州：浙江大学出版社.
闫飞龙.2018.人力资源管理[M].北京：中国人民大学出版.
闫青春.2011.养老机构的“公办民营”与“公建民营”[J].社会福利，（1）：13-15.
杨宝祥.2015.养老服务业标准化培训教程[M].北京：中国社会出版社.
杨团. 2016.中国长期照护的政策选择[J]. 中国社会科学，11：87-110.
姚伟业.2014.机构养老服务合同法律问题探析[D].天津：天津师范大学.
应秋月.2017.老HR手把手教你搞定HR管理（中级版）从会干活到能管理[M]. 北京：机械工业出版社.
张彩霞，许星莹.2014.几起典型的养老院纠纷之法律思考[J].医学与法学，（1）：81-85.
张春普，孙琳.2011.对机构养老服务合同纠纷及其主体义务的探究[J].天津商业大学学报，（6）：66-70.
张家文. 2019.东丽区某社区老年人中医体质辨识调查[J]. 中国城乡企业卫生，（9）：81-82.
张丽华.2017.人力资源开发与管理[M]. 北京：中国人民大学出版社.
张良文，曾雁冰，方亚.2019.养老机构服务质量综合评价指标体系的构建及应用[J].中国卫生统计，36（4）：525-531.
张岩松，徐国强.2011.养老机构伤害事故对策研究[J].社会工作（学术版），（5）：61-63.
张燕，王利仙，吕晓华，等. 2019.微型营养评估简表在老年慢性病住院患者营养筛查中的应用[J]. 中华老年多器官疾病杂志，18（2）：107-111.
张云英，韩南南.2019.医养结合型养老机构服务质量评价研究[J].卫生经济研究，36（9）：42-43 .
赵曼.2005.公共部门人力资源管理[M].北京：清华大学出版社.
赵伟.2013.给你一个团队，你能怎么管[M].南京：江苏文艺出版社.
郑秉文. 2019.中国养老金发展报告 2018——主权养老基金的功能与发展[M]. 北京：经济管理出版社.
中华人民共和国民政部.养老机构安全管理.（MZ/T 032—2012）[Z].2012-04-01.
朱利微，徐淑云，赵庆伟，等.2010.老年营养与健康[J]. 中外医疗，29（24）：180.
朱勇.2014.智能养老[M].北京：社会科学文献出版社.
邹华，马凤领.2014.养老机构服务纠纷的主要特点及其应对[J].老龄科学研究，2（6）：11-19.
左美云.2018.智慧养老内涵与模式[M].北京：清华大学出版社.
Corry A． J． Ketelaars.2011.Integrated care bequires integrated supervision[J].International Journal of Integrated Care，11：1.
Henk Nies，Philip C. Berman. 2004.Integrating services for older people：A resource book for managers[M].Dublin：European Health Management Association.
Jan Reed，Glenda Cook，Sue Childs，et al.2005. A literature review to explore integrated care for older people[J].International Journal of Integrated Care，5（14）：1-8.
Mirella M N Minkman，Kees T B Ahaus，Robbert Huijsman.2009.A Four Phase Development Model for Integrated Care Services in the Netherlands[J].BMC Health Serv Res，5（9）：42.
PPT模式与BOT模式的区别.[DB/OL].https：//zhidao.baidu.com/question/1756833670380700188.html. [2019-4-17].
TOT模式[DB/OL].https：//baike.baidu.com/item/TOT%E6%A8%A1%E5%BC%8F/4216953?fr=aladdin . [2019-10-17].
Waldeyer R，Siegel A，Daul G，et al. 2010. Does Integrated Care Lead to Both improved Service Quality and Lower Care cost[J]. International Journal of Integrated Care，10：6.
〔美〕彼得·德鲁克.2016.管理的实践[M].北京：机械工业出版社.
〔美〕亚伯拉罕·马斯洛.2013.马斯洛论管理[M].北京：机械工业出版社.
〔美〕R. 韦恩·蒙迪，朱迪 B·蒙迪.2011.人力资源管理[M]. 北京：机械工业出版社.

附录 1　　附录 2　　附录 3　　附录 4